本书为四川省犯罪防控研究中心立项重点课题
（项目号：FZFK24-01）

社区矫正对象

教育实务

廖　斌◎等编著

SHEQUJIAOZHENGDUIXIANG

JIAOYUSHIWU

中国政法大学出版社

2025·北京

图书在版编目（CIP）数据

社区矫正对象教育实务 / 廖斌等编著. -- 北京 ：中国政法大学出版社, 2025. 7. -- ISBN 978-7-5764-2031-9

Ⅰ. D926.7

中国国家版本馆 CIP 数据核字第 2025Q6Q723 号

出 版 者	中国政法大学出版社
地　　址	北京市海淀区西土城路 25 号
邮寄地址	北京 100088 信箱 8034 分箱　邮编 100088
网　　址	http://www.cuplpress.com (网络实名：中国政法大学出版社)
电　　话	010-58908586(编辑部) 58908334(邮购部)
编辑邮箱	zhengfadch@126.com
承　　印	固安华明印业有限公司
开　　本	720mm×960mm　　1/16
印　　张	19
字　　数	320 千字
版　　次	2025 年 7 月第 1 版
印　　次	2025 年 7 月第 1 次印刷
定　　价	80.00 元

前　言

　　本书为四川省犯罪防控研究中心立项重点课题——社区矫正对象教育实务（项目号：FZFK24-01）最终成果。

　　2019年12月28日，第十三届全国人民代表大会常务委员会第十五次会议通过《中华人民共和国社区矫正法》，该法于2020年7月1日起施行。这是我国首次就社区矫正工作进行专门立法。该法第36条第1款明确："社区矫正机构根据需要，对社区矫正对象进行法治、道德等教育，增强其法治观念，提高其道德素质和悔罪意识。"针对社区矫正对象进行教育矫正，是社区矫正工作的中心任务。对此，自该法生效四年多以来，部门联动机制不断建立和完善。在各地方党委政法委统一领导下，各级司法行政机关联合人民法院、人民检察院、工会、共产主义青年团、妇女联合会、教育、公安、民政、财政、人力资源和社会保障、卫生等部门，共同建立了衔接配合、联合执法检查、经费保障、社会力量参与、网格化管理等制度，有效强化部门协调联动工作机制，为各地有效开展社区矫正工作提供了机制保障。各地社区矫正机构大胆探索，开展了一系列富有成效的社区矫正工作，取得了良好的法律效果和社会效果。为了助力社区矫正机构进一步推进和规范各地社区矫正机构对社区矫正对象的监管和教育帮扶工作，提高基层社区矫正工作内容的系统性、针对性和实效性，帮助社区矫正对象正确认识身份、增强接受社区矫正机构对其进行监督管理和教育帮扶的自觉性，提升社区矫正对象的思想觉悟，促使其认罪悔罪并顺利完成矫正期的考验，课题组成员通过调研总结各基层社区矫正机构的教育矫正工作经验，编写了《社区矫正对象教育实务》，该书可以作为社区矫正机构面向社区矫正对象开展集中教育使用的科普读物。

　　我们编写《社区矫正对象教育实务》，首先重点突出对社区矫正法律知识的解读，通过对《中华人民共和国社区矫正法》和《〈中华人民共和国社区矫正法〉实施办法》的系统解读，帮助社区矫正对象了解我国社区矫正法律制度的规定，同时对社区矫正机构在监管帮教工作中应遵守的法律规范进行解读，以提高社区矫正各方参与者和接受者对法律精神的正确理解和遵守，在围绕《中华人民共和国社区矫正法》和《〈中华人民共和国社区矫正法〉实施办法》解读的写作中，既重视对社区矫正对象的监督管理法条的解读，又充分重视对社区矫正对象权利保障条款的解读，避免不同身份的人员在学习理解中偏离法律规定，走向两个极端的情形。我们通过编入真实案例，让社区矫正对象了解案例中的一些社区矫正对象积极接受监管教育改造和消极对抗监管帮教所产生的不同法律后果和社会效果，增强其自觉接受社区矫正的意识，从而自觉认罪悔罪和接受监管帮教。本书立足于对社区矫正对象在接受帮教中应当掌握的一些基本法律常识，围绕宪法、刑法和民法的基本法律知识点，通过以案说法引导社区矫正对象正确理解和运用法律，教育引导社区矫正对象知法、守法、用法。在强化社区矫正对象社会主义核心价值观教育上，主要围绕《新时代公民道德建设实施纲要》介绍社会公德、职业道德、家庭美德和个人品德的内涵，选取道德模范事迹发挥榜样引领作用，促使社区矫正对象养成积极的人生态度和良好的道德品质。第四章创业培训主要介绍创业的基础知识和实践要点，编入社区矫正对象归正后回归社会创业成功的案例，通过引导创业来解决就业，增强社区矫正对象适应社会的能力。本书针对社区矫正对象存在的各种心理压力，设专章撰写心理健康教育知识，主要介绍情绪心理、交往心理、职场心理和亲子教育等相关内容和实用性心理调适方法，为社区矫正对象更好地适应社会和与家庭成员和谐共处提供有价值的指导和建议。

《社区矫正对象教育实务》具有三个特点：一是注重内容的系统性，按照社区矫正不同阶段的教育需求一体化设计教育内容，根据每个阶段教育矫正目标系统地安排社区矫正法律知识教育、法律常识教育、道德教育、创业教育和心理健康教育的相关知识。二是注重语言的通俗性，以深入浅出、通俗易懂的语言阐释相关知识，适宜不同教育背景的社区矫正对象阅读。三是注重内容的应用性，编入社区矫正警示教育真实案例解读社区矫正监督管理规定；编入刑法和民法案例，通过以案说法开展普法教育；编入实用心理方法，帮助社区矫正对象进行心理调适，重塑健康心理和健全人格。

对社区矫正对象开展矫正帮教，存在个体知识结构和认知能力差异大、需普及的知识面广、内容丰富等特点，教育方式方法也需要不断调整和具有个体针对性。而本书主要是立足于社区矫正对象存在的共性问题进行编写的，仅供社区矫正机构和社会志愿者在教育帮扶中进行参考。由于编者水平所限，该图书尚有诸多不成熟和不完善之处，疏漏乃至错误亦在所难免，也期待研究社区矫正工作的理论和实务工作者给予关注和批评指正，以便于我们在今后的写作中不断完善图书内容的科学性和可读性，实现其对社区矫正对象的教育功能。愿此书能为各地开展社区矫正对象监管矫正和教育帮扶工作提供一定的辅助和参考，也期望本书能对社区矫正对象在社区矫正期间的高质量学习和以健康的心态回归社会起到积极推动作用。

廖斌于西南医科大学法学院

第一章

社区矫正法知识

第一节　社区矫正概述

一、社区矫正的含义

社区矫正是指将符合社区矫正条件的罪犯置于社区内，由专门的国家机关，在相关社会团体和民间组织以及社会志愿者的协助下，在判决、裁定或决定确定的期限内，矫正其犯罪心理和行为恶习，并促进其顺利回归社会的刑事执行活动。《社区矫正法》[1]第1条规定："为了推进和规范社区矫正工作，保障刑事判决、刑事裁定和暂予监外执行决定的正确执行，提高教育矫正质量，促进社区矫正对象顺利融入社会，预防和减少犯罪，根据宪法，制定本法。"该条明确将社区矫正工作的性质定义为"刑事执法"，这就意味着社区矫正工作的重心不在于此前所强调的以安全和秩序为价值取向的"刑罚执行"，而应该是以社会潜在的危险管控和社区矫正对象的教育帮扶为主导性工作。

我国社区矫正具有开拓性意义，是对不必要、不宜监禁或继续监禁的犯罪人有针对性地实施社会化矫正，充分运用社会各方面的力量来提高教育改造质量，使消极因素尽可能化为积极因素，控制并减少重新犯罪的一种措施。社区矫正制度的建立，也是落实党的宽严相济刑事政策、促进国家治理体系和治理能力建设的重要内容。

社区矫正的构成要素包括：一是非监禁性。社区矫正是把被判管制、宣告缓刑、假释和暂予监外执行的犯罪分子安置在社区内进行"监督"和"帮助"，它与剥夺自由监禁矫正有着显著的不同。社区矫正的"非监禁性"，是

---

[1] 《社区矫正法》，即《中华人民共和国社区矫正法》。为表述方便，本书中涉及我国法律文件均使用简称，省去"中华人民共和国"字样，全书统一，后不赘述。

指尽量通过犯罪人的内心觉醒，不过度干预其生活的方式，避免让"监禁"的替代形式演变成"替代"的监禁。二是惩罚性。将符合法定条件的四类罪犯置于社区，但并不意味着可以让其放任自流，而是以惩罚为基础。这个"惩罚性"体现在：（1）名誉贬损。定罪本身就是一种否定性的名誉贬损；（2）人身自由受限；（3）权利限制；（4）刑罚威慑。社区矫正对象若严重违反监督管理规定，严重违反禁止令，便存在被给予治安管理处罚乃至收监执行刑罚的可能。三是回归性。"惩罚"虽然是社区矫正的基础抑或前提，但社区矫正的核心要义不在于"惩罚"，而是通过弱化监狱的封闭性、放宽罪犯的自由度、增加罪犯与社会的联系，来教育帮扶罪犯掌握生活技能与相关社会知识，塑造罪犯符合社会正常生活的信念和人格，最终促进罪犯回归社会，摆脱犯罪"标签"的影响，从而更好更快地融入社会，达到预防重新犯罪的目的。四是社会性。社区矫正不仅仅是将罪犯"置于社区"，更重要的是"由社区来矫正"。动员社会力量参与罪犯的管理与矫正，是社区矫正与监禁矫正的显著区别之一。

二、《社区矫正法》的立法目的和社区矫正的适用范围

（一）《社区矫正法》的立法目的

《社区矫正法》第1条明确规定："为了推进和规范社区矫正工作，保障刑事判决、刑事裁定和暂予监外执行决定的正确执行，提高教育矫正质量，促进社区矫正对象顺利融入社会，预防和减少犯罪，根据宪法，制定本法。"由此我们可以看出，我国《社区矫正法》的立法目的包括三方面内容：

1. 推进和规范社区矫正工作

我国自2003年开展社区矫正工作试点以来，先后修改《刑法》《刑事诉讼法》，明确规定了对判处管制、宣告缓刑、假释和暂予监外执行的罪犯依法实施社区矫正，并由社区矫正机构负责执行。为此，最高人民法院、最高人民检察院、公安部以及司法部和各省也先后制定了各种部门规章、司法解释、地方条例，对社区矫正工作机构设置、社会力量参与、社区矫正工作管理衔接等问题作出了部门或者地区性规定。这些探索性做法，一方面推动社区矫正工作在实践中形成了好的经验，对此可以上升到国家统一的法律制度层面加以肯定；另一方面也存在各自为政的"土办法"，造成各地社区矫正管理办法和具体做法的差异性较大，存在与国家上位法的冲突，影响着国家法律的

权威性，也影响着社区矫正工作参与者的积极性和对社区矫正对象的有效管理和矫正。为了规范全国的社区矫正工作，制定统一的社区矫正法既是国家完善中国特色社会主义刑事法律制度的需要，也是推进国家治理体系和治理能力现代化的需要。

2. 保障刑事判决、刑事裁定和暂予监外执行决定的正确执行

《社区矫正法》第 1 条明确将社区矫正工作性质定位为"保障……决定的正确执行"。这就意味着社区矫正工作是一种执法活动，但是这种执法是保障涉及对四种类型犯罪人的"刑事裁判"或者"决定"的执行，应依据《社区矫正法》来落实，通过《社区矫正法》明确相关主体的权利义务，以体现刑法所确定的罪刑法定、罪责刑相适应原则。重心不是在社区矫正试点实践中很多人所看重的社区矫正工作的"惩罚性"，如建立社区矫正警察队伍、强制性社区义务劳动、电子手铐等。

3. 提高教育矫正质量，促进社区矫正对象顺利融入社会，预防和减少犯罪

提高社区矫正教育质量是指通过开展社区矫正工作，做到实现社区矫正对象顺利融入社会生活环境，不再犯罪，最终达到预防和减少犯罪的目的。"促进社区矫正对象顺利融入社会"，即通过适度监管和有针对性的教育帮扶措施，充分利用社会力量，促进社区矫正对象顺利回归社会。社区矫正作为一种非监禁刑事执行方式，其主要目的不在于对犯罪人施加报应性惩罚，而是致力于对受损的社会关系进行修复，使犯罪人获得宽宥、谅解和接纳，减少"标签化"和社会排斥，以顺利回归社会。

"预防和减少犯罪"，即通过对社区矫正对象的监督管理与教育帮扶相结合，专门机关和社会力量相结合，坚持分类管理、个别化矫正，有的放矢地排除可能导致社区矫正对象重新犯罪的各种因素，帮助他们做守法公民，从而达到预防犯罪、保持社会稳定和国家长治久安的目的。社区矫正的"预防犯罪"包括特殊预防和一般预防两个方面。特殊预防，是指通过对犯罪人适用社区矫正，消除他们继续犯罪的条件，并将其改造成为守法公民，防止其重新犯罪。一般预防，是指通过对犯罪分子适用社区矫正，用非监禁刑事执行的严肃性和惩罚性威慑社会上的不安定分子即潜在的犯罪人，防止他们走上犯罪之路。同时，社区矫正一般预防也体现为对其他守法公民所起到的法治教育和行为甄别作用。

（二）社区矫正的适用范围

《社区矫正法》第 2 条第 2 款规定："对社区矫正对象的监督管理、教育帮扶等活动，适用本法。"根据《刑法》第 38 条、第 76 条、第 85 条以及《刑事诉讼法》第 269 条、《监狱法》第 33 条的规定，《社区矫正法》适用于被判处管制、宣告缓刑、假释和暂予监外执行的罪犯。对这四类犯罪人"依法"实行社区矫正，即依照《刑法》《刑事诉讼法》《监狱法》《治安管理处罚法》《社区矫正法》进行矫正。

对社区矫正对象的"监督管理"，主要是监督社区矫正对象遵守法律、行政法规，履行判决、裁定、暂予监外执行决定等法律文书确定的义务，履行司法行政部门关于报告、会客、外出、迁居、保外就医等监督管理规定，落实针对社区矫正对象的矫正方案，了解掌握社区矫正对象的活动情况和行为表现等。

对社区矫正对象的"教育帮扶"，主要是指社区矫正机构，教育、民政、人力资源和社会保障等部门，有关人民团体、居（村）民委员会，以及企业事业单位、社会组织、志愿者等社会力量对社区矫正对象开展的教育、心理辅导、职业技能培训、就业指导、社会救助、社会关系改善等活动。

"监督管理"强调社区矫正的刑事执行属性，通过外在强制力要求社区矫正对象遵守报告、会客、外出、迁居、保外就医等监督管理规定，服从社区矫正机构的管理；而"教育帮扶"旨在利用多种形式，对社区矫正对象进行法治、道德等教育，激发其内在道德素质和悔罪意识，消除其可能重新犯罪的因素。例如，一些无劳动能力、无收入来源的社区矫正对象可能会实施侵犯财产犯罪，为此可帮助他们按照国家有关规定提出社会救助请求，也可通过进行劳动技能培训来帮助他们获取就业岗位，使他们拥有基本生存能力并防止他们再次犯罪。社区矫正对象如有醉酒、药物依赖或家庭暴力犯罪情形，可考虑采取心理疏导、戒瘾治疗和精神治疗等方法，帮助其戒酒戒瘾、改恶从善，排除其可能重新犯罪的各种因素，使之回归正常工作和生活，做一个守法公民。

三、我国的社区矫正工作原则

（一）坚持监督管理与教育帮扶相结合原则

开展社区矫正工作，主要是根据现行法律的规定，对社区矫正对象进行必要和适度的监督管理，并有针对性地开展教育帮扶，这两项工作正是社区矫正工作的核心部分，二者不可偏废。首先，做好监督管理是开展矫正的基础，社区矫正对象只有服从监督管理，切实遵守法律、行政法规，履行司法行政部门关于报告、会客、外出、迁居、保外就医等监督管理规定，才能顺利度过社区矫正考验期，最终得以解除社区矫正。但是，对社区矫正对象的监督管理措施应当适度，不宜过于严厉，只要能够做到对社区矫正对象的活动状况及行为表现进行及时的了解和把握即可，所采用的矫正措施与办法要避免给社区矫正对象正常的生活工作带来不必要的影响。其次，对社区矫正对象开展教育帮扶，旨在利用多种形式，对其进行法治、道德等教育，激发其内在道德素质和悔罪意识，消除其可能重新犯罪的因素，充分体现保障人权、因人施教、修复融入等现代刑罚执行精神。社区矫正作为一种非监禁方式，是在社区管教犯罪人，其主要目的不在于对犯罪人施加报应性惩罚，而致力于全面修复被损害的社会关系，还原和谐融洽的社会关系，重塑社区矫正对象的健全人格。教育帮扶推动监督管理安全高效开展，在社区矫正的整个过程、各个环节，监督管理和教育帮扶相辅相成、相得益彰，是落实总体国家安全观和"践行改造宗旨、实现治本安全"行刑政策，完成社区矫正根本任务和实现其基本要求的"治本"之举。《社区矫正法》第3条规定："社区矫正工作坚持监督管理与教育帮扶相结合，专门机关与社会力量相结合，采取分类管理、个别化矫正，有针对性地消除社区矫正对象可能重新犯罪的因素，帮助其成为守法公民。"

（二）坚持专门机关与社会力量相结合原则

社区矫正工作是一项综合性社会系统工程，只靠某一个部门不可能完成矫正所要达到的目标，需要建立以政府为主导，全社会共同参与的工作格局，走专门机关与群众路线相结合之路。一方面，社区矫正对象不必脱离原生活环境，可在居住地即社会上接受矫正机关的监督管理，公、检、法、司和有关部门应当依法行使职权，保证国家刑事法律的正确执行，保障社区矫正工作的有序开展；地方人民政府根据需要分别设立社区矫正委员会和社区矫正机构，社区矫正委员会统筹协调和指导，社区矫正机构组织实施。另一方面，必须调动和组织全社会的力量主动参与到社区矫正中去，整合与运用社会资源，充分发挥自身的优势对社区矫正对象开展教育帮扶，努力提高教育矫正的质量与水平。

确立该原则，有利于调动社会各界力量参与社区矫正工作的共建、共治和共享，体现了国家治理与社会参与的有机统一。根据《社区矫正法》第3条规定的"专门机关与社会力量相结合"原则，《社区矫正法》在第41条、第38条、第40条、第56条分别具体规定了社会参与的相关内容。充分调动社会力量参与社区矫正，是国家治理体系、治理能力现代化的必然要求。

（三）坚持分类管理与个别化矫正原则

确立该原则，就是要有针对性地消除社区矫正对象可能重新犯罪的因素，帮助其成为守法公民。根据《社区矫正法》第2条的规定，适用社区矫正的人员范围包括四类，即被判处管制、宣告缓刑、假释和暂予监外执行的罪犯。首先，由于这四类人员适用社区矫正的情形和依据不同，自身的情况也有差别，加上我国《刑法》《刑事诉讼法》对这四类社区矫正对象有不同的法律义务规定，因此就必须在社区矫正工作中体现管理上的差异性。其次，每个社区矫正对象都存在个体上的差异，需要有针对性地开展个别化的监督管理、教育帮扶工作。根据此原则，《社区矫正法》第24条、第36条、第52条详细作出了分类管理与个别化矫正的规定。

（四）坚持尊重和保障人权原则

社区矫正工作应当依法进行，尊重和保障人权。坚持尊重和保障人权原则要求社区矫正工作涉及的部门及其工作人员进行社区矫正工作时，要切实维护社区矫正对象的人身权、财产权，不侵害其合法权益。除了根据法律规定被剥夺和限制的权利，社区矫正对象在就业、就学、养老、医疗、失业等社会保障方面都依法享有和其他公民同等的权利。各级人民政府和下属部门应当履行保护社区矫正对象这些权利的职责。《社区矫正法》第4条规定："社区矫正对象应当依法接受社区矫正，服从监督管理。社区矫正工作应当依法进行，尊重和保障人权。社区矫正对象依法享有的人身权利、财产权利和其他权利不受侵犯，在就业、就学和享受社会保障等方面不受歧视。"尊重和保障人权，要求社区矫正有关部门和工作人员在工作中注重保障社区矫正对象的权利，不得随意侵犯社区矫正对象的合法权益。《社区矫正法》第34条、第26条、第27条、第54条的具体规定则是对尊重和保障人权原则的具体落实。只有这样，才能实现让社区矫正对象顺利融入社会、消除其再犯罪的因素的目的。

■ **思考题：**

1. 简述社区矫正的含义。
2. 试述《社区矫正法》的立法目的。
3. 试述社区矫正工作的原则。
4. 试述需接受社区矫正的人员范围。

第二节 机构、人员和职责

一、社区矫正相关机构及其职责

（一）司法行政部门及其职责

国务院司法部主管全国的社区矫正工作。司法部的职责：主管全国的社区矫正工作，包括制定社区矫正工作方针、政策、规范性文件、社区矫正工作规划、管理制度、管理规定等；检查社区矫正法律法规执行情况；推进社区矫正工作队伍建设和社区矫正机构信息化建设、指导各地开展社区矫正工作。

县级以上地方人民政府司法行政部门主管各自行政辖区内的社区矫正工作，包括制定社区矫正工作发展规划、管理制度等；加强对下辖的社区矫正机构和工作人员的管理、监督、推动本辖区社会力量参与社区矫正工作；监督本辖区社区矫正机构执行法律法规的情况。

县级以上地方人民政府根据需要设置社区矫正机构，负责社区矫正工作的具体实施。社区矫正机构的设置和撤销，由县级以上地方人民政府司法行政部门提出意见，按照规定的权限和程序审批。需要对社区矫正对象使用电子定位装置的，应经县级司法行政部门负责人批准。

（二）社区矫正委员会及其职责

社区矫正委员会在社区矫正工作中作为一个综合性的议事协调机构，负责应对处理各社区矫正参与机关出现的困难和问题。《社区矫正法》第8条第3款规定："地方人民政府根据需要设立社区矫正委员会，负责统筹协调和指导本行政区域内的社区矫正工作。"这里所说的"地方人民政府"，是指地方各级人民政府，包括省、市、县、乡四级人民政府。实践中，社区矫正委员会可以由以下部门和人员组成：本级政府或者党委有关负责人，人民法院、人民检察院、公安机关、司法行政机关、财政、教育、卫生、民政、人力资源和社会保障、工会、共产主义青年团、妇女联合会等部门。县乡两级还可以邀请村民委员会、居民委员会或社会组织的代表参加。社区矫正委员会一般通过召开联席会议，调研社区矫正工作的有关情况，及时研究解决社区矫正工作中的实际困难和重大问题，确保社区矫正工作的顺利开展。"统筹协调和指导"是指对社区矫正工作进行领导与指导，协调与处理实践中遇到的各类问题与难题。

（三）人民法院、人民检察院、公安机关的职责

社区矫正具有综合性强、涉及面广、需要多个职能部门共同发挥作用等特点。因此，人民法院、人民检察院、公安机关和其他相关部门应依照各自职责，依法做好社区矫正工作。

人民法院是社区矫正的决定机关，其职责是：对符合社区矫正适用条件的被告人依法作出判决、裁定或者决定，对社区矫正对象作出决定逮捕、撤销缓刑、撤销假释决定，在履行这些职责时，其应当按照《刑法》《刑事诉讼法》等法律规定的条件和程序。此外，人民法院有与社区矫正机构共同推进社区矫正工作的职责，具体体现在法律文书交接、对社区矫正对象进行教育、告知和责令社区矫正对象按时去指定的社区矫正机构报到等。对违反社区矫正管理规定，符合撤销缓刑、假释、暂予监外执行的社区矫正对象，应当及时依法作出相关的撤销决定，对符合逮捕条件应当予以逮捕的社区矫正对象，应当及时作出逮捕决定并通知公安机关。《社区矫正法》第19条第2款规定："社区矫正决定机关应当对社区矫正对象进行教育，告知其在社区矫正期间应当遵守的规定以及违反规定的法律后果，责令其按时报到。"《社区矫正法》第20条规定，"社区矫正决定机关应当自判决、裁定或者决定生效之日起五日内通知执行地社区矫正机构，并在十日内送达有关法律文书，同时抄送人民检察院和执行地公安机关……"《社区矫正法》第17条第1款规定："社区矫正决定机关判处管制、宣告缓刑、裁定假释、决定或者批准暂予监外执行时应当确定社区矫正执行地。"《社区矫正法》第47条第1款规定："被提请撤销缓刑、假释的社区矫正对象可能逃跑或者可能发生社会危险的，社区矫正机构可以在提出撤销缓刑、假释建议的同时，提请人民法院决定对其予以

逮捕。"

人民检察院依法对社区矫正工作各环节实行法律监督。人民检察院的职责有：监督社区矫正机构及其工作人员在社区矫正工作中是否有违反法律规定的行为，如是否拒绝接收应当接收的社区矫正对象、违规安装或者不安装使用电子定位装置、国家工作人员在社区矫正工作中侵犯社区矫正对象人身权利等；受理社区矫正对象的申诉、控告和检举，并及时处理和将处理结果告知社区矫正对象。

公安机关是社区矫正工作的强力保障部门，其有权对社区矫正对象依法采取相应的强制措施。其职责有：协助社区矫正机构查找失去联系的社区矫正对象；及时处置社区矫正机构制止不了的社区矫正对象实施的违法行为和突发治安事件；对违反治安管理规定和重新犯罪的社区矫正人员及时依法处理；对社区矫正对象依法限制出境、予以逮捕、收监执行。《社区矫正法》第47条规定，人民法院决定逮捕的，由公安机关执行；第50条规定，被裁定撤销缓刑、假释和被决定收监执行的社区矫正对象逃跑的，由公安机关追捕；第31条规定："社区矫正机构发现社区矫正对象正在实施违反监督管理规定的行为或者违反人民法院禁止令等违法行为的，应当立即制止；制止无效的，应当立即通知公安机关到场处置。"

（四）社区矫正机构和司法所的职责

社区矫正机构是指负责对被判处管制、宣告缓刑、假释和暂予监外执行的社区矫正对象具体实施社区矫正的机构。其直接面对社区矫正对象开展监督管理和教育帮扶工作，包括：接受委托进行调查评估；有针对性地制定矫正方案，确定矫正小组实施矫正方案；对社区矫正对象的活动状况及行为表现进行了解把握；对表现突出的给予表扬，对违反规定的依法予以处理；对社区矫正对象进行法治道德教育；协调有关方面开展职业技能培训、就业指导，组织公益活动等。社区矫正机构既可自行完成监督管理、教育帮扶等任务，又可将社区矫正的有关任务交由司法所或组织社会工作者完成，教育帮扶工作也可采取购买社会服务或项目委托社会组织的形式。在实际工作中，大部分社区矫正机构都会设立县（区）社区矫正中心，作为社区矫正工作的办公场所和社区矫正监督管理和教育帮扶任务实施的平台。

司法所参与社区矫正工作，根据的是《社区矫正法》第9条第2款"司法所根据社区矫正机构的委托，承担社区矫正相关工作"的规定。这是考虑到司法所在开展社区矫正试点工作中积累了大量的实践经验，司法所覆盖的区域范围较大，有利于落实其对社区矫正对象的监督管理和教育帮扶工作。司法所的职责是基于社区矫正机构的委托内容而定的，包括：开展调查评估、接收社区矫正对象、落实矫正方案、日常监督管理、教育帮扶、考核评价、提出建议等。

（五）县级以上人民政府的职责

县级以上人民政府作为国家政治、经济、社会公共事务的管理机关，在社区矫正工作中负有审批设置社区矫正机构、提供社区矫正经费保障、对社区矫正工作突出的组织和个人给予奖励、组织动员社会力量参与社区矫正教育帮扶工作的职责。同时，教育帮扶工作也需要县级以上地方人民政府的组成部门共同参与，如司法行政部门负责具体实施，教育、卫生、财政、民政、人力资源等部门提供支持条件。县级以上地方人民政府及有关部门应组织动员社会力量参与教育帮扶工作。《社区矫正法》第6条第1款规定，"各级人民政府应当将社区矫正经费列入本级政府预算"；第7条规定，"对在社区矫正工作中做出突出贡献的组织、个人，按照国家有关规定给予表彰、奖励"；第35条第1款规定："县级以上地方人民政府及其有关部门应当通过多种形式为教育帮扶社区矫正对象提供必要的场所和条件，组织动员社会力量参与教育帮扶工作。"

二、社区矫正工作人员及其职责

社区矫正工作人员队伍主要包括以下三部分人员：一是社区矫正机构工作人员。社区矫正机构工作人员，是指依托执法权限，针对社区矫正对象开展监督管理、教育帮扶的工作人员。现阶段包括司法行政机关执法者、公安机关的民警，以及部分省市借调的监狱（戒毒）人民警察。二是社会工作者。社会工作者，是遵循"助人自助"的价值理念，采取个案、小组、社区的专业方式，以帮助组织与他人开发自身潜力，协调各种社会关系、化解和防范社会问题，增进社会公正作为自己职业目标的工作者。社区矫正以改造社区矫正对象的犯罪心理与行为恶习为最终目标，以帮助他们成功重返社会。社区矫正对象所面临的社会态度、认知、行为、心理、家庭、社会支持和社会适应等方面的问题都需要借助专业化的工作观念、方法和技巧加以解决。社会工作者的参与有助于社区矫正对象重新获得社会功能、激发自身潜能、促进自我发展，进而重返社会并成为正常的社会一员。社会工作者介入社区矫正，主要是通过司法行政机关的政府购买服务方式，从社会上或者社工组织中招聘，在司法所人员的指导下协助从事日常管理工作。三是社会志愿者。这类人员主要是居（村）民委员会成员、在校师生、离退休干部，以及其他热心社区矫正工作的人员，协助开展一些必要的帮教活动。

（一）社区矫正机构工作人员

《社区矫正法》第10条规定："社区矫正机构应当配备具有法律等专业知识的专门国家工作人员（以下称社区矫正机构工作人员），履行监督管理、教育帮扶等执法职责。"

本条规定包括两层含义：一是社区矫正机构应当配备具有法律等专业知识的专门国家工作人员。这里的"专门国家工作人员"，是指在社区矫正机构中专业从事社区矫正工作的国家机关工作人员，特别强调专业性和职业化特征。二是社区矫正机构的专门国家工作人员履行监督管理、教育帮扶等执法职责。

（二）社会工作者

社会工作者，是指运用社会工作专业知识和方法，帮助个人、家庭、群体和社区，化解矛盾、解决社会问题，恢复和发展社会功能的专业人士。社区矫正中的社会工作者是指通过社区矫正机构公开购买服务或者项目临时聘用等方式，加入社区矫正工作的社会工作者。

社区矫正兼具刑事执行、矫正教育、社会帮扶和恢复性司法等多重属性。社区矫正实施成效不仅取决于社区矫正机构的具体工作成效，还取决于以社区为载体的社会力量的参与程度。社区矫正的实施地在社区，本质在于教育矫正，必须依靠社会工作者。社会工作者介入社区矫正，一方面，在一定程度上能缓解社区矫正机构人手不足的问题；另一方面，通过平等身份和社区矫正对象进行沟通交流更易得到他们的信赖，能很好地发挥自己在教育和心理方面的专业技能，使社区矫正对象得到更好的帮助，具有社区矫正机构工作人员所无法取代的优越性。为此，《社区矫正法》第11条规定："社区矫正机构根据需要，组织具有法律、教育、心理、社会工作等专业知识或者实践经验的社会工作者开展社区矫正相关工作。"社区矫正社会工作者理想的角色定位应是刑事执行的辅助者、教育学习和公益劳动的组织者、个案矫正的实施者和社会资源的链接者。

（三）社会志愿者

社区矫正社会志愿者，是指自愿无偿地为社区矫正工作提供一定服务和帮助的社区居民。利用社会志愿者开展社区矫正工作，是解决社区矫正工作中专职人员数量不足而社区矫正对象需求繁多的最佳途径之一，也是为社区居民发挥"余热"和奉献社会创造条件的可行方法之一。社会志愿者的亲和性、服务性以及非官方性等特点使他们易于与社区矫正对象展开有效交流，并在充分理解他们所思所想基础之上开展有针对性的纠正、救助工作。此外，其非官方性的身份也有利于预防社区矫正对象被贴上犯罪标签所带来的负面影响。而社会志愿者表现出的文化程度、生活经历、专业技能和脾气性格的多样性，恰好满足社区矫正对象多方面的需求，有助于拓展与深化社区矫正对象帮教工作的宽度与深度。

党的十九届四中全会提出，要坚持和完善"共建共治共享"的社会治理制度，依靠广大人民群众教育帮助社区矫正对象，这是"枫桥经验"的一个重要组成部分，也是中国特色社会治理中的一个优良传统与实践。为此，《社区矫正法》第13条作出明确规定："国家鼓励、支持企业事业单位、社会组织、志愿者等社会力量依法参与社区矫正工作。"

（四）其他社会参与者

其他社会参与者，是指除社区矫正工作人员以外的其他社会人员和社会组织。主要包括以下与社区矫正对象相关的几类人员：（1）亲属。这是指与社区矫正对象有血缘关系或者婚姻关系的人员，如社区矫正对象的家庭成员。（2）监护人。这是指依法对限制民事行为能力的社区矫正对象进行监护的人。（3）保证人。这是指根据规定或者约定对社区矫正对象承担保证义务，保证其遵守有关规定的人。（4）企业事业单位、社会组织。企业单位是在国家各级市场监督管理局注册登记的以盈利为目的独立核算的法人或非法人单位；事业单位是国家各级政府批准设立的以政府职能、公益服务为主要宗旨的一些公益性单位、非公益性职能部门等。社会组织包括社会团体、民办非企业单位和基金会三大类，社会组织必须是经过国家各级政府部门依法批准设立的组织。

《社区矫正法》关于社会组织、社会工作者、志愿者参与社区矫正的职责的基本规定有：（1）社会组织可以参与调查评估。《社区矫正法》第18条规定，社区矫正决定机关可以委托社会组织对被告人或者罪犯的社会危险性和对所居住社会的影响进行调查评估；调查评估提出的意见，供社区矫正决定机关参考。（2）志愿者可以参加矫正小组。（3）社会组织可以提供教育帮扶活动。《社区矫正法》第40条规定，社区矫正机构可以通过公开择优购买社会服务、项目委托等方式，委托社会组织提供教育、心理辅导、职业技能培训、社会关系改善等专业化的帮扶；国家鼓励有经验和资源的社会组织跨地区开展帮扶交流和示范活动。《社区矫正法》第41条规定，国家鼓励企业事业单位、社会组织为社区矫正对象提供就业岗位和职业技能培训。《社区矫正法》第56条规定："共产主义青年团、妇女联合会、未成年人保护组织应当依法协助社区矫正机构做好未成年人社区矫正工作。国家鼓励其他未成年人相关社会组织参与未成年人社区矫正工作，依法给予政策支持。"

■ 【教育案例】

大学生志愿者帮助失足少年开始新生[1]

2008年8月的一天，海珠区南华西街社区矫正对象小麦，顺利通过普通高考，被广州一所大学录取，走进当代大学生的行列。是日，他带着一纸大学录取通知书迈入司法所，激动地对司法所工作人员说："感谢社区矫正工作者给了我重新做人的机会，帮助我考上大学，圆了大学梦。通过社区矫正使我认识到，自己只有珍惜今天，感恩社会，才能成为一个对社会有用的人。"

小麦原是一名好学的少年，但自从读初二时便误交损友，无心向学。高一那年因贪念乍起，抵挡不了金钱的诱惑，伙同他人实施抢劫，被人民法院判处有期徒刑1年，缓刑1年6个月。其后，小麦在南华西街社区接受社区矫正。

社区矫正机构工作人员与华南农业大学社工系的志愿者，通过与小麦的接触，发现他其实是个爱学习的人，作案只是一时的贪念和所谓的"江湖义气"作祟。根据上述情况，社区矫正机构工作人员和志愿者，利用社工系志愿者研发成的"艾森克人格量表"，以及"SWOT心理分析表"，对小麦的犯罪行为和心理状态进行了科学的剖析，特地为他制定了"量身定做"的矫正方案。

---

[1]《从"红棉心理矫正室"走出来的大学生》，载 http://sfj.gz.gov.cn/gzssfj/flfw/sj/jzal/content/post_6505178.html，最后访问日期：2023年2月12日。

不得不提的是，海珠区自开展社区矫正试点工作以来，区街领导十分重视，结合未成年矫正对象的特点，从不充裕的经费中，拨出专款建起一个全省首家为未成年社区服刑人员服务的"红棉心理矫正室"，邀请6位由法律、心理、专业社工等专才组成的帮教团队，参与未成年社区服刑人员的矫正工作，小麦便是"红棉心理矫正室"的常客。就在这个小小的矫正室里，小麦与社区矫正工作者互吐心声，平等交流；与原本有隔阂的家人填平了代沟，使其家长也成为义务的社区矫正工作者；与心理学教授陈云英一次次的坦诚对话，驱散了内心贪欲的阴霾，懂得了"抢劫犯罪为求快钱最可耻"的道理，树立起了"学好本领服务社会最光荣"的思想。

在社区矫正工作者的精心矫正教育之下，小麦在接受矫正前后，判若两人。他不仅主动配合接受矫正，而且在学业上更刻苦用功。当司法所人员从小麦学校的班主任口中得知，他的期末考试成绩不错，从原来全班的倒数第一，攀升了十几名，其中最差劲的数学成绩，进步最为明显。社区矫正工作者考虑到小麦正面临高考，便及时调整矫正方案，从鼓舞他重新恢复学习的信心，重点转移至高考心理辅导，帮助他复习功课、指导他填报高校志愿。"激励矫正法"让小麦信心十倍，沉着赴考。他果然不负众望，录取榜上有名。社区矫正工作者的辛劳终究得到了回报，知情的社区街坊们都竖起拇指说："小麦真了不起，他是头一个从'红棉心理矫正室'里走出来的大学生。"

分析：《社区矫正法》的一大亮点，就是非常注意鼓励和引导社会力量参与社区矫正教育帮扶工作。《社区矫正法》第13条作出明确规定："国家鼓励、支持企业事业单位、社会组织、志愿者等社会力量依法参与社区矫正工作。"第40条第1款规定："社区矫正机构可以通过公开择优购买社区矫正社会工作服务或者其他社会服务，为社区矫正对象在教育、心理辅导、职业技能培训、社会关系改善等方面提供必要的帮扶。"本案中，志愿者以矫正小组为依托，对在社区接受教育监管的社区矫正对象进行有针对性的心理矫正和专业化帮扶工作，提高了矫正质量。

■ **思考题：**

1. 试述县级公检法和司法局在社区矫正工作中的职责。

2. 社区矫正机构中包括的工作人员有哪些？

第三节　社区矫正对象的接收与管理

一、社区矫正决定的作出

（一）社区矫正执行地的确定

在什么地方具体执行社区矫正，以何种原则确定执行地会影响到社区矫正的实际执行效果。社区矫正决定机关在决定社区矫正适用时，应当确定社区矫正的执行地，而这一决定社区矫正对象和社区矫正机构都应当遵守，社区矫正决定机关确定社区矫正执行地后，社区矫正机构必须接收社区矫正对象，不得推诿扯皮。社区矫正决定机关即指依法判处管制、宣告缓刑、裁定假释、决定暂予监外执行的人民法院和批准暂予监外执行的监狱管理机关、公安机关。为了能使社区矫正对象顺利融入社会，帮助其成为守法公民，作出社区矫正决定的机关应当以方便社区矫正对象生活与工作为原则，综合考虑社区矫正对象的具体情况，必要时还可以听取社区矫正对象对执行地的意见。考虑到我国经济社会和城市化的快速发展，人员的流动性已经成为常态化，对于流动人口群体中的社区矫正对象，我国根据居住地管辖原则确定其社区矫正执行地，《社区矫正法》第 17 条第 2 款规定，"社区矫正执行地为社区矫正对象的居住地。社区矫正对象在多个地方居住的，可以确定经常居住地为执行地"。根据我国《民法典》和最高人民法院的司法解释，"经常居住地"是指连续居住一年以上且现在仍居住的地方。《社区矫正法》第 17 条第 3 款还规定，"社区矫正对象的居住地、经常居住地无法确定或者不适宜执行社区矫正的，社区矫正决定机关应当根据有利于社区矫正对象接受矫正、更好地融入社会的原则，确定执行地"。

（二）调查评估

调查评估是指社区矫正决定机关根据具体案件处理的需要，对被告人或者罪犯的犯罪背景、人格特征、家庭和社会条件、社会评价、犯罪行为后果和对所居住社区的影响等情况进行专门调查并进行评价的活动。调查评估意见供社区矫正决定机关做社区矫正决定时参考。根据《社区矫正法》的规定，调查评估的重点是被告人或者犯罪人的社会危险性和对所居住社区的影响。"社会危险性"主要是指行为人再次犯罪或者犯新罪的可能性，以及其他可能妨碍刑事诉讼和刑事执行活动的可能性。"对所居住社区的影响"是指对被告人、罪犯适用社区矫正是否会对该社区的社会稳定和安全秩序产生重大的社会不良反应。

《社区矫正法》规定，社区矫正决定机关根据需要可以委托社区矫正机构或者有关社会组织进行调查评估，这意味着社会调查评估不是作出社区矫正决定的必经程序，社区矫正决定机关也可以不委托做社会调查评估就作出是否给予社区矫正的决定。这一立法规定能够避免社区矫正机构与决定机关互相推诿，给接收社区矫正对象的工作设置障碍，从而提高作出社区矫正决定的效率。

（三）作出社区矫正决定

依据《社区矫正法》第 19 条的规定，社区矫正决定机关应当按照《刑法》第 72 条、第 81 条，《刑事诉讼法》第 265 条、第 266 条、第 267 条，《监狱法》第 25 条、第 26 条的规定，依程序对被判处管制、宣告缓刑、裁定假释、决定或者批准暂予监外执行的被告人或者罪犯，作出社区矫正的决定。

社区矫正决定机关在作出社区矫正决定时，应当履行以下职责：一是对社区矫正对象进行遵纪守法教育，让其认识到自己所犯罪行给社会和他人造成的危害，帮助其查找犯罪的原因并提出改正措施；二是明确告知社区矫正对象在社区矫正期间应当遵守的社区矫正监督管理规定，以及违反会产生的法律责任；三是责令社区矫正对象按时报到。至于教育、告知和责令的具体形式，可以灵活多样，口头或者书面均可。

（四）社区矫正决定书的送达

社区矫正决定书是一个非常重要的法律文书，如果不规范送达，就会出现决定机关与执行机关的工作脱节，导致对社区矫正对象的脱管问题。为此，《社区矫正法》第 20 条对社区矫正决定法律文书的送达作出规定：一是社区矫正决定机关应当自判决、裁定或者决定生效之日起 5 日内通知执行地社区矫正机构；二是社区矫正决定机关应当自判决、裁定或者决定生效之日起 10 日内将法律文书送达执行地社区矫正机构。

社区矫正决定机关应当将社区矫正决定法律文书抄送对该社区矫正监管工作负有监督职责的人民检察院和社区矫正执行地所在的县级公安机关。社区矫正决定地和执行地不在同一地方的，执行地社区矫正机构应当向当地的人民检察院或者公安机关移送法律文书。

二、社区矫正对象的接收

(一) 社区矫正对象报到与移送

社区矫正对象到社区矫正机构接受社区矫正的方式有报到和移送两种方式。一是对于被判处管制、宣告缓刑、裁定假释的罪犯，采取由社区矫正对象在判决、裁定生效之日起 10 日内主动到社区矫正机构报到的方式。社区矫正对象未按规定时间报到的，执行地社区矫正机构应及时组织查找，并由执行地社区矫正机构通知有关人民法院、公安机关、监狱、执行地人民检察院。二是对于被人民法院决定暂予监外执行的社区矫正对象，公安机关自收到人民法院暂予监外执行决定书之日起 10 日内，将其从被拘留或羁押的看守所、取保候审居住地、监视居住地移送社区矫正机构。对于监狱管理机关、公安机关批准暂予监外执行的社区矫正对象，因罪犯正在监狱或者看守所服刑，所以就由监狱或看守所将其移送至社区矫正执行地并办理交接手续。有关部门尚未移送的，社区矫正机构应当及时通知移送机关移送。

(二) 社区矫正对象的接收和宣告

社区矫正机构应当依法接收社区矫正对象。接收社区矫正对象是社区矫正的起始环节，也是决定后续社区矫正工作能否有序开展的关键一环。《社区矫正法》第 20 条规定："社区矫正决定机关应当自判决、裁定或者决定生效之日起五日内通知执行地社区矫正机构，并在十日内送达有关法律文书，同时抄送人民检察院和执行地公安机关。社区矫正决定地与执行地不在同一地方的，由执行地社区矫正机构将法律文书转送所在地的人民检察院、公安机关。"《社区矫正法》第 22 条规定，社区矫正机构应当依法接收社区矫正对象，核对法律文书、核实身份、办理接收登记、建立档案。社区矫正机构要及时将回执送达决定机关，发现文书有缺项的要及时通知决定机关补齐。

社区矫正对象的社区矫正档案内容应包括：社区矫正执行法律文书、入矫谈话笔录、社区矫正考察表、社区矫正责任书、解除矫正材料等有关社区矫正监督管理与帮教活动的法律文书等。

为体现社区矫正监督管理的严肃性和权威性，增强社区矫正对象接受监管的自觉性，提高社区矫正工作效果，《社区矫正法》对社区矫正宣告作出了规定。综合四类社区矫正对象的义务性规定，社区矫正宣告的内容包括：宣告判决书、裁定书、决定书、执行通知书等有关法律文件的主要内容，宣告执行社区矫正的期限和起始日期，宣告应遵守的社区矫正监督管理规定、禁止令的规定，宣告关于报告、会客、迁居、保外就医等监督管理规定，告知违反规定和相关法律的法律责任。社区矫正机构可以将社区矫正小组人员及其职责告知社区矫正对象。社区矫正宣告活动由社区矫正机构组织进行，此活动可以不面向社会进行公开。《社区矫正法》第22条规定："社区矫正机构应当依法接收社区矫正对象，核对法律文书、核实身份、办理接收登记、建立档案，并宣告社区矫正对象的犯罪事实、执行社区矫正的期限以及应当遵守的规定。"

三、社区矫正对象的监督管理

（一）分类管理

在矫正资源有限背景下，如何在刑事执行中充分调动现有的人力、物力及财力以达到最佳的矫正效果，分类管理即是一条重要路径。社区矫正分类管理是指社区矫正机构针对社区矫正对象的不同特点（如刑罚种类、人身危险性），制定个性化的矫治方案和有针对性的矫正项目的管理制度。

分类管理是指针对人身危险性程度不同的社区矫正对象实行不同强度的差别管理。人身危险性程度，主要根据社区矫正对象的犯罪类型、刑罚种类、矫正阶段、再犯罪风险等情况进行判断。《社区矫正法》第3条规定，"社区矫正工作……采取分类管理、个别化矫正……帮助其成为守法公民"。实践中，一般将社区矫正对象划分为高、中、低三个级别的危险程度以实施差别管理。差别管理主要包括不同频率的报告制度、不同强度的公益劳动、不同内容的教育方式。譬如，对暴力犯罪类社区矫正对象，在教育方式上倾向于惩戒性，通过参观监狱、看守所，监狱服刑人员现身说法等，注重对严重后果的强调，绷紧其思想红线；对非暴力犯罪类社区矫正对象则倾向于价值观重塑性教育，通过组织法治教育、道德教育、公益劳动、交通安全警示讲座、廉政教育讲座等，注重价值观的调整，增强法治观念。

（二）外出请假管理

社区矫正对象因正当事由需要暂时离开法定活动范围而外出时，需要向社区矫正机构履行请销假手续。

《刑法》对管制、缓刑、假释罪犯请假的规定表述为"离开所居住的市、县或者迁居，应当报经执行（考察、监督）机关批准"。可见，《刑法》只规定要经批准，并未规定请假禁止性情形，且将该权力留给了监督机关。

《社区矫正法》第 27 条第 1 款规定："社区矫正对象离开所居住的市、县或者迁居，应当报经社区矫正机构批准。社区矫正机构对于有正当理由的，应当批准；对于因正常工作和生活需要经常性跨市、县活动的，可以根据情况，简化批准程序和方式。"为此，根据《社区矫正法》，只要是有"正当理由"的请假，社区矫正机构都应当批准，这体现了对社区矫正对象工作与生活"不过度干预"的原则。

当然，在外出请假管理过程中应值得注意的是：第一，要明确外出请假的"正当"理由。社区矫正对象因就医、就学、参与诉讼等原因确需外出的，经本人依法提出申请，社区矫正机构可以批准。《社区矫正法实施办法》对请假情形进行了扩充，对于社区矫正对象确因就医、就学、参与诉讼、处理家庭或者工作重要事务等正当理由，需要离开所居住的市、县的，可以请假。这是将严格监管与柔性关怀相结合的典范。这既是依法依规之举，也是人道人性之举，彰显了法治的关怀与温度。第二，要严格执行外出请假的程序。社区矫正对象因上述"正当理由"需要请假外出的，原则上应当提交书面申请，并如实提供诊断证明、录取通知书、有关法律文书等相应证明材料。确因情况紧急的，社区矫正对象也可以用电话方式提出申请，经同意后，社区矫正对象应及时补办请假手续。对因正常工作和生活需要经常性跨市、县活动的，社区矫正机构可以根据情况，简化批准程序和方式。第三，要严格实行外出请假期间的管理。在社区矫正对象外出期间，执行地社区矫正机构、司法所应当通过电话联系、信息化核查等方式实施监督管理，及时掌握其活动情况。执行地社区矫正机构根据需要，可以委托外地社区矫正机构、司法所协助对社区矫正对象进行监督管理。社区矫正对象在外出期限届满前应返回居住地，并向县级社区矫正机构或司法所报告，办理销假手续。因特殊原因无法按期返回的，应及时向司法所报告，司法所要做好记录，加强监督管理，一旦发现社区矫正对象违反外出管理规定的，应当责令其立即返回，并视情节予以处罚。对于无正当理由，未经批准离开所居住的市、县的，经县级司法行政部门负责人批准，可以使用电子定位装置，加强监督管理。

（三）电子定位装置管理

《社区矫正法》对电子定位装置的使用作出了合理规范，禁止不区分情况全员佩戴和长时间佩戴。根据《社区矫正法》第 29 条的规定，须具备五种情形之一，经县级司法行政部门负责人批准，才可以使用电子定位装置；且使用期限不得超过 3 个月。对于不需要继续使用的，应当及时解除；对于期限届满后，经评估仍有必要继续使用的，经过批准，期限可以延长，每次不得超过 3 个月。前述规定有利于防止电子定位装置的过度使用，有利于避免因过度使用电子定位装置而给社区矫正对象带来的众多工作与生活不便。因为《社区矫正法》第 34 条第 1 款规定："开展社区矫正工作，应当保障社区矫正对象的合法权益。社区矫正的措施和方法应当避免对社区矫正对象的正常工作和生活造成不必要的影响；非依法律规定，不得限制或者变相限制社区矫正对象的人身自由。"此外，社区矫正机构对通过电子定位装置获得的信息应当严格保密，有关信息只能用于社区矫正工作，不得用于其他用途。

（四）执行地变更管理

社区矫正是一种开放的行刑方式。社区矫正对象因生活、工作需要，在不同地域之间流动是正常的，尤其是对于那些身在农村的社区矫正对象来说，外出务工是解决其生存问题的重要途径。另外，人员异地流动和人户分离增大了社区矫正工作的管理难度。

为此，《社区矫正法》第 27 条第 2 款允许社区矫正对象因"迁居等原因"而变更执行地。

（五）对社区矫正对象的考核与奖惩

《社区矫正法》第 28 条规定："社区矫正机构根据社区矫正对象的表现，依照有关规定对其实施考核奖惩……"该条明确了对社区矫正对象进行考核的主体是社区矫正机构，考核的客体是社区矫正对象的表现。《社区矫正法实施办法》第 32 条第 2 款规定："社区矫正机构、受委托的司法所应当根据社区矫正对象认罪悔罪、遵守有关规定、服从监督管理、接受教育等情况，定期对其考核……"该条对《社区矫正法》的规定进行了扩展和细化，将考核主体扩充为社区矫正机构和受委托的司法所，将考核内容进一步细化为四个方面，而且明确考核应当定期进行。

1. 考核

对社区矫正对象进行考核是指社区矫正机构依照一定的标准和程序对社区矫正对象在社区矫正中的表现进行的评价和鉴定。

社区矫正对象在进入社区矫正后，不仅要服从监督管理、接受教育矫正，同时也将面临社区矫正期间的各项考核。考核的结果是分类管理和实施奖惩的主要依据。

依据《社区矫正法》第28条的规定可以看出，对社区矫正对象进行考核的主体是社区矫正机构，考核的客体是社区矫正对象的"表现"，具体是指社区矫正对象在认罪悔罪、遵纪守法、学习劳动等方面的情况。对社区矫正对象进行考核要遵守规定的程序。考核的内容概括为认罪悔罪、遵守法律法规、服从监督管理、接受教育等方面。需要注意的是，对不同类型的社区矫正对象，其考核内容的侧重点是有所不同的。例如，对于管制犯、缓刑犯和假释犯，重点考核其报告活动、迁居审批、请销假及参加学习教育、社区服务等方面的情况；对于暂予监外执行犯，重点考核其就医诊断报告、请销假、迁居审批、接受教育等方面的情况。

对社区矫正对象的考核结果，根据《社区矫正法》第28条第2款之规定，可以作为认定其是否"确有悔改"表现或者是否"严重违规（违反监督管理规定）"的依据。

2. 奖惩

对社区矫正对象的奖惩，包括行政奖惩与司法奖惩。

（1）行政奖惩。

行政奖惩是指社区矫正机构依据社区矫正对象的日常表现和考核情况，依照行政权限对社区矫正对象给予的奖励或处罚。行政奖惩分为行政奖励和行政处罚两种。

第一，表扬，即对某种人的行为当面给予肯定。根据《社区矫正法实施办法》第33条的规定，社区矫正对象在接受一定的矫正后有认罪悔罪、遵守法律法规、服从监督管理、接受教育表现突出或者见义勇为、抢险救灾、帮助他人、服务社会表现突出等情形的，社区矫正机构可以给予表扬。

第二，训诫、警告、提请治安管理处罚。训诫是指执法或者司法机关对轻微违法或者违规者进行的批评教育并责令其改正不得再犯的一种执法教育方式；警告是指行政执法主体或者司法主体对违法违规者提出的告诫或谴责的教育方式。训诫和警告都不属于行政处罚范畴。社区矫正对象不按规定时间报到或者脱管时间较短等违反监督管理规定，情节较轻的，社区矫正机构可以给予"训诫"；社区矫正对象违反法院禁止令，情节轻微，不按规定时间报到，或者违反其他监督管理规定，情节较重的，社区矫正机构可以给予"警告"；社区矫正对象违反法院禁止令，尚不属于情节严重，不按规定时间报到超过 15 日，或者违反其他监督管理规定，尚不属于情节严重的，根据《社区矫正法》第 59 条、第 60 条的规定，社区矫正机构可以提请同级公安机关给予治安管理处罚。为便于检察监督，社区矫正机构的治安管理处罚建议书以及公安机关的治安管理处罚决定书副本应当同时抄送执行地同级人民检察院。

（2）司法奖惩。

司法奖惩是指社区矫正机构在对社区矫正对象进行考核的基础上提出建议，由人民法院等相关机关对社区矫正对象给予的奖励或处罚。司法奖惩分为司法奖励和司法处罚两种。

对社区矫正对象的司法奖励主要是减刑。减刑作为一种司法奖励，目的在于鼓励社区矫正对象积极主动地完成改造，顺利回归社会，但减刑必须经过一定的程序。减刑，既是一项司法奖励制度，又是一项社区矫正对象的重要的诉讼权利，因此，当社区矫正对象自己认为符合减刑条件时，也可以主动申请减刑。根据《社区矫正法》第 33 条的规定，对于被判处管制、宣告缓刑、暂予监外执行的三类社区矫正对象，可以适用减刑。对于被假释的社区矫正对象，因没有减刑的法律依据，目前还不能提出减刑建议。

《社区矫正法》第 33 条明确规定了社区矫正对象的减刑程序："社区矫正机构应当向社区矫正执行地的中级以上人民法院提出减刑建议，并将减刑建议书抄送同级人民检察院。人民法院应当在收到社区矫正机构的减刑建议书后三十日内作出裁定，并将裁定书送达社区矫正机构，同时抄送人民检察院、公安机关。"

对社区矫正对象的司法处罚，主要包括撤销缓刑、撤销假释和撤销暂予监外执行三类。与行政处罚相比，司法处罚的力度更大，对社区矫正对象的影响和触动也更大。社区矫正对象受到这三种司法处罚的后果是一样的，都是收监执行。

缓刑类社区矫正对象和假释类社区矫正对象违反法律法规受到司法处罚的情形，主要见于《刑法》第 77 条第 2 款"被宣告缓刑的犯罪分子，在缓刑考验期限内，违反法律、行政法规或者国务院有关部门关于缓刑的监督管理规定，或者违反人民法院判决中的禁止令，情节严重的，应当撤销缓刑，执行原判刑罚"以及《刑法》第 86 条第 3 款"被假释的犯罪分子，在假释考验期限内，有违反法律、行政法规或者国务院有关部门关于假释的监督管理规定的行为，尚未构成新的犯罪的，应当依照法定程序撤销假释，收监执行未执行完毕的刑罚"的规定。

对于被提请撤销缓刑、假释的社区矫正对象可能逃跑或者发生社会危险的，社区矫正机构可以在提出撤销缓刑、假释建议的同时，提请法院决定对其予以逮捕。法院应当在48小时内作出是否逮捕的决定。决定逮捕的，由公安机关执行。撤销缓刑、假释的程序是：（1）在考验期内"再犯新罪"或者"发现漏罪"的，应当由审理该案的人民法院撤销缓刑，并书面通知原审人民法院和执行地社区矫正机构；（2）对于严重违反现行《社区矫正法实施办法》第46条所规定的情形（即"严重违规"）需要撤销缓刑、假释的，执行地社区矫正机构应当向原审人民法院提出撤销缓刑、假释建议，并附相关证明材料；若原审人民法院与执行地同级社区矫正机构不在同一省（自治区、直辖市）的，可以报请执行地人民法院裁定。人民法院应当自收到建议书后30日内依法作出裁定。

为便于检察监督，社区矫正机构提请撤销缓刑、假释的建议书和人民法院的裁定书需要同时抄送社区矫正执行地人民检察院和罪犯原服刑监狱。

同时，对于人民法院裁定撤销缓刑、假释的，公安机关应当及时将社区矫正对象送交监狱或者看守所。人民法院裁定不予撤销缓刑、假释的，对被逮捕的社区矫正对象，公安机关应当立即予以释放。

根据《社区矫正法》第49条第1款的规定，"暂予监外执行的社区矫正对象具有刑事诉讼法规定的应当予以收监情形的，社区矫正机构应当向执行地或者原社区矫正决定机关提出收监执行建议，并将建议书抄送人民检察院"。

根据《社区矫正法实施办法》第49条的规定，暂予监外执行的社区矫正对象有以下八种行为之一的，社区矫正机构应当提出收监执行建议：（1）不符合暂予监外执行条件的；（2）未经社区矫正机构批准擅自离开居住的市、县，经警告拒不改正，或者拒不报告行踪，脱离监管的；（3）因违反监督管理规定受到治安管理处罚，仍不改正的；（4）受到社区矫正机构两次警告的；（5）保外就医期间不按规定提交病情复查情况，经警告拒不改正的；（6）暂予监外执行的情形消失后，刑期未满的；（7）保证人丧失保证条件或者因不履行义务被取消保证人资格，不能在规定期限内提出新的保证人的；（8）其他违反有关法律、行政法规和监督管理规定，情节严重的情形。此处，与撤销缓刑、假释而收监执行类似，前述八种情形规定中的"情节严重""仍不改正""拒不改正"缺乏明确界定，在未来的《社区矫正法》实施细则中需要具体、清晰的规定。

撤销暂予监外执行的程序是：（1）执行地县级社区矫正机构报请执行地或者原社区矫正决定机关作出决定，并附相关证明材料；（2）社区矫正决定机关应当自收到建议书后 30 日内依法作出决定；（3）社区矫正机构的收监执行建议书和决定机关的决定书，应当同时抄送社区矫正对象执行地同级人民检察院和公安机关；（4）人民法院、公安机关对暂予监外执行的社区矫正对象决定收监的，由公安机关立即将社区矫正对象送交监狱或者看守所收监执行；监狱管理机关对暂予监外执行罪犯决定收监执行的，监狱应当立即将社区矫正对象收监执行。

为完善对暂予监外执行的社区矫正对象的管理，《刑事诉讼法》以及相关司法解释明确规定对暂予监外执行的两类情形不计入执行刑期：一是通过贿赂等非法手段获得监外执行的，监外执行的期间不计入执行刑期；二是罪犯在暂予监外执行期间脱逃的，脱逃的期间不计入执行刑期。这里的"不计入执行刑期"，可以认为是对前述两类情况的刑事处罚。

此外，《社区矫正法》第 50 条针对收监执行期间社区矫正对象逃跑的追捕问题作出了具体规定，即被裁定撤销缓刑、假释和被决定收监执行的社区矫正对象逃跑的，"由公安机关追捕，社区矫正机构、有关单位和个人予以协助"。执行地社区矫正机构应当在收到人民法院、公安机关、监狱管理机关的裁定书、决定书后，立即通知执行地县级公安机关，由其负责追捕；撤销缓刑、假释裁定书和对暂予监外执行罪犯的收监执行决定书，可以作为公安机关网上追逃的依据。公安机关根据案情决定是否实施网上追逃。

■ 【教育案例】

案例 1：司法部指导案例（依法接收）（案例号：SCSJJDJS1623134862）[1]

社区矫正对象付某某，男，1986 年 12 月出生，户籍地、居住地均为四川省眉山市东坡区。2021 年 4 月 9 日因交通肇事罪被眉山市东坡区人民法院判

---

[1] 本案例参见 https://alk.12348.gov.cn/LawSelect/Detail？dbID = 79&dbName = SJJDJS&sysID = 1101，最后访问日期：2022 年 3 月 21 日。

处有期徒刑 10 个月，缓刑 1 年，缓刑考验期自 2021 年 4 月 9 日起至 2022 年 4 月 8 日止。2021 年 4 月初，眉山市丹棱县社区矫正执法大队接到眉山市东坡区人民法院电话，告知有一名罪犯付某某虽然户籍地与经常居住地均不在丹棱县境内，但一直在丹棱县从事快递揽收、派送工作，为方便工作，付某某希望能够在丹棱县执行社区矫正。丹棱县社区矫正执法大队得知此事后，立即电话联系付某某了解相关情况。经与付某某谈话，实地走访，查看相关材料，丹棱县社区矫正执法大队了解到，付某某的户籍地、居住地均在眉山市东坡区，未婚未育，父亲早逝，母亲多病、需人照顾、几乎丧失劳动力，家中土地耕种均由付某某一人承担。付某某长期在丹棱县境内从事快递揽收、派送工作，有一快递承包站点，条件简陋不具备居住条件。付某某向丹棱县社区矫正执法大队表示，自己家庭经济状况较差，工资是家庭经济收入的主要部分。快递行业工作量大，全年少休，日间活动范围均处于丹棱县境内，能按要求随时前往司法所报到或办理矫正事项。眉山某镇与丹棱县相邻，距丹棱县 7 公里，摩托车骑行仅需 10 余分钟，每日往返路途短。自己将严格遵守社区矫正规定，服从司法所的监管安排，遵纪守法完成矫正，希望丹棱县社区矫正执法大队能够充分考虑其实际情况，予以接收。

根据付某某的具体情况，丹棱县社区矫正执法大队研究决定，遵照"最有利于矫正对象接受矫正"的要求，同意接收付某某在丹棱县境内进行社区矫正，并按照其申请，依法为其办理经常性跨市、县活动审批。基于付某某的实际情况，司法所为其组建了由司法所负责人陈某某、社会工作者刘某某、付某某承包的快递站点区域的网格员黄某某、付某某同事杨某某的 4 人矫正小组。其中杨某某的居住地位于眉山市某村，每日与付某某共同往返，能协助对付某某在往返途中进行监管。

司法所通过召集矫正小组成员讨论，为社区矫正对象付某某制定以下矫正方案：（1）管理登记为严管，每周向司法所口头或电话报告 1 次，每两周向司法所提交书面汇报 1 次，了解付某某日常动态；（2）付某某每月参加集中劳动、集中学习 1 次；（3）矫正小组每月组织开展走访最少 1 次，重点对付某某的居住地进行走访，了解其返回眉山市某村后的状况；（4）司法所做好付某某的信息化核查和行动轨迹记录；（5）组织开展符合付某某实际情况的帮扶工作。

根据社区矫正对象付某某本人申请，综合考量具体情况，司法所与丹棱县社区矫正执法大队为付某某办理了经常跨市、县活动审批，准许付某某在东坡区正常生产生活范围内与丹棱县之间流动，同时要求付某某做好每日早晚定位签到，并强化日常位置信息核查和节假日报告工作，向眉山市东坡区社区矫正执法大队发送协助监管函。

分析：本案依据《社区矫正法》第 11 条、第 27 条等相关条款办理，根据该法第 27 条第 1 款的规定："社区矫正对象离开所居住的市、县或者迁居，应当报经社区矫正机构批准。社区矫正机构对于有正当理由的，应当批准；对于因正常工作和生活需要经常性跨市、县活动的，可以根据情况，简化批准程序和方式。"在社区矫正过程中出现社区矫正对象的工作地与居住地分离的现象时，大多是将其居住地确定为执行地后再办理经常性跨市、县审批来解决社区矫正对象外出工作问题的。本案根据社区矫正对象的具体情况，将其工作地作为执行地，最大限度地减少了社区矫正对其生产生活的不利影响，既保证了矫正监管质量，又避免了社区矫正对象出现逆反心理，是社区矫正工作"教育挽救""以人为本"的工作理念的体现。

案例 2：司法部指导案例（实施分类教育）
（案例编号：SXJSJJXBF1689931309）[1]

刘某，男，2000 年 5 月出生，户籍地、居住地均为山西省朔州市应县。2021 年 3 月 30 日因犯诈骗罪被烟台市芝罘区人民法院判处有期徒刑 8 个月，缓刑 1 年。缓刑考验期自 2021 年 4 月 10 日起至 2022 年 4 月 9 日止。2021 年 4 月 12 日，刘某到应县社区矫正管理局报到，被告知将由受委托的司法所负责对其进行日常监督管理与教育帮扶。

2021 年 4 月 13 日，刘某到受委托的司法所报到，该所工作人员综合考量刘某的现实情况后，成立了由社区矫正机构工作人员、社区工作人员、大学教师、家属为成员的社区矫正小组，并逐一与矫正小组成员签订责任书，要求成员严格按照规定履行各自的职责和义务，共同对社区矫正对象刘某进行日常监督管理与教育帮扶。经调查了解，刘某为在校大学生，一直处于求学

---

〔1〕 本案例参见 https：//alk. 12348. gov. cn/Detail？ spm = 0. 0. 0. 0. tL7CJU&dbID = 82&dbName = SJJXBF&sysID＝7656，最后访问日期：2023 年 3 月 23 日。

阶段，缺乏社会阅历和经验。作为青少年，其心智仍未完全成熟，价值观和人生观尚未成型，家庭和校园是其主要的生活和成长环境，家庭或学校的教育对其心理和行为有着深远的影响。因此，应县社区矫正管理局根据矫正小组成员意见，为刘某制定了有针对性、个性化的矫正方案：一是坚持社区矫正与学业并重，依法办理经常性跨市、县审批；二是加强日常督促履行，建立良性亲子关系；三是合理纠正不良思想认知，增强遵纪守法意识；四是熟悉掌握身心特点，强化心理教育矫治；五是有效整合优势资源，重塑社会支持网络。

2021年4月15日，刘某向受委托的司法所提出申请经常性跨市、县活动。为了既兼顾刘某的学业，又不影响对其进行社区矫正，社区矫正机构工作人员先为其办理了外出请假手续，外出期间密切观察其在校活动情况，同时要求其提供学校的入学证明。经过严格审核，刘某出行目的地和出行路线明确、固定，出行时间、频次明确，为确保其就学需求，应县社区矫正管理局同意批准刘某的经常性跨市、县活动，期限为6个月，同时协商刘某就读学校所在地县级社区矫正机构进行协助管理。为了不影响刘某的日常学习，社区矫正机构工作人员根据其学校课程安排情况，对刘某实行每日签到不少于2次，每两周到就读学校所在地司法所报到1次，每两周接受个别教育和心理疏导1次，应县社区矫正管理局和受委托的司法所每两周对其点名1次的特殊管理模式，并减免其参加公益劳动和集体教育，由学校老师监督其积极参加学校的公益活动和法治与道德教育。刘某父母虽然内心"望子成龙"，却采取了"棍棒式教育"，对孩子的关爱较少、斥责较多，给刘某造成很大的精神压力，加上日常生活中与刘某缺乏沟通交流，导致刘某经常在网络上寻求心灵上的慰藉，疫情期间在网络上实施了犯罪行为。刘某作为在校大学生，尚未独立生活，很大程度上仍然依赖于父母的教导，良性的亲子关系对其思想矫正和行为矫正有着十分深远的影响。为此，社区矫正机构工作人员定期对刘某父母进行家访，针对刘某家庭教育中存在的问题提出建议和意见，督促刘某父母依法履行监护职责，承担抚养、管教义务，同时多花时间了解刘某的日常起居与学习生活，给予刘某足够的关爱与呵护，成为其精神上的支持与后盾，努力修复其因家庭教育不当导致的心理障碍。

刘某虽然对其所犯错误认识到位，表示今后不再犯错，但是鉴于当今网络诈骗犯罪呈多发高发态势且犯罪手段多样化、隐蔽性高，社区矫正机构工作人员认为刘某对网络犯罪的各种表现形式缺乏足够的认识，对各类陷阱并不了解，很有可能因交友不慎或者被人利用再次犯罪。此外，刘某经历了此次事件后，一直不敢上网，甚至是微信转账都心有余悸。为此，社区矫正机构工作人员专门对刘某进行了"反诈防诈"专题法治教育，把网络诈骗的特点、手段、表现形式和对社会的危害以及要承担的法律后果一一列举，用典型案例教育刘某如何树立安全意识、如何掌握防骗的基本手段、如何养成良好的信息生活习惯。通过个别教育，刘某对网络诈骗有了全面的认识，防范意识和能力明显提高，并表示今后一定会远离网络诈骗，坚决发现和举报网络诈骗行为，认真完成学业，做一个健康阳光的大学生。作为青少年的刘某，容易敏感冲动，自尊心较强但心理承受能力较弱，自制力也较弱，一方面容易受到不良影响而犯错，但另一方面由于性格和心理仍具有较强的可塑性因而易于通过教育实现矫正目的。将大学教师作为其社区矫正小组成员，不仅不会让其产生陌生感和恐惧感，而且会更容易了解其心理动态，由在校教师定期对其进行心理健康评估，对其不合理行为及时干预，帮助其疏解不良情绪，建立良好的心理状态。社区矫正机构充分发挥大学校园专业人才多、优势资源广的特点，吸纳高校的法学教师、心理学教师参与社区矫正工作，一方面为刘某量身定制法治课程，另一方面为刘某进行心理辅导。考虑到刘某交友少、喜欢独处的性格特点，社区矫正机构工作人员注重与刘某所在学校的配合，强化与学校教师的日常联系，共同引导刘某积极加入志愿者团体，参加校内社团活动、公益活动、爱好兴趣小组等，扩大其社交范围，让其融入积极正面的同龄人团体中，潜移默化改善其心理状态。同时密切关注其社交动态，发现其与以往不良分子和不良团体之间频繁交往和联系时进行及时阻止干预，构建积极健康的人际环境，为其重新融入学校生活提供良好的支持。

据了解，2022年6月，刘某按时修完大学本科培养计划规定的全部课程，成绩合格，顺利毕业。目前就职于一家自媒体公司，从事网络宣传工作，还时常与司法所、社区矫正机构工作人员保持联系。刘某自己感慨道："如果没有这段难忘的经历，自己不会有如此大的成长和蜕变！"现在的刘某遵纪守法、履职尽责，还成为"反诈"宣传能手，展现出了积极向上、回归社会的决心和勇气，用自己的实际行动为社会发展贡献一份力量。

分析： 本案例中，社区矫正机构充分考虑社区矫正对象在校学生身份，依法办理经常性跨市、县审批，实行异地协助管理，既有效进行了监督管理，又兼顾了学生学业，体现了社区矫正刑事执行活动监督管理和教育帮扶并重的本质。通过积极动员家庭、学校及社区等多类社会主体的共同参与，制定有针对性的矫正方案和措施，让社区矫正对象充分感受到来自社会、家庭和学校的关爱和教导，帮助其纠正错误的观念，树立正确的人生观和世界观，从而达到分类管理、个别化矫正的目的和效果。

■ **思考题：**

1. 社区矫正对象具有什么情形，社区矫正机构可以对其使用电子定位装置加强监督管理？社区矫正机构使用电子定位装置有哪些限制？

2. 对社区矫正对象的奖惩有哪些？

第四节 社区矫正对象的行为规范

一、社区矫正对象在决定和接收阶段的义务

社区矫正的决定和接收阶段，是指在判决、裁定、决定生效后或者在社区矫正期间变更执行地后，社区矫正对象到县级社区矫正机构报到并办理相关手续，被纳入社区矫正管理的过程，是社区矫正活动的起始环节和第一阶段。

（一）主动报到义务

社区矫正对象在决定机关作出判决、裁定后，要主动到执行地县级社区矫正机构报到。暂予监外执行的社区矫正对象由交付执行的监狱、公安机关或看守所移送社区矫正机构。人民法院判处管制、宣告缓刑、裁定假释的社区矫正对象，应当自判决、裁定生效之日起 10 日内到执行地社区矫正机构报到。

社区矫正对象存在因行动不便和自行报到确有困难等特殊情形的，县级社区矫正机构可以派工作人员到其居住地等场所办理登记接收手续。

（二）及时报到义务

根据《社区矫正法》第 21 条第 1 款的规定，被法院判处管制、宣告缓

刑、裁定假释的三类社区矫正对象，应当自判决、裁定生效之日起 10 日内到执行地社区矫正机构报到。[1]若经核实社区矫正对象有多个居住地，应当贯彻尊重当事人意愿和便于开展社区矫正工作的原则，选择其中一个作为社区矫正对象接受社区矫正的居住地。社区矫正对象如果超期报到，可能会构成"漏管"而遭受相应的处罚。

二、社区矫正对象在日常管理阶段的义务

社区矫正日常管理阶段，是指社区矫正对象报到后，在有关国家机关、社会力量及志愿者的共同参与下，按照矫正方案，对社区矫正对象进行监督管理、教育帮扶，使其改正恶习，修复社会关系，并帮助他们再次融入社会的过程。该阶段是社区矫正的主要阶段，也是决定社区矫正对象能否顺利回归社会的关键阶段。根据《社区矫正法》及相关规定，社区矫正对象在该阶段的主要义务包括：

（一）遵纪守法义务

在社区矫正期间，社区矫正对象首先要遵守宪法、法律和行政法规的规定，不得违法犯罪，否则会被撤销执行社区矫正而予以收监改造；其次是应当遵守国务院司法行政部门社区矫正期间有关监督管理的规章规定；遵守社会公德、乡规民约。

不同的社区矫正对象有着不同的法定义务。根据《刑法》及相关司法解释的规定，被判处管制的社区矫正对象，在执行期间，应当履行以下义务：（1）未经执行机关批准，不得行使言论、出版、集会、结社、游行、示威自由的权利；（2）遵守执行机关关于会客的规定；（3）在劳动中应当同工同酬，但不能外出经商；（4）自觉遵守人民法院判决中的禁止令。为了维护正常的社区秩序和预防被判处管制、宣告缓刑的社区矫正对象实施新的违法犯罪行为，《刑法修正案（八）》对管制犯、缓刑犯规定了禁止令。被宣告缓刑的社区矫正对象，应当履行以下义务：（1）遵守考察机关关于会客的规定；（2）在缓刑考验期限内，遵守人民法院判决中的禁止令。被宣告假释的犯罪

---

[1]《社区矫正法》第 21 条第 2、3 款规定，人民法院决定暂予监外执行的社区矫正对象，由看守所或者执行取保候审、监视居住的公安机关自收到决定之日起 10 日内将社区矫正对象移送社区矫正机构。监狱管理机关、公安机关批准暂予监外执行的社区矫正对象，由监狱或者看守所自收到批准决定之日起 10 日内将社区矫正对象移送社区矫正机构。

· 030 ·

分子，应当履行以下义务：（1）遵守监督机关关于会客的规定；（2）在假释考验期限内，不能外出经商。根据《暂予监外执行规定》等的规定，被宣告暂予监外执行的社区矫正对象，应当履行以下义务：（1）在暂予监外执行期间的生活、医疗、护理等费用自理；（2）在暂予监外执行期间，不能外出经商；（3）在指定的医院接受治疗；（4）确因治疗、护理的特殊要求，需要转院或者离开所居住区域的，必须经执行机关批准。

（二）定期报告义务

社区矫正对象应当定期向司法所报告遵守法律法规、接受监督管理、参加教育学习、社区服务和社会活动的情况。定期报告包括：（1）定期向司法所报告遵守法律法规、接受监督管理、参加教育学习、社区服务和社会活动的情况；（2）发生居所变动、工作变动、家庭重大变故以及接触对其矫正产生不利影响人员的，社区矫正对象应当及时报告；（3）保外就医的，应当每个月向司法所报告本人身体情况，每三个月向司法所提交病情复查情况，根据社区矫正对象的病情及保证人等情况，社区矫正机构可以调整报告身体情况和提交复查情况的频率；（4）被判处禁止令的社区矫正对象应当每个月报告遵守禁止令的情况。

（三）遵守禁止令义务

对于人民法院禁止令确定需经批准才能进入的特定区域或者场所，确需进入的，应当经批准。最高人民法院、最高人民检察院、公安部、司法部于2011年颁布的《关于对判处管制、宣告缓刑的犯罪分子适用禁止令有关问题的规定（试行）》规定，人民法院可以根据犯罪情况，对判处管制、宣告缓刑的犯罪分子在管制执行期间、缓刑考验期限内禁止从事特定活动，进入特定区域、场所，接触特定人员。

1. 禁止从事的活动

社区矫正对象有相关情形的，禁止从事以下一项或者几项活动：（1）个人为进行违法犯罪活动而设立公司、企业、事业单位或者在设立公司、企业、事业单位后以实施犯罪为主要活动的，禁止设立公司、企业、事业单位；（2）实施证券犯罪、贷款犯罪、票据犯罪、信用卡犯罪等金融犯罪的，禁止从事证券交易、申领贷款、使用票据或者申领、使用信用卡等金融活动；（3）利用从事特定生产经营活动实施犯罪的，禁止从事相关生产经营活动；（4）附带民事赔偿义务未履行完毕，违法所得未追缴、退赔到位，或者罚金尚未足额缴纳的，禁止从事高消费活动；（5）其他确有必要禁止从事的活动。根据我国《刑法》第 37 条之一的规定，属于利用职务便利犯罪或者违背职业要求的特定义务的犯罪被判处刑罚的社区矫正对象还应当遵守从业禁止的规定。

2. 禁止进入的场所

社区矫正对象禁止进入以下场所：（1）禁止进入夜总会、酒吧、迪厅、网吧等娱乐场所；（2）未经执行机关批准，禁止进入举办大型群众性活动的场所；（3）禁止进入中小学校区、幼儿园园区及周边地区，确因本人就学、居住等原因，经执行机关批准的除外；（4）其他确有必要禁止进入的区域、场所。

3. 禁止接触的人员

社区矫正对象禁止接触以下几类人员：（1）未经对方同意，禁止接触被害人及其法定代理人、近亲属；（2）未经对方同意，禁止接触证人及其法定代理人、近亲属；（3）未经对方同意，禁止接触控告人、批评人、举报人及其法定代理人、近亲属；（4）禁止接触同案犯；（5）禁止接触其他可能遭受其侵害、滋扰的人或者可能诱发其再次危害社会的人。

（四）外出请假义务

社区矫正对象未经批准不得离开所居住的市、县。社区矫正对象确因就医、学习、诉讼、处理家庭重要事务等正当理由，需要离开所居住市、县的，应当经社区矫正机构批准。对于确因正常工作和生活需要，经常性跨市、县活动的社区矫正对象，经县级社区矫正机构批准，其活动范围可以扩大至相邻的市、县。《社区矫正法》第 27 条规定："社区矫正对象离开所居住的市、县或者迁居，应当报经社区矫正机构批准……"《社区矫正法实施办法》第 26 条第 3 款进一步明确，"前款规定的市是指直辖市的城市市区、设区的市的城市市区和县级市的辖区。在设区的同一市内跨区活动的，不属于离开所居住的市、县"。《社区矫正法实施办法》第 27 条规定了外出审批程序，即社区矫正对象需要提前 3 日提交书面申请，提供相应材料，并根据申请外出时间的长短，赋予不同种类、层级的司法机关相应的批准权。对于矫正对象经常性活动审批，《社区矫正法实施办法》第 29 条作出了批准经常性跨市、县活动的规定，明确可以简化批准程序和方式，批准一次的有效期为 6 个月。

（五）未经批准不得变更居住地义务

社区矫正对象未经批准不得变更居住的市、县。因居所变化确需变更执行地的，应当经批准。因社区矫正对象工作、居所变化等原因需要变更执行地的，应当提前1个月提出书面申请，并提供相应证明材料，由司法所签署意见后报县级社区矫正机构审批。

（六）参加社区矫正相关活动的义务

为了提升社区矫正对象的法治意识，增强其道德素质和悔罪意识，《社区矫正法》第36条规定，社区矫正机构应当"根据需要，对社区矫正对象进行法治、道德等教育"，当然，要"因人施教"。此处，对于教育学习的时间不再给予强行限制，社区矫正机构可以根据情况确定。

为修复被社区矫正对象损害的社会关系，培养其社会责任，《社区矫正法》第42条规定，社区矫正机构可以根据其个人特长，"组织其参加公益活动"。将原来《社区矫正实施办法》（已失效）中的"社区服务"修改为"公益活动"提法，体现了公益劳动不是一种监管措施，而更应作为一种教育手段。公益活动具有无酬性、自愿性、服务社会性特点。其内容较为广泛，包括社区服务、环境保护、交通秩序维护、帮贫助困、慈善捐赠、知识宣讲、文化艺术服务等，社区矫正对象在不影响自身工作与生活的前提下，应当参加由社区矫正机构组织的教育学习与公益劳动。社区矫正机构可将社区矫正对象参加公益活动纳入矫正方案，并对表现突出者进行奖励或报请其他部门予以表彰。

（七）接受信息化核查的义务

社区矫正机构实行监督管理，需要了解掌握社区矫正对象的活动情况与行为表现，为此，《社区矫正法》第26条规定，社区矫正机构可以通过通信联络、信息化核查、实地查访等方式核实有关情况。对具有《社区矫正法》第29条规定的五种情形之一的社区矫正对象，可以使用电子定位装置，以加强监督管理。[1]在重点时段、重大活动期间或者遇有特殊情况，社区矫正对象应根据要求到社区矫正机构办公场所报告、说明情况。

（八）履行判决、裁定和其他法律文书确定的义务

随着我国法律制度的不断完善，司法审判实践的内容也会越来越丰富，

---

[1]《社区矫正法》第29条第1款规定："社区矫正对象有下列情形之一的，经县级司法行政部门负责人批准，可以使用电子定位装置，加强监督管理：（一）违反人民法院禁止令的；（二）无正当理由，未经批准离开所居住的市、县的；（三）拒不按照规定报告自己的活动情况，被给予警告的；（四）违反监督管理规定，被给予治安管理处罚的；（五）拟提请撤销缓刑、假释或者暂予监外执行收监执行的。"

各类法律文书依照国家法律法规确定的罪犯应当履行的义务也会不断增多。比如，通过落实认罪认罚从宽制度，犯罪人应当遵守与检察院形成的认罪认罚的义务等；实施破坏环境、毁坏耕地、盗伐林木等犯罪的社区矫正对象，对于人民法院作出的让其承担生态环境修复等义务的法律文书，都应当遵守。

三、社区矫正对象在解除和终止阶段的义务

解除社区矫正，是指社区矫正对象在社区矫正期满时没有出现收监情形，或者被赦免的，依照法定程序解除其社区矫正。社区矫正对象在被执行行政拘留、司法拘留、强制隔离戒毒等行政处罚或者强制措施期间，没有应当撤销缓刑、撤销假释或者暂予监外执行收监执行情形的，如矫正期满，社区矫正机构依法对其解除社区矫正。解除后，社区矫正对象会随之变为普通公民，相关权利不再受到限制，同时，转为安置帮教对象。

在社区矫正期间，社区矫正对象被裁定撤销缓刑、假释，被决定收监执行，或者社区矫正对象死亡的，社区矫正终止。此外，在社区矫正期间，社区矫正对象被人民法院改判无罪的，社区矫正依法终止。

在解除和终止阶段，社区矫正对象的主要义务是撰写个人总结。在社区矫正期满前 30 日，社区矫正对象应当作出个人总结，执行地县级社区矫正机构应当根据其在接受社区矫正期间的表现等情况作出书面鉴定，并对安置帮教等内容提出建议。根据社区矫正实践的做法，一般要求社区矫正对象的个人总结要实事求是，不夸大也不缩小，更不能杜撰，反映自身实际情况。总结内容应包括：思想道德、法治观念、纪律作风、生活与工作态度、文化技术学习修养、存在的不足和今后的打算等。

■ 【教育案例】

案例 1：判决生效不去报到，不辞而别被送监牢

车某，户籍地、居住地均为 Y 市 K 区。2015 年 3 月在自家卧室内产下一名男婴，随即将该男婴装进一黑色垃圾袋扔出窗外，致男婴死亡。人民法院以故意杀人罪判处车某有期徒刑 3 年，缓刑 4 年，缓刑考验期自 2016 年 2 月 5 日起至 2020 年 2 月 4 日止。从看守所出来后，车某没有到 Y 市 K 区社区矫

正机构报到，而是选择离开曾经居住的村庄，一个人外出务工，再也没有在村里出现。判决生效后，K 区社区矫正机构工作人员发现车某未按时报到，立即组织司法所通过电话、走访等方式进行追查。走访中，工作人员了解到车某极其特殊的成长经历让她少言寡语，亲属、朋友等关系人难以对其进行管教约束，加上其犯罪时仍属于未成年人，心理可塑性很强，引导不当容易走下坡路。在社区矫正机构、公安机关、街道办事处多方努力均无结果的情况下，K 区司法局向人民法院提出撤销缓刑建议。2016 年 5 月 21 日，人民法院依法作出裁定，对车某收监执行原判刑罚。同年 11 月 21 日，车某在朋友陪同下到 K 区社区矫正机构承认错误，但为时已晚，等待她的将是 3 年监禁生涯。

分析：《社区矫正法》第 21 条第 1 款规定："人民法院判处管制、宣告缓刑、裁定假释的社区矫正对象，应当自判决、裁定生效之日起十日内到执行地社区矫正机构报到。"被宣告缓刑人员，在缓刑考验期内，应当遵守法律、法规或者国务院有关部门关于缓刑的监督管理规定，遵守人民法院判决中的履行报到、报告等法定义务。如果违反这些法定义务，依据《刑法》第 77 条第 2 款的规定，被宣告缓刑的犯罪分子，在缓刑考验期限内，违反法律、行政法规或者国务院有关部门关于缓刑的监督管理规定，情节严重的，应当撤销缓刑，执行原判刑罚。

案例 2：对社区矫正对象依法执行禁止令[1]

陈某，居住地、户籍地均为广西壮族自治区防城港市港口区。2016 年 7 月 12 日因犯故意伤害罪被广西壮族自治区防城港市港口区人民法院判处拘役 4 个月，缓刑 8 个月，缓刑考验期自 2016 年 8 月 8 日起至 2017 年 4 月 7 日止，同时被禁止在缓刑考验期限内过度饮酒，与他人发生冲突。2016 年 8 月 11 日，陈某到港口区司法局报到，由光坡司法所负责对其进行社区矫正期间的日常管理。2016 年 8 月 15 日，光坡司法所为其确定了矫正小组，并签订了矫正责任书，举行了入矫宣告仪式并有矫正小组成员参加。通过向陈某宣告判决书、执行通知书、入矫宣告书等有关法律文书内容，目的是让其明确社区矫正期限和社区矫正对象的身份。入矫宣告着重强调了人民法院禁止令的内

---

[1] 案例分析取自于广西壮族自治区防城港市港口区司法局光坡司法所，供稿人：林坤强。

容：禁止在缓刑考验期限内过度饮酒，与他人发生冲突；服刑期间有关规定及违反规定的法律后果，矫正小组人员组成及职责等有关事项。陈某及其哥哥分别在《社区矫正承诺书》上签字确认。

鉴于禁止陈某在缓刑考验期间内过度饮酒，与他人发生冲突的禁止令有别于其他禁止令，其没有时间、空间和地域的限制，也没有量化标准，不便于具体操作。一是酒属饮用食品，有些人在吃饭时有饮酒的习惯，矫正工作人员不可能现场限制服刑人员陈某饮酒或指定其饮什么酒或不能饮何种酒，再有每到用餐时，矫正工作人员或监督人员不可能随时跟踪、督促；二是饮酒是否过量的程度难以判断，没有量化标准，也没有相关人员或设备予以测评，再有与人冲突的程度也难以把握，若把与人讨论或争论问题定为与人冲突的行为未免矫枉过正。对于以上的难题，光坡司法所采取了以下处理方式：一是动员陈某不要饮酒，在缓刑考验期内，尽量不沾酒精饮品或食品；二是建立以司法所管理为主，村民委员会、家庭监督为辅的监督管理机制，对陈某执行禁止令的行为进行立体式监控；三是通过不断反复学习让陈某将禁止令铭记在心，以达到其不想违反、更不敢违反禁止令的效果。由于司法所工作扎实到位，陈某没有出现违反禁止令的行为。经走访有关知情人，村民委员会等都表示陈某在服刑期间没有饮过酒，有朋友叫他吃饭，他都很少去。即便与朋友吃饭，也都很早就回到家中，很少在外逗留。在服刑期间，陈某在家附近找了一份帮别人做建筑的工作，收入比较可观，人也精神充实，气质也有所改变。

分析：被宣告缓刑的罪犯遵守禁止令是《刑法》第72条第2款的规定。但在实践中也面临执行困难的问题。首先，信息采集困难。对于被禁止出入特定区域、场所的社区矫正对象，违反规定进入禁止特定区域、场所的，社区矫正机构工作人员无法及时掌握其活动地点及活动情况，困难在于没有足够的人员进行监控，没有相应的信息化高科技作为支撑。其次，强制措施有待法律赋予相关人员去执行。对于违规进入了禁止进入的特定区域、场所的社区矫正对象，强制将其带离现场并作出处理的只能是警察等执法机关。司法所或矫正小组的人员，不能对违规的服刑人员采取强制措施。最后，取证困难。对于社区矫正对象是否违规进入禁止进入的特定区域、场所的事实，社区矫正机构工作人员调查取证困难，信息渠道不畅，若仅靠工作人员通过走访方式获得，无疑困难重重且效率不高、效果不佳。但社区矫正机构工作人员通过走群众路线，因地制宜，灵活机动地运用好现有资源，主动创新监管方法，也能将禁止令执行工作做好。

案例3：司法部指导案例（外出审批监管）

（案例编号：GDSJJDGL1614669758）[1]

社区矫正对象王某，男，1983年7月出生，户籍地为河北省辛集市，居住地为广东省广州市黄埔区。2018年7月因犯故意伤害罪被广州市黄埔区人民法院判处有期徒刑1年2个月，缓刑2年，缓刑考验期自2018年7月20日起至2020年7月19日止。2018年7月24日，王某到广州市黄埔区司法局报到并办理登记接收手续，由执行地司法所负责对其进行社区矫正监督管理和教育帮扶工作。2020年6月1日，受委托的司法所接到社区矫正对象王某想外出前往广东省梅州市的电话咨询，工作人员与其进行了耐心细心的谈心谈话后，了解到王某和合伙人在广州经营的某品牌牛蛙店因受到疫情影响，年初到现在一直处于亏损状态，为了扩大门店挽回损失，在疫情形势逐渐好转后，准备在梅州市万达广场再开一家分店，王某作为品牌创始人及法人代表需前往梅州市办理营业执照、税务登记等手续。2020年6月2日，按照工作人员的提示要求，王某提交了于2020年6月4日至2020年6月9日前往广东省梅州市的外出申请，以及有关材料。受委托的司法所工作人员核实情况后，根据《社区矫正法》第27条之规定，以及广州市关于在常态化疫情防控条件下复工复产复商复市的有关要求，结合王某在社区矫正日常监督管理中的良好表现，决定拟同意王某的外出申请，连同王某的申请和有关材料，一并提交广州市黄埔区司法局审批。2020年6月2日，黄埔区司法局审核了王某的有关材料后，依法批准了王某的外出申请。

2020年6月3日，受委托的司法所向王某送达了关于外出的《社区矫正事项审批告知书》，告知王某外出期间应当遵守的法律法规和各项规章制度，要求其保持手机畅通，及时汇报位置信息，严格落实外出期间的疫情防控措施，按时向司法所报告事情办理进度及身体情况。

---

[1]　本案例参见 https://alk.12348.gov.cn/LawSelect/Detail? dbID＝81&dbName＝SJJDGL&sysID＝589，最后访问日期：2023年5月11日。

2020 年 6 月 4 日，王某到达梅州市万达广场后，及时发送了与当地地标性建筑的合影及实时位置。在王某外出期间，司法所工作人员每日通过微信视频、微信共享定位等方式进行检查抽查，确保王某没有前往申请外出地点以外的地方。2020 年 6 月 8 日晚，王某返回广州后，立即通过电话向受委托的司法所工作人员销假。2020 年 6 月 9 日上午，王某到司法所当面销假，并提交了有关票据。

外出申请被依法批准后，王某不仅顺利地办理了相关手续，其梅州分店也正常开业了，对此王某非常感谢社区矫正机构工作人员的理解、帮助，表示自己一定会诚信经营，努力回报社会，也会牢记教训，努力控制自己的情绪，做遵纪守法的合格公民。2020 年 7 月 19 日，王某的社区矫正期满，司法所为其举行了解除社区矫正宣告仪式。受委托的司法所通过依法审批社区矫正对象外出，既鼓励引导社区矫正对象依法解决了创业就业困难，也取得了良好的社会效果和法律效果。

分析：社区矫正机构一是要严格把关社区矫正对象外出申请，严格按照《社区矫正法》《社区矫正法实施办法》有关规定执行；二是要充分利用信息化手段不断强化对社区矫正对象外出期间的监督管理，确保社区矫正对象在外出期间不发生脱管及重新违法犯罪现象。

■ **思考题**：

1. 简述社区矫正对象未及时报到面临的法律责任。
2. 试述我国法律规定的社区矫正对象在接受社区矫正期间应遵守的禁止令内容。

第五节　社区矫正对象的教育帮扶

针对社区矫正对象回归社会通常面临的思想、生活、学习、工作上的问题与困难，《社区矫正法》第 35 条至第 43 条构建了多元化的教育帮扶体系。

一、教育帮扶主体

《社区矫正法》第 35 条第 1 款规定，"县级以上地方人民政府及其有关部门应当……组织动员社会力量参与教育帮扶工作"；第 8 条第 3 款规定，"地方人民政府根据需要设立社区矫正委员会，负责统筹协调和指导本行政区域内的社区矫正工作"；第 37 条规定，"社区矫正机构可以协调有关部门和单位，……开展职业技能培训、就业指导……"；第 38 条规定，居（村）民委员会"可以引导志愿者和社区群众……进行必要的教育帮扶"；第 39 条特别强调，"社区矫正对象的监护人、家庭成员，所在单位或者就读学校应当协助社区矫正机构做好对社区矫正对象的教育。"可见，《社区矫正法》构建了党委政府（通过"社区矫正委员会"）统一领导、司法行政部门具体组织实施、公检法等相关部门协调配合、社会力量广泛参与的教育帮扶机制，将各级党委政府、有关部门、企业事业单位、工青妇等人民团体、居（村）民委员会以及社会力量均纳入了社区矫正教育帮扶主体。

（一）政府及其部门

《社区矫正法》明确规定政府是社区矫正对象的教育帮扶主体。政府对社区矫正对象的教育帮扶工作，以组织动员各方面力量和资源为主，以帮助社区矫正对象解决在就业、上学、居住、法律以及心理上的困难与问题为目的，以促使他们顺利重返社会为目标。《社区矫正法》第 35 条第 1 款规定："县级以上地方人民政府及其有关部门应当通过多种形式为教育帮扶社区矫正对象提供必要的场所和条件，组织动员社会力量参与教育帮扶工作。"政府的部门范围很广，如教育、卫生、财政、人力资源和社会保障等部门，都属于为教育帮扶提供支持和条件的部门。

（二）企业事业单位、居（村）民委员会、社会组织、志愿者

国家鼓励非政府机构的其他各类单位和志愿者通过政府购买服务或者做公益慈善等形式参与到对社区矫正对象的教育帮扶活动中。多元化主体参与社会治理模式，也是我们党和国家开展群众工作的优良传统，同时充分利用社会资源参与帮教工作，可以加强社区矫正对象与社区的联系。同时也强调"将专业的事交给专业的人去做"，整合社会人力综合资源实现社区矫正工作良性运转。这类主体有：学校、居（村）民委员会、社会公益性组织、企业事业单位、公民个人等。

（三）人民团体

人民团体在《社区矫正法》中特指工会、共产主义青年团、妇女联合会等组织机构。这些人民团体针对特殊的社区矫正对象开展教育帮扶工作，既

符合其工作内容，又能积累丰富的工作经验，如工会对属于其会员的社区矫正对象开展职业技能培训、就业指导等教育帮扶工作就非常有针对性。共产主义青年团、妇女联合会基于其长期工作的对象，在对未成年或者女性社区矫正对象的教育帮扶上会更具针对性。《社区矫正法》第35条第2款规定："有关人民团体应当依法协助社区矫正机构做好教育帮扶工作。"

（四）社区矫正机构

社区矫正机构是对社区矫正对象进行教育帮扶的重要主体。一方面，社区矫正机构要对社区矫正对象进行法治和道德教育；另一方面，社区矫正机构还应当对就业困难的社区矫正对象开展职业技能培训、就业指导，帮助在校未成年社区矫正对象完成学业。

二、教育帮扶内容

（一）进行法治、道德教育

矫正教育是教育帮扶的重要方式，有针对性地加强对社区矫正对象的矫正教育，可以帮助其认罪悔罪、遵守法律法规、服从监督管理。开展的法治教育可以是法律专业知识宣讲、社会主义法治理念教育，也可以是以案说法和警示教育。对社区矫正对象进行道德教育，是帮助其树立社会主义核心价值观的重要内容，通过对社区矫正对象的人生观、世界观、价值观的正面教育，提升其道德素养，增强其社会责任感，促进其更好地融入和回归社会。

《社区矫正法》第36条规定："社区矫正机构根据需要，对社区矫正对象进行法治、道德等教育，增强其法治观念，提高其道德素养和悔罪意识。对社区矫正对象的教育应当根据其个体特征、日常表现等实际情况，充分考虑其工作和生活情况，因人施教。"这表明社区矫正机构在社区矫正过程中进行法治、道德教育时应科学合理、因人施教，不应过度干预社区矫正对象的工作与生活原则，要根据社区矫正对象的生活和工作实际进行灵活的安排，做到因人而异。

（二）帮扶就业就学

《社区矫正法》第37条规定："社区矫正机构可以协调有关部门和单位，依法对就业困难的社区矫正对象开展职业技能培训、就业指导，帮助社区矫正对象中的在校学生完成学业。"

1. 进行职业技能培训和就业指导

对社区矫正对象开展职业技能培训，是拓宽就业困难的社区矫正对象就业安置渠道、提高其社会生存本领和技能，预防和减少重新犯罪、实现其正常回归社会，维护社会稳定的重要举措，也是教育帮扶的重要内容。对就业困难的社区矫正对象开展提升其就业能力的劳动技能培训，既是《社区矫正法》明确对社区矫正对象进行教育帮扶的重要内容，也是《就业促进法》对各级政府提出的促进就业工作的基本要求。

社区矫正机构可以协调有关部门和单位对社区矫正对象开展专门帮助，提供就业指导，有针对性地面向社区矫正对象落实国家各类就业创业政策和其他优惠政策，并对就业困难的社区矫正对象给予一定的扶持和援助。

2. 帮助就学

社区矫正机构应依法帮助未完成义务教育的社区矫正对象完成义务教育；为其他尚未完成各类非义务教育学业的社区矫正对象继续完成其学业争取机会，使其完成职业高中、中专、大专等学业。由于各类非九年义务制教育的学校都有自己的校纪校规，一旦未成年人犯罪其想要回到学校继续完成学业是非常难的，但接受社区矫正的未成年犯罪人的社会危害性相对较轻，通过社区矫正立法强化对这部分群体的帮扶，将其送回学校，让学校共同参与社区矫正挽救工作，更能实现教育帮扶的目的。而这些工作就需要社区矫正机构协调相关部门和学校进行。

（三）社区教育帮扶

对有特殊困难的社区矫正对象，可以利用社区资源开展教育帮扶。即充分发挥居民委员会、村民委员会在社区矫正工作中了解社区矫正对象、熟悉社区工作和人员的优势，发动和引导社区群众参与到教育帮扶社区矫正对象工作中，帮助其解决具体困难，推动社区矫正对象融入社区，帮助其改掉不良恶习，做守法合格公民。所谓"有特殊困难"，一般是指社区矫正对象在生理上有一定缺陷，如因残疾丧失劳动能力、身体健康下降导致无法正常生活和工作、孤寡老人、经济贫困人员等，对这些社区矫正对象需要通过建设一支以社区力量为主体的专业化志愿者教育帮扶队伍，以多种形式对其进行针对性的教育帮扶工作。《社区矫正法》第38条规定："居民委员会、村民委员会可以引导志愿者和社区群众，利用社区资源，采取多种形式，对有特殊困难的社区矫正对象进行必要的教育帮扶。"

女性社区矫正对象会因犯罪导致自我认同危机，对她们来说情感支持尤为重要。女性获得情感支持主要有两种途径：一是以家庭支持（主要是配偶或父母）为主的非正式支持系统，针对陷入家庭、婚姻危机者，提供社区人文关怀和法律援助，并提升其危机化解能力。二是以心理辅导为主的正式支持系统，及时跟进心理辅导和制定个性化的心理矫正方案，定期或不定期地开展主题活动。针对女性社区矫正对象容易出现敏感自卑的心理特点，可以开设心理团辅课，进行团体心理辅导，通过心理咨询师的参与建立互动小组，通过团队协作、相互问答等方式引导女性社区矫正对象重视自身情绪问题，学会自我调节心理压力，克服"罪犯"标签对心理的影响，走出"犯罪标签"带来的阴影，激发自己重新回归社会的内在动力和信心。

（四）组织参加公益活动

公民积极参加公益活动是中国优良传统文化的延续，是社会主义核心价值观的内在要求。组织社区矫正对象开展公益活动，是为了培养社区矫正对象的社会责任感，修复被其破坏的社会关系，帮助其树立正确的价值观、人生观和世界观。社区矫正机构应当结合社区矫正对象个人的自身情况、生活环境，将合适的公益活动纳入矫正方案，鼓励和支持社区矫正对象自发参与各类公益活动，并对其参加的活动进行监管考核统计。《社区矫正法》第42条规定："社区矫正机构可以根据社区矫正对象的个人特长，组织其参加公益活动，修复社会关系，培养社会责任感。"公益活动的内容可以是社区服务、环境保护、知识传播、帮助他人、社会援助、维护社会治安秩序、开展文化艺术活动、向个人或社会捐赠财物等。

社区矫正机构应结合社区矫正对象的个人特长和自身条件安排其参加合适的公益活动，避免强制性和形式化的活动；社区矫正机构可以建立公益活动基地，丰富公益活动的形式和内容。

（五）协助社区矫正对象正常实现合法权益

社区矫正对象在依法申请社会救助、参与社会保险、获得法律援助方面遇到困难和障碍的，社区矫正机构在了解情况后，可以依法为其提供必要的协助，支持其向有关部门或单位实现请求。在"帮扶"内容方面，《社区矫正法》第43条规定："社区矫正对象可以按照国家有关规定申请社会救助、参加社会保险、获得法律援助，社区矫正机构应当给予必要的协助。"该条明确了广泛的帮教内容。

1. 帮助获得社会救助

地方各级政府部门对申请社会救助的生活有困难的社区矫正对象，应根据《社会救助暂行办法》的规定给予救助。该法规定了社会救助、社会保险、法律援助三种救助形式。

根据国务院于 2014 年发布并于 2019 年修订的《社会救助暂行办法》的规定，社会救助主要分为以下几类：一是最低生活保障。国家对共同生活的家庭成员人均收入低于当地最低生活保障标准，且符合当地最低生活保障家庭财产状况规定的家庭，给予最低生活保障。二是特困人员供养。国家对无劳动能力、无生活来源且无法定赡养、抚养、扶养义务人，或者其法定赡养、抚养、扶养义务人无赡养、抚养、扶养能力的老年人、残疾人以及未满 16 周岁的未成年人，给予特困人员供养。三是受灾人员救助。国家建立健全自然灾害救助制度，对基本生活受到自然灾害严重影响的人员，提供生活救助。四是医疗救助。最低生活保障家庭成员、特困供养人员、县级以上人民政府规定的其他特殊困难人员可以申请相关医疗救助。五是教育救助。国家对在义务教育阶段就学的最低生活保障家庭成员、特困供养人员，给予教育救助。对在高中教育（含中等职业教育）、普通高等教育阶段就学的最低生活保障家庭成员、特困供养人员，以及不能入学接受义务教育的残疾儿童，根据实际情况给予适当教育救助。根据《社区矫正法》第 38 条的规定："居民委员会、村民委员会可以引导志愿者和社区群众，利用社区资源，采取多种形式，对有特殊困难的社区矫正对象进行必要的教育帮扶。"有特殊困难的社区矫正对象，是社区矫正对象中的弱势群体，其除了通过合理渠道享有社会保障，基本生活也需得到救助，如丧失劳动能力的残疾人社区矫正对象、患有严重传染病的社区矫正对象、患有精神疾病丧失行为能力的社区矫正对象等。六是就业救助。国家对最低生活保障家庭中有劳动能力并处于失业状态的成员，通过贷款贴息、社会保险补贴、岗位补贴、培训补贴、费用减免、公益性岗位安置等办法，给予就业救助。七是临时救助。国家对因火灾、交通事故等意外事件，家庭成员突发重大疾病等原因，导致基本生活暂时出现严重困难的家庭，或者因生活必需支出突然增加超出家庭承受能力，导致基本生活暂时出现严重困难的最低生活保障家庭，以及遭遇其他特殊困难的家庭，给予临时救助。根据规定，符合上述条件的社区矫正对象，可向乡镇人民政府、街道办事处提出申请。

2. 帮助参加社会保险

根据《社会保险法》的规定，国家建立基本养老保险、基本医疗保险、工伤保险、失业保险、生育保险等社会保险制度，保障公民在年老、疾病、工伤、失业、生育等情况下依法从国家和社会获得物质帮助的权利。社区矫正对象有工作的，用人单位依法为其缴纳相关社会保险费用，如工伤保险、失业保险、基本医疗保险、基本养老保险等。

3. 帮助获得法律援助

根据国务院于 2003 年发布的《法律援助条例》第 10 条、第 11 条、第 12 条的规定，社区矫正对象对下列需要代理的事项，因经济困难没有委托代理人的，可以向法律援助机构申请法律援助：依法请求国家赔偿的；请求给予社会保险待遇或者最低生活保障待遇的；请求发给抚恤金、救济金的；请求给付赡养费、抚养费、扶养费的；请求支付劳动报酬的；主张因见义勇为行为而产生的民事权益的。刑事诉讼中有相关情形的，公民可以向法律援助机构申请法律援助；公诉人出庭公诉的案件，被告人因经济困难或者其他原因没有委托辩护人，人民法院为被告人指定辩护时，法律援助机构应当提供法律援助。

社区矫正对象在申请社会救助、办理社会保险、申请法律援助时，相关部门应依法依规审核办理，不得因社区矫正对象身份对其申请予以拒绝，或提出不合理的附加条件。社区矫正对象在申请社会救助、参加社会保险、获得法律援助过程中遇到困难和问题时，社区矫正机构可为其提供不超过必要限度的协助，如告知其社会救助、社会保险、法律援助有关法律法规；告知其提出相关申请的方式和接受申请单位；告知其在个人权利受到侵害时的救济方式等。

■ 【教育案例】

案例 1：司法部指导案例（教育矫正）

（案例编号：HBSJJXBF1662534882）

社区矫正对象邢某因犯故意伤害罪被河北省石家庄市鹿泉区人民法院判处有期徒刑 10 个月，缓刑 1 年。2021 年 7 月，由河北省石家庄市鹿泉区社区矫正机构及受委托的司法所负责对其进行社区矫正期间的监督管理与教育帮扶。2022 年 1 月 16 日，司法所实地走访时了解到，邢某酒后因讨要工资未果与村干部发生争执，挡在村民委员会门口不让村干部外出。针对邢某的冲动行为，石家庄市鹿泉区社区矫正机构和司法所经研判分析和风险评估，及时对其进行了法治及警示教育。同时，为切实发挥矫正小组作用，司法所与邢某的家属、村民委员会等进行沟通协调，要求其发挥好协同监督作用，并协调村民委员会妥善解决邢某讨要工资一事，邢某深受教育触动，表现大为改观。

案例 2：对社区矫正对象进行开展社会适应性帮扶[1]

刘某某，小学文化，户籍地、居住地均为广西壮族自治区来宾市象州县。2014 年 11 月因交通肇事罪被检察机关起诉，2014 年 11 月 27 日被广西壮族自治区柳江县（现柳州市柳江区）人民法院判处有期徒刑 1 年，缓刑 2 年，缓刑考验期自 2014 年 12 月 14 日起至 2016 年 12 月 13 日止。因不能及时交清赔偿款，2015 年 3 月 12 日前，刘某某一直被扣押在柳江县拘留所。2015 年 3 月 12 日，交清赔偿款后，刘某某才到象州县司法局报到，由石龙司法所负责对其进行社区矫正期间的日常管理。刘某某因交通肇事罪致一人死亡，为取得被害人家属的谅解，经双方调解达成协议，由刘某某赔偿被害人家属 348 754 元，顿时刘某某一家陷入了困境。2015 年 3 月 12 日，社区矫正对象刘某某到象州县司法局报到。工作人员在为他办理入矫接收手续时，通过观察发现他眼中有忏悔与内疚的神色，情绪低落。社区矫正机构工作人员针对他的这一心理状况，在平时的教育与学习中为其设置了心理辅导课程，帮助其树立正确心态，建立自信心，走出阴影。刘某某接受社区矫正时，因赔偿被害人经济损失支付了一笔巨额赔偿款，且本人没有固定的工作，家中负债累累。工作人员了解这一情况后，成立了帮教责任小组，有针对性地制定了关于刘某某的矫正方案。社区矫正机构工作人员鉴于刘某某本人并没有什么专业技能，且只能在象州县范围内活动的情况，再三深入了解刘某某家庭情况，当了解到刘某某自家有大面积田地以及山林，且田地和山林相邻，系大块面积土地闲置后，便引导刘某某通过土地生财、自己创业。刘某某经过深思熟虑，多方打听了解有关养殖信息后萌生养鸡和养鱼的想法。社区矫正机构工作人员了解了刘某某的想法后，与刘某某一起到田地山林现场走访，鉴于刘某某所

[1] 本案例由广西壮族自治区司法厅社区矫正工作处提供。

在村有大型养鸡合作社，对于刘某某饲养鸡有较好的典型引导，毕竟刘某某本身并没有养殖经验，遂建议刘某某对鸡和鱼的品种、投资、销路等做个规划，在技术方面指导其跟本村种养大户学习等；在资金方面，在了解了刘某某的人际关系后，鼓励其多与亲戚交流沟通，把自己的创业规划向他们说明，争取得到帮助。在社区矫正机构工作人员的引导下，刘某某积极主动地向亲戚借钱，着手进行创业。2016年7月，刘某某决定利用自家闲置的林地和土地开始创业，通过向亲戚借钱和向银行贷款，建成占地20亩左右的养殖基地，饲养了土鸡1000多只，并搭建了250平方米的鸡舍，同时在开挖的鱼塘里共投放荷花鲤鱼苗800万尾，配备了3台增氧机和1台饲料投喂机，软件硬件结合，找到了一条创业致富之路。鉴于其只能在象州县活动，不能像村上其他养殖户那样外出跑生意，社区矫正机构工作人员结合当前电子商务的优势，鼓励刘某某改变单一的销售模式，走"互联网+"渠道，进行立体化销售。经过多次的传授指导，刘某某逐渐学会了电子商务操作，现在不但可以通过网络和微信群搜集市场信息，而且与众多农业收购老板建立了长期稳定的合作关系，所养殖的土鸡和荷花鲤销路越来越广，养殖场初显成效，前景一片大好。创业有了成效，生活有了着落，债务偿还有了希望，刘某某的第一大难题迎刃而解，其接受社区矫正的心态由被动变成了主动。刘某某在矫正期间认真遵守日常管理规定要求，按时汇报思想动态，严格执行报告、销假制度，积极完成公益劳动。社区矫正机构工作人员在走访监督管理中，积极鼓励刘某某认真生活，好好发展产业，多加强养殖方面的交流学习，引导刘某某在交易中注意签订协议，通过和老板做订单生意等方式，发展多种途径稳定销售渠道。此外，社区矫正机构工作人员为了巩固其现有成效，除了对其继续关心帮扶、定期走访了解其生产生活情况、及时解决其生产生活上遇到的问题，还专门为其设置了交通安全知识课，引导其深入思考事发原因及其主观上存在的疏忽，教育其要引以为戒，在今后的工作生活中，时刻紧绷安全之弦，细心行事、遵纪守法、与人为善。通过1年多的思想教育和帮扶，刘某某的精神状态有了很大的改善。其不仅没有了起初的情绪低落现象，而且能够很好地服从社区矫正机构工作人员的管理，严格实行报告制度，定期参加教育学习与社区服务，按要求递交思想汇报，遵守法律法规及各项规章制度，更重要的是通过接受帮扶他更有信心经营自己的产业，完成债务的赔付。同时社区矫正机构的教育帮扶也让刘某某感受到他虽然犯了罪，但社会并没有因此抛弃他，他的前途也不是黑暗的，很多人还是会关心他、帮助他，使他重新找到自己的社会位置。刘某某表示，今后会更加努力地坚持下去，扩大生产规模，在力所能及的情况下，为社会提供一些就业岗位，这也算是对社会的一种回报。

分析：帮助社区矫正对象就业就学是教育帮扶的重要内容，《社区矫正法》第37条规定，社区矫正机构可以依法对就业困难的社区矫正对象开展职业技能培训、就业指导。劳动既是公民的权利也是公民的义务，但在本案中刘某某由于自身的原因不具备就业的本领而就业困难，社区矫正机构结合他的家庭条件实际，对其先进行心理疏导，指导他因地制宜走创业还债脱贫的道路，并给予其职业技能与风险防范指导，体现了以人为本，做到了尽可能地为社区矫正对象排忧解难，增强他们重新面对生活的信心。

案例3：对有特殊困难的社区矫正对象真情帮扶，以柔克刚[1]

广西壮族自治区南宁市青秀区社区矫正对象黄某是一名家庭贫困的残疾人，因犯交通肇事罪被判处有期徒刑1年，缓刑2年。黄某未婚、残疾人、无业、父母年迈在家务农，2017年被评为贫困户，经济收入主要靠政府扶持。入矫初期，黄某出现抵触、消极情绪，在社区开展集中教育时居然酒后参加学习，并且对生活和工作都"破罐破摔"。针对这样的社区矫正对象，青秀区司法局社区矫正中心主任熊未风多次与民政等多个部门沟通，了解各部门为贫困户提供的各项政策扶持，通过低保、残疾人补贴、农产品种植补贴等来提高黄某的生活水平，并经常为其捐资捐物，逢年过节还入户慰问。除此之外，熊未风通过感化教育，多次上门谈心谈话，时刻关注黄某的家庭工作和生活情况，鼓励他通过工作改善现状，并为他介绍了一份运送铝合金制品的工作。通过熊未风的帮扶，黄某彻底转变了态度，努力工作，积极配合各项监管工作，并一再向熊未风表示，以后一定会遵纪守法，用自己的行动回报社会。

---

〔1〕 党舒、刘日航：《用爱温暖浪子心——记全国社区矫正先进个人熊未风》，载http://www.gxnews.com.cn/staticpages/20200410/newgx5e9048a8-19439555-1.shtml，最后访问日期：2023年6月20日。

分析：这是一个因人施教的成功范例。本案中的社区矫正对象黄某因身体有残疾、家庭贫困，属于"有特殊困难"的社区矫正对象。《社区矫正法》第 37 条规定："社区矫正机构可以协调有关部门和单位，依法对就业困难的社区矫正对象开展职业技能培训、就业指导……"本案中社区矫正机构干部熊未风同志对身体有残疾的特殊困难社区矫正对象黄某进行教育帮扶，通过协调民政等多个部门为其争取到应享有的国家扶贫、助残政策，对其进行就业指导，这些工作既繁琐又劳心，但熊未风同志用细致耐心的帮教工作感化了社区矫正对象的心灵，赢得了社区矫正对象的信任，解决了社区矫正对象的实际困难，为社区矫正对象顺利回归社会打下了坚实的基础。

案例 4：对社区矫正对象提供"物质+服务"社会帮扶，
协助社区矫正对象修复家庭关系[1]

社区矫正对象徐某，居住在东莞市而非东莞市户籍人员，因犯猥亵儿童罪被判处有期徒刑 1 年，因符合暂予监外执行条件，当地法院决定对其暂予监外执行。徐某在暂予监外执行期间，由居住地某司法分局执行社区矫正，并转介给社工跟进，社区矫正期限从 2022 年 5 月 16 日起至 2022 年 8 月 10 日止。徐某患有严重疾病，家庭经济困难，在社区矫正期间无法独立配合社区矫正。徐某患有严重疾病，每个星期要在妻子的陪同下到医院进行血液透析才能续命，这让原本就不富裕的工薪家庭雪上加霜，患病后的家庭经济困难影响了徐某的基本生活。徐某本与妻子一起在当地务工，犯罪前家庭经济一般，夫妻关系和谐。但是徐某犯猥亵儿童罪被捕入狱后，夫妻关系变得紧张，妻子对其感到非常失望。孩子目睹父亲被捕过程，心生惶恐且与父亲产生隔阂，徐某面临家庭破裂等多重困难。

通过对社区矫正对象的具体问题分析，针对徐某的经济困难和家庭关系网破裂情况，社工确定了服务目标：对徐某实施人性化社区矫正手段，提供"物质+服务"的社会救助服务，协助徐某修复家庭关系，安心社区矫正，使其能顺利回归家庭。帮扶策略：一是注意政策衔接。加害社会与加害他人的行为使社区矫正对象较难获得社会公众的接纳，难以融入社会。法定社会救

---

[1] 李玉珍、叶耀华：《人性化社区矫正下的"物质+服务"社会救助新模式——推进服务类社会救助发展案例》，载《社会与公益》2024 年第 6 期，第 91~92 页。

助对象不包括社区矫正对象，鉴于此，社工向司法分局汇报徐某情况，将社区矫正制度政策与徐某救助需求衔接起来，立足实际，通过人性化操作协助徐某及时在当地社区矫正专项经费中获得临时救助金，做到精准化、人性化社区矫正。二是给予物资救助。徐某被捕后经医生诊断患有多种疾病，情况较严重，经常性住院治疗导致家庭雪上加霜。因为徐某是外来务工人员，没有在东莞市购买社会保险，没有工作，接受社区矫正期间暂不符合东莞市民政社会救助狭义范畴。鉴于此，社工向司法分局汇报徐某情况，将社区矫正制度政策与社会救助需求进行衔接后，立足实际，协助徐某及时在当地社区矫正专项经费中获得临时救助金，协助其解决了一段时间上的生活困境，稳定了基本生活，满足了生理需求。三是服务救助。徐某患有严重疾病需固定时间进行血液透析，在社区矫正期间无法独立配合社区矫正，犯罪性质也导致家庭关系紧张，患病严重造成家庭经济困难等急难愁盼的问题曾让徐某妻子因压力过大出现崩溃情绪。社工及时加大对徐某妻子的关注力度，不定期对其进行安抚、慰问，掌握其情绪及行为发展，鼓励其振作撑起家庭及徐某的日常照顾责任。社工没有撇开徐某背后的家庭因素，而是关注徐某婚姻家庭关系的变化，积极联系徐某妻子做情绪辅导和精神慰藉，努力修复徐某的家庭关系。帮扶效果：2022 年 8 月 10 日，徐某顺利完成社区矫正，暂予监外执行期满，原判刑罚不再执行。妻子没有放弃徐某，由于徐某需要卧床，妻子于徐某期满解矫当天积极代替丈夫到司法分局办理期满解矫手续，并向社工表示为了更好地照顾徐某就医及减轻医疗费用压力，会带徐某回户籍地生活，一家人重新出发。至此，徐某的需求得到回应及顺利解决，服务目标完成。

案例 5：司法部指导案例（教育帮扶）
（案例编号：JSSJJXBF1625102190）[1]

王某某，男，1992 年 12 月出生，离异，户籍地、居住地均为江苏省淮安市清江浦区。2020 年 11 月 2 日，王某某因犯聚众斗殴罪被常州市武进区人民法院判处有期徒刑 1 年，缓刑 1 年 6 个月。缓刑考验期自 2020 年 11 月 16 日

---

〔1〕 本案例参见 https：//alk. 12348. gov. cn/LawSelect/Detail？ dbID = 82&dbName = SJJXBF&sysID = 1425，最后访问日期：2023 年 6 月 10 日。

起至 2022 年 5 月 15 日止。2020 年 11 月 18 日，王某某到淮安市清江浦区社区矫正中心报到，由执行地司法所负责对其进行社区矫正期间的日常管理。

王某某家庭经济比较困难，其父去世后留下高额债务，其母年纪大，无稳定收入。王某某与前妻离婚后独自抚养两个女儿，加之其本人患病需长期服药，整个家庭经济状况捉襟见肘。之前，王某某长期在外地工作，与家人相处时间较少。后因家庭原因，王某某从外地返回，找到一份工作。王某某与母亲、女儿沟通交流不多，家庭关系相对疏远。由于工作环境鱼龙混杂，社会交往多为社会闲散人员，再加之婚姻不幸福、经济压力大等多方因素影响，王某某长期处于焦虑自卑情绪中，性格急躁，遇事易冲动，最终引发犯罪。

为保证教育帮扶举措有的放矢，受委托的司法所确立了以问题为导向，实施精准矫正的工作思路：通过谈心谈话、翻阅资料、实地走访等途径对王某某个人和家庭的实际情况进行摸排评估，梳理症结，精准发力。经了解，王某某的情况主要为：一是不懂法律，心存侥幸。王某某片面认为吵架、打架是解决纠纷的一种方式，算不上犯罪，打不过别人只能证明自己没本事，且双方都碍于情面，不会报警。二是表面自信，内心自卑。受疾病、婚姻、负债等因素影响，王某某虽故作洒脱，但内心极度渴望认同，往往因言语激将或哥们义气便丧失理性。三是家庭破碎，亲情疏远。因工作原因，王某某和家人沟通较少，离婚后对女儿有亏欠感，存在改善家庭关系的想法，但缺乏有效途径。针对王某某的情况，矫正小组为其制定了"四强化四提升"精准教育帮扶方案，帮助其重拾信心、回归家庭、融入社会。王某某只有小学文化，对法律常识缺乏基本认知，案发前就曾多次因哥们义气同他人发生肢体冲突。司法所工作人员紧盯王某某法治意识淡薄这一关键点，多措并举增强其守法自觉。一是凝聚共识增合力。持续加强同王某某居住地居民委员会和帮教志愿者的信息沟通，分析探讨王某某的实际情况，增进矫正小组成员对王某某行为特性的了解，为后期开展精准帮教夯实基础。二是严格监管转观念。入矫之初，司法所工作人员组织王某某专门学习社区矫正各项监督管理规定以及不遵守纪律规定所承担的严重后果，定期邀请互帮共建民警对其进行个别警示教育，督促其端正心态，严守法律法规。三是造浓氛围保成效。用好集中教育和上门走访时机，引导王某某多阅读法律书籍，多接触法治类广播、电视节目，培养法治思维，拓宽法治视野，同时依托《民法典》宣讲等专项活动，针对人们日常生活可能遇到的一些法律困惑进行详细宣讲，帮助其尊法学法知法守法。

针对王某某长期以来同家人之间的情感隔阂和自卑心理，受委托的司法所多角度切入、多层次发力，勇克难关。一是开展有效沟通。在个别教育谈话中尽可能营造轻松、平等的谈话氛围，让其感受到尊重与信任，呈现从不愿说到被动说再到主动说的明显转变。二是增加社会接触。引导其通过志愿服务、义务劳动、文明城市创建等形式参与到社区公益活动中，积极主动构建社会联系，获取社会认同，重振生活信心。三是提供心理辅导。邀请心理健康教育专家定期与王某某进行交流，指导其正确认识自我、完善自我，学会自我调节，合理释放压力，以积极健康的心态去面对身边的人和事。四是增进家庭和睦。建议王某某抽出更多时间陪伴两个年幼女儿，切实担负起父亲的责任，利用生活间隙尝试与母亲分享生活与工作中的快乐和烦恼，理解体谅母亲的辛苦，加深家庭成员间的相互理解，共同构建和谐美好家庭氛围。

王某某父亲病逝后留下巨额债务，王某某自身亦因病需长期服药，导致家庭因病致贫，其小女儿因家庭困难未能接受幼儿园教育。受委托的司法所联合民政、人力资源和社会保障、社区居民委员会等单位帮助其走出困境。一是开展临时救助。司法所积极联系街道民政部门，结合帮扶政策要求，对照王某某现实条件，帮助其申请临时救助资金，短期缓解其家庭压力。二是开展帮困帮扶。司法所联络社区居民委员会，协调公共服务资源，为其母亲安排月工资800元的社区公益岗位，同时协调社区幼儿园为其小女儿办理入学并减免一半学杂费。三是开展职业技能培训。司法所主动联合街道人社部门，协助其参加就业技能培训，提升其就业能力。通过多方共同努力，王某某的家庭状况有了明显改善，社会各方的关爱也让王某某对于重新回归社会有了更多期许，其母亲也多次到受委托的司法所表示感谢。

经过教育帮扶，王某某的法治意识得到了显著增强，对于过去的错误认知和行为均有深刻反省，严格遵守社区矫正监督管理规定，积极参加教育学习和公益劳动。无论是生活中遇到困难挫折，还是小孩取得优异成绩，王某某都会主动向矫正小组成员反馈，每日的陪伴和沟通也让家庭成员的关系日益融洽。在街道人社部门组织的培训中，王某某掌握了面点制作技能，目前打算攒钱和母亲开早餐店。王某某表示自己一定会积极配合司法所的教育监管，常怀敬畏法律之心，认真学法，自觉守法，努力工作，争取早日融入社会。

分析：在实际工作中，因每个社区矫正对象的犯罪诱因、生长环境及社会背景各不相同，社区矫正工作应因人而异、因时而变、因势利导，在政策允许的范围内，根据不同社区矫正对象的实际情况制定个性化矫正方案和具体措施，以求有效提高个案矫正效率。社区矫正工作人员在社区矫正工作中应尽可能为社区矫正对象排忧解难，充分调动他们的矫正积极性，不断提高他们适应社会和自谋出路的能力，真正起到教育人、感化人和挽救人的积极作用，为营造和谐社会贡献一臂之力。

■ 思考题：

1. 试述政府对社区矫正对象帮扶的职责。
2. 按照《社区矫正法》的规定，社区矫正对象可以获得哪些方面的救助？

第六节　未成年社区矫正对象的特殊教育管理

控制未成年人犯罪，矫正未成年犯罪人是法治国家之重责。对犯罪的未成年人，我们实行教育、感化、挽救的方针，坚持教育为主、惩罚为辅的原则。《社区矫正法》对未成年社区矫正对象设专章规定，契合对未成年人司法保护的要求，也赋予了社区矫正机构和其他国家机关矫正未成年犯罪人的重任。

一、国家机关、学校与监护人的义务

（一）国家机关的义务

国家机关的义务主体，包括依法负责社区矫正工作的社区矫正机构，也包括依法受委托承担社区矫正工作的司法所，还包括从事社区矫正相关工作的人民法院、人民检察院、公安机关和司法行政机关，甚至包括民政、人力资源和社会保障、教育、卫生等部门从事社区矫正相关工作的其他国家职能部门。在此我们重点介绍社区矫正机构的义务。

1. 因人施教义务

《社区矫正法》第52条规定："社区矫正机构应当根据未成年社区矫正对象的年龄、心理特点、发育需要、成长经历、犯罪原因、家庭监护教育条件等情况，采取针对性的矫正措施。社区矫正机构为未成年社区矫正对象确定矫正小

组，应当吸收熟悉未成年人身心特点的人员参加。对未成年人的社区矫正，应当与成年人分别进行。"《预防未成年人犯罪法》第53条规定："……对未成年人的社区矫正，应当与成年人分别进行。对有上述情形且没有完成义务教育的未成年人，公安机关、人民检察院、人民法院、司法行政部门应当与教育行政部门相互配合，保证其继续接受义务教育。"

未成年人与成年人相比，一是由于心理发育尚不成熟，接受社会教育的程度和社会经验的积累都不充分，辨别是非善恶、并在行动中自我控制的能力较差，更容易教育和矫正。二是未成年人的个性特征、认识特征、情感特征、意志特征等心理特征方面不同于成年人，只有充分理解认识未成年社区矫正对象的心理特点才能掌握其行为特征。为此，法律规范要求社区矫正机构不仅要了解未成年社区矫正对象的性别、健康状况等个人基本信息，还要充分考察其年龄、心理特点、发育需求、成长经历、犯罪原因、家庭监护教育条件等，旨在重视个别化矫治。根据《社区矫正法》的规定，由司法所、居民委员会、村民委员会的人员、社区矫正对象的监护人、家庭成员，以及所在单位或就读学校的人员、社会工作者、志愿者等组成矫正小组。但在实践中社区矫正机构在给未成年社区矫正对象确定矫正小组时，应当主动吸收熟悉未成年人身心特点的人员参加，如长期办理未成年人案件、熟悉未成年人身心特点的人民法院、人民检察院、公安机关等国家机关的工作人员，也可以是共产主义青年团、关心下一代工作委员会、妇女联合会等人民团体的人员，还可以是从事未成年教育矫正工作的社会工作者、人民教师或热心未成年社区矫正对象教育帮扶工作的基层群众性自治组织的人员。这部分人员适宜做未成年人的思想工作，能够促进教育、感化、挽救方针的落实，更好地与未成年社区矫正对象进行沟通，促进其悔过自新。

2. 身份信息保密义务

《社区矫正法》第54条规定："社区矫正机构工作人员和其他依法参与社区矫正工作的人员对履行职责过程中获得的未成年人身份信息应当予以保密。除司法机关办案需要或者有关单位根据国家规定查询外，未成年社区矫正对象的档案信息不得提供给任何单位或者个人。依法进行查询的单位，应当对获得的信息予以保密。"

未成年犯罪人身份信息保密制度的设立属于刑事司法保护未成年人权益的一项重大举措，社区矫正工作作为刑事司法的最后环节，当然也不例外。

根据《社区矫正法》第 54 条的规定，为防止未成年社区矫正对象相关信息被违法泄露，对其今后就学、就业和正常生活造成不利影响，应当对未成年社区矫正对象的身份信息予以保密，这对未成年社区矫正对象今后的成长和回归社会，以及教育矫正，都具有重大意义。

（1）明确保密主体是社区矫正机构工作人员和其他依法参与社区矫正工作的人员。社区矫正机构工作人员，是指社区矫正机构配备的具有法律等专业知识，履行监督管理、教育帮扶等执法职责的专门国家工作人员。其他依法参与社区矫正工作的人员，是指根据《社区矫正法》等相关法律规定参与未成年人社区矫正工作的人员，包括人民法院、人民检察院、公安机关的工作人员、司法所的工作人员、居民委员会、村民委员会的人员、未成年社区矫正对象所在单位或就读学校的人员、社会工作者等。

（2）保密内容是履行职责过程中获得的未成年人身份信息。根据《未成年人保护法》《预防未成年人犯罪法》相关规定，未成年人身份信息是指未成年人的姓名、住所、照片、图像等可能推断出该未成年人的资料。社区矫正机构工作人员和其他依法参与社区矫正工作的人员，对在履行监督管理、教育帮扶等职责过程中所获得的未成年社区矫正对象的上述资料均应予以保密，不得向新闻媒体、网络公司、影视机构、出版机构等提供。《刑事诉讼法》第 286 条的规定〔1〕表明社区矫正机构和司法机关具有保密义务，不得向任何单位和个人提供，不得允许其他人查阅、摘抄或者复制未成年人犯罪材料，不得泄露档案信息内容。但也有两种例外情形：一是司法机关为办理案件需要可以查询。司法机关出于办理具体案件需要，可以从未成年社区矫正对象档案信息中获取线索、查实案件情况。二是有关单位根据国家规定可以查询。此处的"国家规定"必须是按照《刑法》第 96 条的规定，即仅指全国人民代表大会及其常务委员会制定的法律和决定，国务院制定的行政法规、规定的行政措施、发布的决定和命令。

3. 落实义务教育的监督管理职责

《义务教育法》规定，县级以上人民政府教育行政部门具体负责义务教育实施工作。教育部门应对未成年社区矫正对象担负起组织和督促入学，帮助

---

〔1〕《刑事诉讼法》第 286 条规定，犯罪的时候不满 18 周岁，被判处 5 年有期徒刑以下刑罚的，应当对相关犯罪记录予以封存，有关单位只能根据国家规定进行查询。

解决接受义务教育困难，采取措施防止辍学等责任。对于不依法履行义务教育责任的单位和个人，有权批评教育、责令限期改正或依法给予处罚。社区矫正机构负有通知并配合教育部门为未成年社区矫正对象完成义务教育提供条件的责任。《社区矫正法》第55条第1款规定："对未完成义务教育的未成年社区矫正对象，社区矫正机构应当通知并配合教育部门为其完成义务教育提供条件。未成年社区矫正对象的监护人应当依法保证其按时入学接受并完成义务教育。"《预防未成年人犯罪法》第53条规定，对没有完成义务教育的未成年人，公安机关、人民检察院、人民法院、司法行政部门应当与教育行政部门相互配合，保证其继续接受义务教育。

未成年社区矫正对象在社会正常生活，有条件在学校继续接受义务教育，各地方国家机关应当为其接受义务教育提供基本保障。在日常监督管理和教育帮扶中，社区矫正机构和司法所工作人员、矫正小组成员应及时关注未成年社区矫正对象接受义务教育等情况，一旦发现未成年社区矫正对象未完成义务教育，就应向社区矫正机构报告，社区矫正机构应当将有关情况通知教育部门，配合教育部门为其完成义务教育提供条件。根据《预防未成年人犯罪法》第54条的规定，社区矫正机构应当对未成年社区矫正对象加强法治教育，并根据实际情况对其进行职业教育。

4. 就业帮助义务

《社区矫正法》第55条第2款规定："年满十六周岁的社区矫正对象有就业意愿的，社区矫正机构可以协调有关部门和单位为其提供职业技能培训，给予就业指导和帮助。"劳动就业是人类生存和发展的重要手段。很多犯罪人走上犯罪道路，缺乏就业机会是其中的一个重要因素。为增进社区矫正对象的谋生能力，使其顺利重返社会，尽可能地采取措施保障其劳动就业权是十分必要的，为避免"罪犯"标签给未成年社区矫正对象的就业带来社会歧视而产生实际就业困难，《社区矫正法》第57条规定："未成年社区矫正对象在复学、升学、就业等方面依法享有与其他未成年人同等的权利，任何单位和个人不得歧视。有歧视行为的，应当由教育、人力资源和社会保障等部门依法作出处理。"国家采取多种方式创造劳动就业条件、加强劳动保护、改善劳动条件、增加劳动报酬、增加福利待遇、发展生产。国家应对就业前的公民进行必要的劳动就业训练。对部分已经完成义务教育，年满16周岁且具有就业意愿的社区矫正对象应依法保障他们获得劳动就业训练的权利。

5. 鼓励社会组织参与义务

《未成年人保护法》规定，国家鼓励社区团体、企业事业单位、社会组织以及其他组织和个人，开展多种形式的有利于未成年人健康成长的社会活动。国家对相关社会组织参与未成年人社区矫正工作依法给予政策支持。依据《社区矫正法》第 40 条、第 41 条的规定，社区矫正机构可以通过公开择优购买社会服务、项目委托社会组织等方式为社区矫正对象提供必要的教育帮扶。国家鼓励企业事业单位、社会组织为社区矫正对象提供就业岗位和职业技能培训。招用符合条件的社区矫正对象的企业，并按照规定享受国家优惠政策。实践中，相关社会组织通过政府购买服务、接受项目委托等方式，发挥自身专业优势，参与未成年社区矫正对象的教育帮扶，协助开展帮教准备工作、提供日常帮教服务、开展心理健康教育、协助解决就业问题、参与社会救助等工作，符合规定条件的可以享受相应的税收优惠政策。

（二）共产主义青年团、妇女联合会、未成年人保护组织的依法协助义务

《社区矫正法》第 56 条规定："共产主义青年团、妇女联合会、未成年人保护组织应当依法协助社区矫正机构做好未成年人社区矫正工作。国家鼓励其他未成年人相关社会组织参与未成年人社区矫正工作，依法给予政策支持。"

共产主义青年团、妇女联合会和未成年人保护组织是未成年人工作的重要力量。未成年人是祖国的未来、民族的希望，做好未成年人工作，保护未成年人健康成长是全社会义不容辞的共同责任。根据《未成年人保护法》《预防未成年人犯罪法》等相关法律法规，共产主义青年团、妇女联合会与工会、青年联合会、少年先锋队以及其他有关社会团体，承担帮助、保护和协助各级人民政府做好未成年人保护工作职责，维护未成年人的合法权益。实践中，共产主义青年团、妇女联合会与工会、青年联合会、少年先锋队以及其他有关社会团体依照《社区矫正法》第 25 条的规定，不仅可以指使其工作人员加入矫正小组，还可以通过推荐符合条件的人员以志愿者的身份加入矫正小组，帮助社区矫正机构落实相应的矫正方案。《社区矫正法》第 35 条规定，有关人民团体应当依法协助社区矫正机构做好其工作对象的教育帮扶工作。实践中，共产主义青年团、妇女联合会和未成年人保护组织通过提供政策、资金、项目和人员支持等方式，在不同领域、不同层面，以不同的方式组织协调社会参与，协助社区矫正机构对未成年社区矫正对象开展形式多样的教育活动，积极开展就学、就业帮扶。

（三）学校的义务

1. 保障完成义务教育义务

中小学校，是对未成年社区矫正对象开展义务教育的具体实施部门。我国《义务教育法》规定，义务教育是国家统一实施的所有适龄儿童、少年必须接受的教育，是国家必须予以保障的公益性事业。未成年社区矫正对象享有的平等接受义务教育的权利应得到依法保障。同时，预防未成年人犯罪发生也需要家庭、学校、政府及社会多方面通力合作，综合施策。

2. 提供义务教育条件义务

教育部门负有为未成年社区矫正对象完成义务教育提供条件的责任。根据《预防未成年人犯罪法》第47条的规定，对没有完成义务教育的未成年人，专门学校应当保证其继续接受义务教育。而未成年社区矫正对象在社会中正常生活的，有条件在学校继续接受义务教育。

3. 开展技能培训义务

年满16周岁的未成年社区矫正对象，在劳动就业的技能和经验上存在一定不足，社区矫正机构应当协调劳动行政部门、人力资源和社会保障部门、各类职业院校、职业技能培训机构、公共就业服务机构、企业事业单位等为其提供相关职业技能培训，给予就业指导和帮助，促使他们增加劳动就业技能和生存技能，提升适应社会的能力。2006年修订的《未成年人保护法》第47条规定："未成年人已经完成规定年限的义务教育不再升学的，政府有关部门和社会团体、企业事业组织应当根据实际情况，对他们进行职业教育，为他们创造劳动就业条件。"

（四）监护人的义务

监护，是指对未成年人的人身、财产及其他一切合法权益的监督和保护。承担这种监护责任的人是监护人。《社区矫正法》第53条规定："未成年社区矫正对象的监护人应当履行监护责任，承担抚养、管教等义务。监护人怠于履行监护职责的，社区矫正机构应当督促、教育其履行监护责任。监护人拒不履行监护职责的，通知有关部门依法作出处理。"根据我国相关民事法律规定，能够担任未成年社区矫正对象监护人的有：（1）未成年社区矫正对象的父母是法定监护人；（2）未成年社区矫正对象的父母已经死亡或者没有监护能力的，由有监护能力的祖父母、外祖父母，兄、姐，经未成年社区矫正对象的父母所在单位或者未成年社区矫正对象住所地的居民委员会、村民委员会同意的关系密切、愿意承担监护责任的其他亲属、朋友，担任监护人；（3）无上述监护人的，由未成年社区矫正对象的父母所在单位或者未成年社区矫正对象住所地的居民委员会、村民委员会或者民政部门担任监护人。

1. 抚养义务

根据 2006 年修订的《未成年人保护法》第 10 条第 1 款的规定："父母或者其他监护人应当创造良好、和睦的家庭环境，依法履行对未成年人的监护职责和抚养义务。"抚养义务，具体包括：（1）禁止对未成年社区矫正对象实施家庭暴力，禁止虐待、遗弃未成年社区矫正对象，不得对未成年社区矫正对象放任不管，不得迫使其离家出走，放弃监护职责；（2）不得歧视女性未成年社区矫正对象或者有残疾的未成年社区矫正对象；（3）不得允许或者强迫未成年社区矫正对象结婚，不得为未成年社区矫正对象订立婚约。

2. 管教义务

《社区矫正法》第 53 条规定："未成年社区矫正对象的监护人应当履行监护责任，承担抚养、管教等义务。监护人怠于履行监护职责的，社区矫正机构应当督促、教育其履行监护责任。监护人拒不履行监护职责的，通知有关部门依法作出处理。"该条规定既明确了未成年社区矫正对象的监护人应当履行的监护责任和义务，又对监护人怠于履行监护职责甚至拒不履行监护职责应当如何处置作出了明确规定。监护人在具体管教中应做到：（1）未成年社区矫正对象的父母或者其他监护人应当学习家庭教育知识，同时对未成年社区矫正对象的法治教育负有直接责任。（2）要重视未成年社区矫正对象的生理、心理状况及行为习惯，用健康的观念、优良的品行及恰当的方式对未成年社区矫正对象进行教育与感化，指导未成年社区矫正对象开展有益身心健康的活动，防止和遏制未成年社区矫正对象吸烟、酗酒、流浪、沉迷网络以及赌博、吸毒、卖淫等。（3）应当尊重未成年社区矫正对象接受教育的权利，必须使适龄未成年人按照《义务教育法》等有关规定接受义务教育，不得使在校接受义务教育的未成年社区矫正对象辍学。（4）不得让不满 16 周岁的未成年社区矫正对象脱离监护单独居住。未成年社区矫正对象擅自外出夜不归宿的，其父母或者其他监护人应当及时查找，或者向有关机关请求帮助。

3. 及时报告义务

根据《未成年人保护法》《预防未成年人犯罪法》的规定，监护人应当对未成年社区矫正对象承担及时报告义务，包括：（1）不得让不满 16 周岁的未成年社区矫正对象脱离监护单独居住。未成年社区矫正对象擅自外出夜不归宿的，其父母或者其他监护人应当及时查找，或者向有关机关请求帮助。（2）发现未成年社区矫正对象组织或参加实施不良行为的团伙的，应当及时予以制止。（3）发现有人教唆、胁迫、引诱未成年社区矫正对象重新违法犯罪的，应当向社区矫正机构或公安机关报告。

4. 协助安置帮教义务

父母是家庭教育的第一责任人，对于未成年社区矫正对象的监管和帮教，监护人的职责和作用不可忽视。《家庭教育促进法》首次明确了未成年人的父母及其他监护人的家庭教育责任，并明确要求其应当树立正确的家庭教育理念，通过针对性的学习，掌握科学的家庭教育方法，提高家庭教育的能力。同时也在法律责任部分，对不当履行、拒绝、怠于履行家庭教育责任的监护人区分不同情形，规定了相应的罚则和强制其接受家庭教育督导的内容。根据《预防未成年人犯罪法》第57条的规定，未成年人的父母或者其他监护人对接受社区矫正的未成年人，应当采取有效的帮教措施，协助司法机关以及有关部门做好安置帮教工作。未成年社区矫正对象的监护人要主动参与到帮教矫正小组中，除了积极督促未成年社区矫正对象接受社区矫正机构的常态化监管，还要注意对未成年社区矫正对象的陪伴与关怀，积极参与矫正小组对未成年社区矫正对象的集中学习、个别谈话、心理辅导，以及社区服务、公益劳动等，实现与未成年社区矫正对象的亲情互动，以达到矫正未成年社区矫正对象犯罪心理和行为恶习的效果。例如，通过让监护人参与社区矫正小组的活动逐步强化监护人的参与和学习意识，进一步要求未成年社区矫正对象的监护人参与线上平台推送的家庭教育学习，定期参与亲子陪伴、共同学习和面对面的亲子交流活动等。社区矫正机构向监护人宣讲相关法律法规，引导未成年社区矫正对象的监护人充分认识其监护职责的重要性和强制性，进而引导其积极履行相关监护责任。社区矫正机构同时协调学校、社区、公安、法院和检察机关做好对未成年社区矫正对象监护人的教育、引导、训诫和监护督导工作，对于严重不负责任，违反相关法律的监护人，依法申请启动家庭教育督促令，从而为未成年社区矫正对象营造良好的家庭教育环境。

二、对未成年人社区矫正的特别规定

未成年人是社区矫正对象中的特殊群体，其生理、心理、行为等方面与成年社区矫正对象存在显著差异。区别对待是坚持最有利于未成年人原则的生动体现。《社区矫正法》第 52 条明确规定，对未成年人的社区矫正应当与成年人分别进行，并根据他们的年龄、心理特点等情况，采取针对性的矫正措施。

（一）重视社区矫正审前社会调查

社区矫正审前社会调查是在审理有关刑事案件过程中进行的有关调查工作。妥善理解未成年人犯罪案件是科学处理未成年人犯罪案件的一个重要依据，同时也是保证未成年犯罪人非监禁刑适用得当的基本前提。为了帮助法官恰当地认识和科学地处理未成年人犯罪案件，在对未成年人犯罪案件作出处理之前进行有关的调查是很有必要的。2018 年修正的《刑事诉讼法》第 279 条以法律的形式确立了未成年人审前社会调查制度。

需要明确的是，未成年人社会调查与拟纳入社区矫正对象的调查评估在调查作用与内容方面是有区别的。首先，依据我国的刑事政策，对未成年人犯罪应该是能不捕则尽量不捕，能不诉则尽量不诉，能不判则尽量不判，能判缓刑则尽量判缓刑。如何在捕与不捕、诉与不诉、判与不判、缓与不缓之间作出决断，社会调查结果就是一个重要的参考。因此，未成年人社会调查最好在公安侦查阶段就开始。与此同时，未成年社会调查对随后帮教措施的选择也有重要的指向价值。其次，调查内容是不同的。未成年人社会调查，重在调查未成年人的成长经历、犯罪原因以及监护教育情况和分析其犯罪原因；而对拟纳入社区矫正对象的调查评估，则重在评估其再犯危险性以及对所居住社区的影响。内容不同，要求也不一样，对拟纳入社区矫正对象的调查评估，发展趋势是格式化、要素化；而未成年人社会调查则强调系统性与个性化，最后的成品往往就是一篇比较完整的调查报告。

做好审前调查，是妥善办理未成年人犯罪案件的重要基础。通过审前调查，清楚了解犯罪事实之外的更多内容，包括未成年犯罪人的犯罪原因、既往历史、社会交往、兴趣爱好、行为习惯、身体和心理健康状况、家庭情况、就学情况、就业情况、社区环境情况以及被害人的情况等，可以为法庭恰当处理案件提供必要的参考信息。

（二）作出恰当判决

未成年犯罪人应当是实行社区矫正的重点对象，只要符合法律规定，具备相关的监督等条件，对其就应当判处管制、宣告缓刑等并实行社区矫正。但是，如果不具备相关条件，就不能硬性地对未成年犯罪人实行社区矫正。

由于未成年犯罪人具有自控能力较差、逆反心理较重、判断能力较弱、行为容易冲动等特点，仅仅出于善良动机而对其判处管制或者宣告缓刑等，很有可能使他们在缺乏必要管束的情况下，实施更加严重的违法犯罪行为，从而产生和审判人员的预期相反的结果。

在当代社会，能否完成学业对一个人的一生影响重大，而未成年犯罪人往往处在完成学业的关键年龄，因此，审判人员应当积极创造条件，尽量作出不中断未成年犯罪人学业的判决，这里的"条件"主要是指判决后的监管条件、被害人的谅解等。

（三）落实行为监管

社区矫正的重要内容是对社区矫正对象实行监督管理，其中针对未成年犯罪人做好行为监管工作，尤其重要。这是因为，对于自控能力较差、社会经验不足、行为容易冲动的未成年犯罪人来讲，他们同时也存在抵御诱惑能力较差、容易进行不良交往，难以自我约束和发生越轨行为的可能性较大等缺点。因此，如果不加强监管，不落实对他们的行为监管措施，很可能使他们在自由的行为状态中实施新的违法犯罪行为。在社区矫正中，社区矫正机构要根据未成年犯罪人的情况，具体落实社区矫正机构工作人员、家庭、学校、工作单位、社区等不同方面对未成年犯罪人的行为监管措施，将未成年犯罪人的日常行为纳入严密的监管之中，消除监管盲点，使未成年人处在不断的监督之下，这样，就可以大大减少他们实施新的违法犯罪行为的机会。

（四）实施针对性的矫正项目

《社区矫正法》第52条第1款规定："社区矫正机构应当根据未成年社区矫正对象的年龄、心理特点、发育需要、成长经历、犯罪原因、家庭监护教育条件等情况，采取针对性的矫正措施。"这是《社区矫正法》针对未成年社区矫正对象的矫正监管教育所提出的个别化矫正处理原则。未成年社区矫正对象矫正处理的个别化须考虑的因素包括：未成年社区矫正对象的个体因素，包括年龄、心理特点、发育需要、成长经历等；致罪的具体原因；家庭环境因素，包括家庭监护条件、教育条件等；其他可能影响未成年社区矫正对象矫正处理效果的因素。《社区矫正法》第52条第3款规定："对未成年人的社区矫正，应当与成年人分别进行。"这是立法所确立的"分开矫正处理原则"。将未成年社区矫正对象与成年社区矫正对象进行分开矫正处理可以防止其在与成年社区矫正对象一起接受矫正时接触到某些成年社区矫正对象带来的犯罪亚文化，避免未成年社区矫正对象感染新的恶习，从而实现正常回归社会。

在对未成年犯罪人的社区矫正中，应当重视对他们的矫正教育。应结合未成年犯罪人的身心特点及学习和工作实际，改进教育矫正措施与方式，强化未成年社区矫正对象的思想教育和法治教育、开展社会公德教育和组织具有劳动能力的未成年社区矫正对象从事公益劳动等活动，增强他们认罪悔罪的自觉性和社会责任感等。同时，鉴于未成年犯罪人正处于人生过渡时期，心理问题较为突出，应加强对未成年犯罪人的心理矫正，利用各种形式为未成年社区矫正对象开展心理健康教育工作，提供心理、情绪等方面的咨询，戒除不良行为习惯等，同时也要帮助其建立正确的价值观念、掌握心理健康知识、掌握心理健康维护技巧、养成良好的生活方式、形成有益的行为习惯，从而实现社会化。为了有效进行这方面的工作，在社区矫正中应当聘用具备心理学知识和技能的专业心理工作者，根据未成年社区矫正对象的身心特点以及学习、工作等情况，改进教育矫正措施与办法，加强对未成年社区矫正对象的思想教育、法治教育和社会公德教育等，组织具有劳动能力的未成年社区矫正对象从事公益劳动，增强其认罪悔罪的自觉性，提高其社会责任感。针对未成年社区矫正对象的特别状态，理论界有学者设计了"梯形结构"矫正项目体系，[1]该体系第一步采用教育性和非监管性的矫正项目，如训诫、赔礼道歉、父母管教等；第二步（第一步措施无效时）采用不限制人身自由的监管性的矫正项目，如定期报告、集体教育、心理矫正；第三步（第二步措施无效时）采用在一定时间内限制人身自由的矫正项目，如电子监控、居家监禁等。该"梯形结构"矫正项目体系的设计，值得我们关注。当然，在矫正的过程中，社区矫正机构工作人员应当依据社区矫正对象的变化及时反馈和调整制度，以做到对未成年犯罪人"对症下药"。一些基层社区矫正机构依托当地的爱国主义教育基地，邀请当地学校知名政治、历史教师、退休干部、法律执业者、企业工程师等对社区矫正对象进行文化、伦理道德、法律等多种形式的教育；依托地方医院，安排未成年社区矫正对象参与体验临终关怀等实践项目，通过直面生死的观察和体验，唤起未成年社区矫正对象对人生价值和意义的思考，借此对其进行心理疏导和价值观教育；与监狱联合建立

---

〔1〕 王顺安、甄宏：《试论我国未成年犯社区矫正项目体系之构建》，载《青少年犯罪问题》2005年第1期，第37~41、50页。

社区矫正法治教育基地，通过组织参观监狱等活动，例如，S省某基层社区矫正机构组织未成年社区矫正对象到社区矫正警示教育基地——M监狱进行一天的"服刑"生活体验，让社区矫正对象体验参加队列训练、生活规范、行动规范、纪律观念、法治教育等活动，如体验吃"囚饭"、内务整理、跑操训练、政治学习、劳动工作等狱内生活和劳动，亲身感受高墙内的威严性和法律的严肃性，这一强化未成年社区矫正对象的"服刑"震撼式教育，使其真诚认罪悔罪，认识到刑罚的严厉性和人身自由的珍贵，从而认真接受社区矫正教育。

（五）禁止令的适用与执行

禁止令是指法院作出的禁止未成年社区矫正对象在社区矫正执行期间从事特定活动，进入特定区域、场所，接触特定人的判令。禁止令，特别适合缺乏自我控制能力、养成不良嗜好、有很强的结群性的未成年犯罪人。例如，对有"网瘾"的未成年犯罪人适用禁止令。禁止令的适用，给社区矫正机构工作人员的监督、管理工作带来新的挑战，社区矫正机构工作人员需要更多的精力、使用更多的方法、通过更有效的途径，监督未成年社区矫正对象遵守法院判处的禁止令。

为了做好禁止令的执行，需要关注下列事项：（1）应设定有针对性的禁止内容。如禁止相关的未成年社区矫正对象进入网吧等娱乐场所，对某些未成年社区矫正对象宣告宵禁极为必要。考虑到未成年社区矫正对象的犯罪构成，团伙犯罪较为突出，为避免其受不良交往影响，禁止其接触同案犯亦应纳入选择范围。（2）探索实施禁止令，切实令行禁止。在此过程中坚持正式控制和非正式控制相结合，尤其发挥父母等监护人的作用。同时实现人力管理和技术管理相结合，重视运用电子监控等手段加强对未成年社区矫正对象行为的管控，从而防止其再犯，增强社区矫正成效。动员更多的社会力量参与未成年社区矫正对象的监督和帮教工作。由于未成年社区矫正对象的自我控制能力差等因素，仅仅依靠社区矫正机构工作人员是难以严密监督其遵守禁止令的。为了更加严密地监督和管理被适用禁止令的未成年社区矫正对象，应当重视动员更多的社会力量参与其中。例如，动员未成年社区矫正对象的父母、监护人、保证人等监督他们的行为，促使他们遵守禁止令规定的事项。《社区矫正法》第53条规定，未成年社区矫正对象的监护人"怠于履行监护职责"的，社区矫正机构应当对其"督促、教育"。对于拒不履行监护职责的，社区矫正机构可以"通知有关部门依法作出处理"。

■【教育案例】

对未成年社区矫正对象依法采取针对性矫正措施[1]

南宁市某区未成年人钟某，因犯强奸罪被判处有期徒刑3年，缓刑3年。从入矫初期，南宁市某区司法局社区矫正中心主任熊未风便开始对钟某重点关注，在管理过程中坚持保护未成年人的隐私原则，宣告、学习都与成年人分开进行，并且不予公开。入矫初期，因为身份的转变，再加上父亲让他入族谱的事情遭到亲人的反对，钟某出现了消极情绪和自卑心理，对未来的生活感到十分迷茫和困惑。针对这一情况，熊未风为他制定了个案矫正方案，充分运用具有该区特色的未成年人管教措施进行教育矫治。(1) 坚持"412"工作方针。"4"是"四个单独实施"，即对未成年社区矫正对象单独实施接收及解除矫正宣告、个别教育、心理辅导和社会公益活动。"1"是"一保密"，即对未成年社区矫正对象身份进行保密。"2"是"两个及时跟上"，即发现未成年社区矫正对象心理波动或思想行为异常时，心理干预和帮扶教育工作要及时跟上。(2) 坚持管理与教育并重。在实现管得住的同时，熊未风邀请广西大学、广西民族大学等高校教师，积极且有针对性地开展入矫教育、分类教育、解矫教育，开设法治教育、社会适应性指导、就业与社会保障等课程。针对钟某等未成年社区矫正对象，开展未成年抗逆力培养、职业技能培训等。(3) 坚持"矫正先矫心"。熊未风本着"科学矫正未成年社区矫正对象偏差的心理，引导未成年社区矫正对象树立正确的人生观、价值观"的理念，把行为矫正与心理矫正结合起来，通过政府采购引进社会资源设立的矫正心理咨询室，每个月对钟某进行个体心理辅导，帮助他缓解压力，让其不断进行自我调整，走出心理困境，促进人格的健康发展。同时，注重正面引导、个别交流和平等交流，实现思想教育入心、入脑。通过多项特色措施，钟某的心态终于转变过来，开始积极工作和生活，整个人也变得开朗起来，一扫以前自卑消极的生活状态。钟某在安吉做快递员离家太远，上下班十分辛苦，熊未风了解情况后，立即对他开展就业帮扶，帮他找了一份离家近又稳定的地铁安检工作，让钟某树立起重新生活的勇气和信心，他表示要认真

---

[1] 本案例由广西壮族自治区司法厅社区矫正工作处提供。

工作回馈社会。现在的钟某，有一份稳定工作和收入，和女朋友一起生活，对工作也有上进心，对未来的生活充满信心，与刚入矫时那个自卑消沉的钟某判若两人，充分体现了未成年社区矫正对象接受教育矫治后质的转变。

分析： 我国对未成年社区矫正对象始终坚持教育为主、惩罚为辅的工作理念，这也呼应了党中央提出的对违法未成年人要实行教育、感化、挽救的工作方针。同时，对未成年社区矫正对象身份信息保密制度是刑事司法保护未成年人权益的一项重要措施。《社区矫正法》第52条规定："社区矫正机构应当根据未成年社区矫正对象的年龄、心理特点、发育需要、成长经历、犯罪原因、家庭监护教育条件等情况，采取针对性的矫正措施。社区矫正机构为未成年社区矫正对象确定矫正小组，应当吸收熟悉未成年人身心特点的人员参加。对未成年人的社区矫正，应当与成年人分别进行。"第54条第1款规定："社区矫正机构工作人员和其他依法参与社区矫正工作的人员对履行职责过程中获得的未成年人身份信息应当予以保密。"熊未风同志根据未成年社区矫正对象钟某的犯罪类型和心理特点等实际情况，分析其背后的犯罪原因，找出可能影响矫正的因素，制定个体化的矫正方案，有计划地对其进行监督管理和教育帮扶等，做到了因人施教。同时实行群专结合，依靠公众参与的力量，引进高校和社会优质资源参与教育帮扶和心理辅导，注重加强对未成年社区矫正对象的思想道德和法治教育，发挥心理咨询和心理矫正的积极作用。为防止未成年社区矫正对象相关信息被违法泄露，对其今后就学、就业和正常生活造成不利影响，在矫正工作中熊未风同志做到了严格遵守对未成年社区矫正对象的身份信息及档案信息应当予以保密的法律规定。所谓"身份信息"，是指公民的姓名、住所、照片、图像和其他可能推断出该公民的资料。

■ **思考题：**

1. 试述社区矫正机构、学校对未成年社区矫正对象应承担的义务。
2. 试述监护人对未成年社区矫正对象应承担的义务和责任。

第七节　社区矫正的解除与终止

一、社区矫正解除与终止的条件

（一）社区矫正解除的条件

《社区矫正法》第 44 条规定："社区矫正对象矫正期满或者被赦免的，社区矫正机构应当向社区矫正对象发放解除社区矫正证明书，并通知社区矫正决定机关、所在地的人民检察院、公安机关。"可见，社区矫正解除的条件有两种情形：

1. 社区矫正期满

根据裁判内容不同，社区矫正期满包括四种情形：（1）管制期满，即人民法院对罪犯依法判处的管制刑期届满；（2）缓刑考验期满，如果没有《刑法》第 77 条规定的"犯新罪""发现漏罪"或者"严重违规"情形，缓刑考验期满，原判的刑罚就不再执行，并公开予以宣告；（3）假释考验期满，《刑法》第 85 条规定，如果没有《刑法》第 86 条规定的情形，假释考验期满，就认为原判刑罚已经执行完毕，并公开予以宣告；（4）暂予监外执行期间刑期届满，是指《刑事诉讼法》规定的对符合特定条件的罪犯，出于人道主义考虑在监外执行刑罚的措施，没有独立的期限，暂予监外执行期间罪犯被判处的刑期届满的，属于刑罚执行完毕的情形。

社区矫正对象在矫正期满前 1 个月作出个人总结。司法所作出书面鉴定，在矫正期满当日，公开组织解矫宣告，向社区矫正对象发放由县级社区矫正机构签发的解除社区矫正证明书。县级社区矫正机构同时通知社区矫正决定机关和当地人民检察院、公安机关。

2. 社区矫正对象被赦免

赦免是国家对特定罪犯赦免刑罚或者余刑的人道主义制度。此处的"赦免"，在我国仅指"特赦"，不含"大赦"。我国的特赦是由中共中央或者国务院提出特赦建议，由全国人民代表大会常务委员会作出决定，由国家主席发布特赦令，且由最高人民法院和地方高级人民法院执行的。自中华人民共和国成立以来，我国先后进行了 9 次特赦。对于被特赦的社区矫正对象，应当依法解除社区矫正。

（二）社区矫正终止的条件

《社区矫正法》第45条规定："社区矫正对象被裁定撤销缓刑、假释，被决定收监执行，或者社区矫正对象死亡的，社区矫正终止。"社区矫正终止的条件有四种情形：

1. 被宣告缓刑的社区矫正对象被裁定撤销缓刑

根据《刑法》第77条、第69条的规定[1]，被宣告缓刑的社区矫正对象被撤销缓刑的情形包括犯新罪、发现漏罪、违反缓刑监督管理规定或者禁止令情节严重三种情形。《刑法》第77条规定："……对新犯的罪或者新发现的罪作出判决，把前罪和后罪所判处的刑罚，依照本法第六十九条的规定，决定执行的刑罚。被宣告缓刑的犯罪分子，在缓刑考验期限内，违反法律、行政法规或者国务院有关部门关于缓刑的监督管理规定，或者违反人民法院判决中的禁止令，情节严重的，应当撤销缓刑，执行原判刑罚。"

2. 被假释的社区矫正对象被裁定撤销假释

根据上述规定，被假释的社区矫正对象被撤销假释的情形包括犯新罪、发现漏罪、违反假释监督管理规定三种情形，具体见《刑法》第80条、第70条和第71条[2]。被假释的犯罪分子，在假释考验期限内，有违反法律、行政法规或者国务院有关部门关于假释的监督管理规定的行为，尚未构成新的犯罪的，应当依照法定程序撤销假释，收监执行未执行完毕的刑罚。

---

〔1〕《刑法》第77条规定："被宣告缓刑的犯罪分子，在缓刑考验期限内犯新罪或者发现判决宣告以前还有其他罪没有判决的，应当撤销缓刑，对新犯的罪或者新发现的罪作出判决，把前罪和后罪所判处的刑罚，依照本法第六十九条的规定，决定执行的刑罚。被宣告缓刑的犯罪分子，在缓刑考验期限内，违反法律、行政法规或者国务院有关部门关于缓刑的监督管理规定，或者违反人民法院判决中的禁止令，情节严重的，应当撤销缓刑，执行原判刑罚。"《刑法》第69条规定："判决宣告以前一人犯数罪的，除判处死刑和无期徒刑的以外，应当在总和刑期以下、数刑中最高刑期以上，酌情决定执行的刑期，但是管制最高不能超过三年，拘役最高不能超过一年，有期徒刑总和刑期不满三十五年的，最高不能超过二十年，总和刑期在三十五年以上的，最高不能超过二十五年。数罪中有判处有期徒刑和拘役的，执行有期徒刑。数罪中有判处有期徒刑和管制，或者拘役和管制的，有期徒刑、拘役执行完毕后，管制仍须执行。数罪中有判处附加刑的，附加刑仍须执行，其中附加刑种类相同的，合并执行，种类不同的，分别执行。"

〔2〕《刑法》第70条规定："判决宣告以后，刑罚执行完毕以前，发现被判刑的犯罪分子在判决宣告以前还有其他罪没有判决的，应当对新发现的罪作出判决，把前后两个判决所判处的刑罚，依照本法第六十九条的规定，决定执行的刑罚。已经执行的刑期，应当计算在新判决决定的刑期以内。"《刑法》第71条规定："判决宣告以后，刑罚执行完毕以前，被判刑的犯罪分子又犯罪的，应当对新犯的罪作出判决，把前罪没有执行的刑罚和后罪所判处的刑罚，依照本法第六十九条的规定，决定执行的刑罚。"《刑法》第80条规定："无期徒刑减为有期徒刑的刑期，从裁定减刑之日起计算。"

3. 暂予监外执行的社区矫正对象被决定收监执行

《刑事诉讼法》第268条第1款规定："对暂予监外执行的罪犯，有下列情形之一的，应当及时收监：（一）发现不符合暂予监外执行条件的；（二）严重违反有关暂予监外执行监督管理规定的；（三）暂予监外执行的情形消失后，罪犯刑期未满的。"刑罚执行机关、人民法院对各自决定暂予监外执行的罪犯应当予以收监执行的，应当及时决定收监执行。自收监执行的决定生效之日起，社区矫正终止。

4. 社区矫正对象死亡

《社区矫正法》第51条规定："社区矫正对象在社区矫正期间死亡的，其监护人、家庭成员应当及时向社区矫正机构报告。社区矫正机构应当及时通知社区矫正决定机关、所在地的人民检察院、公安机关。"

二、作出解除与终止社区矫正决定的国家机关

在我国，作出解除与终止社区矫正决定的国家机关是社区矫正机构。社区矫正机构，是指负责对被判处管制、宣告缓刑、假释和暂予监外执行的社区矫正对象具体实施社区矫正的机构。

根据《社区矫正法》第8条的规定："国务院司法行政部门主管全国的社区矫正工作。县级以上地方人民政府司法行政部门主管本行政区域内的社区矫正工作。人民法院、人民检察院、公安机关和其他有关部门依照各自职责，依法做好社区矫正工作。人民检察院依法对社区矫正工作实行法律监督。地方人民政府根据需要设立社区矫正委员会，负责统筹协调和指导本行政区域内的社区矫正工作。"

社区矫正机构，就全国而言，指的是国务院司法行政部门，即司法部。其内设社区矫正管理局，具体负责指导全国的社区矫正工作。司法部作为全国社区矫正工作的主管部门，主要是在全国范围内开展社区矫正工作，包括制定社区矫正工作的方针、政策和规范性文件；拟定社区矫正工作发展规划、管理制度；制定社区矫正对象需要遵守的有关报告、会客、外出、迁居、保外就医等监督管理规定；出台相关政策鼓励、支持社会力量参与社区矫正工作；就地方而言，指的是县级以上地方人民政府司法行政部门，其主管本行政区域内的社区矫正工作。具体为省、市、县三级地方人民政府的司法厅、司法局等部门。实践中，有的地方省、市、县三级司法厅、司法局设社区矫

正局或社区矫正处、科、股等，具体负责指导管理本地区的社区矫正工作。县级以上地方人民政府司法行政部门作为本行政区域内的社区矫正主管部门，负有指导管理本行政区域内的社区矫正工作，包括拟定本行政区域内的社区矫正工作发展规划、管理制度；推进本行政区域内社区矫正机构建设；加强对社区矫正机构和司法所工作人员的管理、监督、培训和职业保障；推动社会力量参与本行政区域内的社区矫正工作；支持本行政区域内的社区矫正机构运用现代信息技术开展监督管理和教育帮扶；监督检查本行政区域内社区矫正法律法规和政策的执行情况；指导本行政区域内下级司法行政部门的社区矫正工作等职责。

三、社区矫正解除与终止的程序

社区矫正机构在解除社区矫正时，应当遵循以下程序：一是向社区矫正对象发放解除社区矫正证明书。此证明书是证明社区矫正对象依法接受并完成社区矫正的法律文书。二是通知社区矫正决定机关、所在地的人民检察院、公安机关。

根据《社区矫正实施办法》（已失效）第 30 条的规定，社区矫正期满解除时，负责社区矫正工作的有关部门应进行以下几个方面的工作：一是解除社区矫正宣告。宣告由司法所工作人员主持，按照规定程序公开进行；二是由县级司法行政机关向社区矫正人员发放解除社区矫正证明书；三是由县级司法行政机关书面通知社区矫正决定机关，同时抄送县级人民检察院和公安机关；四是暂予监外执行的社区矫正人员刑期届满的，由监狱、看守所依法为其办理刑满释放手续。

根据《社区矫正法》第 45 条的规定，社区矫正对象死亡或者被决定收监执行的，社区矫正终止。

■ 【教育案例】

案例：多次警告依旧任性，严格执法撤销缓刑[1]

石某某，户籍地、居住地均为广西壮族自治区北海市合浦县。2009 年 8

---

[1]　本案例分析由广西壮族自治区北海市合浦县司法局西场司法所供稿，撰稿人：刘炜。

月因犯盗窃罪被广西壮族自治区合浦县人民法院判处有期徒刑 8 年，并处罚金 1.5 万元。2014 年 11 月 6 日获南宁市中级人民法院裁定假释，假释考验期自 2014 年 11 月 12 日起至 2016 年 3 月 14 日止。2014 年 11 月 17 日，石某某到合浦县司法局报到，由西场司法所负责对其进行社区矫正期间的日常管理。社区矫正对象石某某被假释从监狱回到家中后，并没有吸取过去犯下错误的教训，对于父母的教育和监管置之不理，不仅没有认真学习法律法规，找一份稳定的工作，反而大手大脚地挥霍父母给予的钱财，1 年多的时间就花掉了 6 万多块钱。石某某在接受社区矫正期间，存在未按要求保持定位监管手机畅通、未经批准擅自离开规定活动区域等违反监督管理规定等情况，并因吸毒被公安机关给予行政处罚，表现极差。石某某在社区矫正期间因违反社区矫正监督管理规定，被给予警告 3 次。具体为：没有按要求通过电话向西场司法所报告被警告 1 次，未按要求保证定位监管手机畅通，且未经请假擅自离开规定活动区域被警告 1 次，未经请假擅自外出到北海市海城区，因吸毒被北海市公安局刑事侦查支队第一大队抓获，北海市公安局给予其行政拘留 15 日的治安管理处罚，合浦县司法局给予石某某第三次警告。根据《刑法》第 86 条、《社区矫正实施办法》第 25 条（当时有效）、《广西壮族自治区社区矫正实施细则（试行）》第 87 条、第 90 条之规定，社区矫正工作人员依法、及时、全面地收集石某某日常行为处罚记录、司法所工作人员询问笔录、司法所工作人员走访记录等证明其违反监督管理规定的证据材料，认定了石某某违反社区矫正监督管理规定的事实。北海市司法局对合浦县司法局提供的证据材料进行审核后，于 2016 年 1 月 12 日依法向南宁市中级人民法院提交撤销假释建议书。2016 年 1 月 25 口，南宁市中级人民法院作出对社区矫正对象石某某撤销假释的裁定，收监执行未执行完毕的刑罚。北海市两级司法行政机关在提请撤销假释过程中自觉接受同级人民检察院监督，并将司法行政机关的撤销假释建议书和人民法院的裁定书同时抄送同级人民检察院和公安局。合浦县司法局于 2016 年 1 月发函致合浦县公安局，请求派员对罪犯石某某执行收监。西场司法所工作人员要求罪犯石某某单独到谈话室，合浦县社区矫正执法大队干警对其宣读了南宁市中级人民法院的刑事裁定书，告知其已被依法撤销假释并收监执行。罪犯石某某签字确认其已明白合浦县社区矫正执法大队干警所告知事项。随后合浦县公安局西场边防派出所干警依法为罪犯石某某戴上手铐，并对其搜身，又从其衣服内搜出一定量毒品及吸食工具，派出所干警将其个人物品当面清点并封存。在履行完法定手续后，合浦县司法局派员配合西场边防派出所民警将罪犯石某某押送至黎塘监狱收监执行。当天下午，西场司法所工作人员将石某某的个人物品移交给其家属。

　　分析：根据《刑法》第77条的规定，"被宣告缓刑的犯罪分子，在缓刑考验期限内，违反法律、行政法规或者国务院有关部门关于缓刑的监督管理规定……情节严重"的，由人民法院依法撤销缓刑。《社区矫正法》第46条规定："社区矫正对象具有刑法规定的撤销缓刑、假释情形的，应当由人民法院撤销缓刑、假释……社区矫正机构应当向原审人民法院或者执行地人民法院提出撤销缓刑、假释建议，并将建议书抄送人民检察院。社区矫正机构提出撤销缓刑、假释建议时，应当说明理由，并提供有关证据材料。"第48条第1款规定："人民法院应当在收到社区矫正机构撤销缓刑、假释建议书后三十日内作出裁定，将裁定书送达社区矫正机构和公安机关，并抄送人民检察院。"罪犯石某某获得假释的机会，能够提前离开监狱高墙回到家中在较为宽松的环境下进行改造，这本是一个十分难得的机会，但是其没有珍惜这来之不易的机会，置国家的法律法规于不顾，多次违反社区矫正监督管理规定，放纵自己，沾染了更多恶习，不仅让自己被重新送回监狱，也伤害了所有关心、帮助他的人。社区矫正执行机关在发现社区矫正对象违反监督管理规定后，及时、依法、全面收集相关证据，对其作出相应的处罚，在对其教育挽救无效后，为避免其危害社会安全，迅速启动收监执行程序。在对罪犯石某某提请撤销假释收监执行的过程中，西场司法所严格依照相关法律法规的规定，及时调查取证、全面收集整理证据材料；合浦县司法局认真审核西场司法所提交的材料，并及时报送上级机关；北海市司法局严格审核提请撤销假释的相关证据；合浦县公安局积极履行收监执行义务，西场司法所全力配合协助收监执行，确保收监执行过程安全可控。相关单位的协同配合，是保证本次收监执行工作圆满完成的重要因素，不仅维护了法律的严肃性和权威性，也为社区矫正工作的开展提供了很好的借鉴。

■ **思考题**：

1. 试述社区矫正解除的条件。
2. 试述社区矫正终止的条件。

第八节　法律责任

一、社区矫正对象违反监督管理规定的法律责任

社区矫正对象违反监督管理规定的，人民法院、人民检察院、公安机关、司法行政机关应当根据其违法违规情形，依法追究其相应的法律责任，包括治安管理处罚、撤销缓刑、撤销假释或者暂予监外执行收监执行。《社区矫正法》第59条规定："社区矫正对象在社区矫正期间有违反监督管理规定行为的，由公安机关依照《中华人民共和国治安管理处罚法》的规定给予处罚；具有撤销缓刑、假释或者暂予监外执行收监情形的，应当依法作出处理。"

需要注意的是，《社区矫正法》第59条与第28条的"奖惩"规定不同。第28条提到的"社区矫正对象违反法律法规或者监督管理规定的，应当视情节依法给予训诫、警告、提请公安机关予以治安管理处罚……"，其中对社区矫正对象违反监督管理规定实施的"训诫""警告"不属于法律责任。

（一）治安管理处罚

对社区矫正机构工作人员和其他依法参与社区矫正工作的人员及其近亲属进行下列行为，尚不构成犯罪的依法给予治安管理处罚，处5日以上10日以下拘留，并处200元以上500元以下罚款；情节较轻的，处5日以下拘留或者500元以下罚款：

殴打行为，即故意违法使用暴力方式侵害他人身体乃至剥夺生命的行为。

威胁行为，即故意采取语言上的恐吓或者其他方式对被威胁人采取精神上的强制，迫使受恐吓人不能正常生活和工作的行为。如通过面对面使用语言、写信、打电话、网上留言等手段，以毁坏他人名誉、伤害他人身体甚至剥夺生命等相威胁。尚不构成犯罪的，处5日以下拘留或者500元以下罚款；情节较重的，处5日以上10日以下拘留，可以并处500元以下罚款。

侮辱行为，是指使用语言、肢体动作或者以其他方法，公然贬低、损害他人的人格，破坏他人的名誉的行为。包括利用网络平台发布毁坏他人名誉的图片信息和使用侮辱性语言。

骚扰行为，是指故意以语言、文字、图像、电子信息、肢体行为等形式干扰他人正常生活和工作的行为。

报复行为，是指对社区矫正工作人员的监督管理心存不满，采取破坏公私财物、暴力伤害他人、破坏社会秩序或者捏造事实进行诬告陷害等的行为。

《社区矫正法》第 60 条规定："社区矫正对象殴打、威胁、侮辱、骚扰、报复社区矫正机构工作人员和其他依法参与社区矫正工作的人员及其近亲属……尚不构成犯罪的，由公安机关依法给予治安管理处罚。"主要根据《治安管理处罚法》第 23 条、第 42 条、第 43 条、第 50 条的规定予以执行。《社区矫正法》此条规定意在加强对参与社区矫正监督管理与教育帮扶的工作人员及其近亲属的人身权保护，以及对社区矫正对象起到威慑警示作用。

根据《治安管理处罚法》第 60 条的规定，被依法执行管制或者在缓刑、暂予监外执行中的罪犯或者被依法采取刑事强制措施的人，有违反法律、行政法规或者国务院有关部门的监督管理规定的行为，处 5 日以上 10 日以下拘留，并处 200 元以上 500 元以下罚款。《刑法》第 38 条规定："……判处管制，可以根据犯罪情况，同时禁止犯罪分子在执行期间从事特定活动，进入特定区域、场所，接触特定的人。对判处管制的犯罪分子，依法实行社区矫正。违反第二款规定的禁止令的，由公安机关依照《中华人民共和国治安管理处罚法》的规定处罚。"

（二）撤销缓刑、假释或监外执行

对于被宣告缓刑的犯罪分子，《刑法》第 77 条第 2 款规定："被宣告缓刑的犯罪分子，在缓刑考验期限内，违反法律、行政法规或者国务院有关部门关于缓刑的监督管理规定，或者违反人民法院判决中的禁止令，情节严重的，应当撤销缓刑，执行原判刑罚。"

对于被假释的犯罪分子，《刑法》第 86 条第 3 款规定："被假释的犯罪分子，在假释考验期限内，有违反法律、行政法规或者国务院有关部门关于假释的监督管理规定的行为，尚未构成新的犯罪的，应当依照法定程序撤销假释，收监执行未执行完毕的刑罚。"

对于暂予监外执行的罪犯，《刑事诉讼法》《监狱法》和最高人民法院、最高人民检察院、公安部、司法部、原国家卫生和计划生育委员会印发的《暂予监外执行规定》规定，罪犯在暂予监外执行期间应当遵守法律和有关监督管理规定，对于发现不符合暂予监外执行条件的；未经批准擅自离开居住的市、县，经警告拒不改正，或者拒不报告行踪，脱离监管的；因违反监督管理规定受到治安管理处罚，仍不改正的；受到社区矫正机构两次警告，仍不改正的；保外就医期间不按规定提交病情复查情况，经警告拒不改正的；暂予监外执行情形消失后，刑期未满的；保证人丧失保证条件或者因不履行义务被取消保证人资格，又不能在规定期限内提出新的保证人的；其他违反有关法律法规和监督管理规定，情节严重的，社区矫正机构可以提请批准或决定机关收监执行，有关机关应当依法作出决定，执行收监。《刑事诉讼法》第 268 条规定，对暂予监外执行的罪犯，严重违反有关暂予监外执行监督管理规定的，应当及时收监。

（三）刑事责任

所谓刑事责任，是依照刑事法律的规定，行为人因其行为构成犯罪而应当承担，且国家司法机关强制其接受的刑事制裁。社区矫正对象殴打、威胁、侮辱、骚扰、报复社区矫正机构工作人员和其他依法参与社区矫正工作的人员及其近亲属，构成犯罪的，一般属于妨害社会管理秩序罪或者侵犯公民人身权利、民主权利罪等，应当根据刑法的相关规定追究其刑事责任，坚决予以惩处，前述行为根据《刑法》第 277 条、第 278 条、第 290 条、第 293 条的规定，分别构成妨害公务罪、煽动暴力抗拒法律实施罪、聚众扰乱社会秩序罪、聚众冲击国家机关罪以及寻衅滋事罪。根据《刑法》第 246 条的规定，以暴力或者其他方法公然侮辱他人或者捏造事实诽谤他人，情节严重的，构成侮辱罪、诽谤罪，处 3 年以下有期徒刑、拘役、管制或者剥夺政治权利。根据《刑法》第 243 条的规定，捏造事实诬告陷害他人，意图使他人受刑事追究，情节严重的，构成诬告陷害罪，处 3 年以下有期徒刑、拘役或者管制……根据《刑法》第 237 条的规定，以暴力、胁迫或者其他方法强制猥亵他人或者侮辱妇女的，构成强制猥亵、侮辱罪，处 5 年以下有期徒刑或者拘役。根据《刑法》第 234 条的规定，故意伤害他人身体致人死亡或者以特别残忍手段致人重伤造成严重残疾的，处 10 年以上有期徒刑、无期徒刑或者死刑。根据《刑法》第 232 条的规定，故意杀人的，处死刑、无期徒刑或者 10 年以上有期徒刑；情节较轻的，处 3 年以上 10 年以下有期徒刑。

《社区矫正法》第 60 条规定："社区矫正对象殴打、威胁、侮辱、骚扰、报复社区矫正机构工作人员和其他依法参与社区矫正工作的人员及其近亲属，构成犯罪的，依法追究刑事责任……"

二、社区矫正工作人员和其他工作人员的法律责任

（一）行政处分

处分，是一种由国家法律、法规加以规定的纪律责任，是国家机关依法对违反纪律的国家工作人员，依法定权限和程序实施的一种惩戒措施。关于处分，按照《公务员法》第九章关于惩戒的规定进行适用。关于处分的档次，依照中共中央纪委、国家监察委员会印发的《公职人员政务处分暂行规定》第6条的规定，对违法的公职人员按照法定程序作出警告、记过、记大过、降级、撤职、开除等政务处分决定。

对于从事社区矫正相关工作的国家工作人员，如果是中国共产党党员，依照《中国共产党纪律处分条例》的规定，实施违反党章和其他党内法规、违反国家法律法规、违反党和国家政策、违反社会主义道德，危害党、国家和人民利益的行为，则予以警告、严重警告、撤销党内职务等纪律处分。

根据《社区矫正法》第61条的规定，行政处分的责任主体是国家工作人员，即依法负责社区矫正相关工作的所有行使公权力的国家工作人员，既包括社区矫正机构中履行监督管理、教育帮扶等执法职责的专门国家工作人员，也包括依法受委托承担社区矫正工作的司法所工作人员，还包括从事社区矫正相关工作的人民法院、人民检察院、公安机关和司法行政机关，甚至包括民政、人力资源和社会保障、教育、卫生等部门从事社区矫正相关工作的其他国家工作人员。这类人员如果不依法履行自己的职责，存在玩忽职守、徇私舞弊、滥用职权、索贿受贿、虐待社区矫正对象、泄露秘密、打击报复等违纪违法行为，应当根据《监察法》和《中国共产党纪律处分条例》给予相应党纪和政务处分。

违法违纪行为，是指从事社区矫正工作的国家工作人员违反法律、法规、规章以及国家机关的决定、命令，应当承担法律责任和纪律责任的行为。具体违纪违法行为类型有：（1）利用职务或者工作便利索取、收受贿赂的；（2）不履行法定职责的；（3）体罚、虐待社区矫正对象，或者违反法律规定限制或者变相限制社区矫正对象的人身自由的；（4）泄露社区矫正工作秘密或者其他依法应当保密的信息的；（5）对依法申诉、控告或者检举的社区矫正对象进行打击报复的；（6）有其他违纪违法行为的。

（二）刑事责任

《社区矫正法》第 61 条以列举的方式，对社区矫正机构工作人员和其他国家机关工作人员违反六项禁止性规定构成犯罪而被追究刑事责任的情况进行了规定，其中前五项是在社区矫正工作中容易发生并可能会带来严重社会负面影响的行为，《社区矫正法》列出这些行为可以对社区矫正工作人员起到警示作用，同时为了防止挂一漏万现象，又在第六项中规定了兜底条款，以保证对国家工作人员的违法犯罪惩治不会出现空白。《社区矫正法》第 61 条规定："社区矫正机构工作人员和其他国家工作人员有下列行为之一的，应当给予处分；构成犯罪的，依法追究刑事责任：（一）利用职务或者工作便利索取、收受贿赂的；（二）不履行法定职责的；（三）体罚、虐待社区矫正对象，或者违反法律规定限制或者变相限制社区矫正对象的人身自由的；（四）泄露社区矫正工作秘密或者其他依法应当保密的信息的；（五）对依法申诉、控告或者检举的社区矫正对象进行打击报复的；（六）有其他违纪违法行为的。"

■【教育案例】

案例 1：社区矫正对象违反社区矫正规定依法给予治安管理处罚[1]

社区矫正对象孟某某（化名），男，户籍地为广西壮族自治区桂林市全州县，居住地为广西壮族自治区柳州市城中区。2014 年 7 月 30 日因犯非法制造枪支罪被柳州市城中区人民法院判处有期徒刑 3 年，缓刑 4 年。根据城中区人民法院的《执行通知书》，孟某某的缓刑考验期从 2014 年 8 月 12 日至 2018 年 8 月 11 日止。2014 年 8 月 12 日，孟某某到城中区司法局报到，由潭中司法所负责对其进行日常管理。2017 年 7 月 21 日，潭中司法所工作人员电话通知孟某某，要求其在 7 月 24 日 15 时准时到司法所进行集中点验，孟某某拒绝参加并谎称自己脚受伤不便行动，司法所干警发现其言语不合常理并且定位腕带出现异常，便准备到其住所查看。孟某某见谎言将被揭穿，这才承认已于当天（7 月 21 日）坐火车回到桂林老家，由于事先其并没有办理外出请假的手续，属于擅自外出，司法所干警向孟某某告知"社区矫正人员在矫正期间不能离开居住地"等相关规定，并要求孟某某返回居住地到司法所报到。

---

[1] 本案例分析由广西壮族自治区柳州市城中区司法局供稿，撰稿人：肖政。

但孟某某在电话中并不接受司法所干警的耐心劝说，答复询问时态度恶劣，拒不返回。7月27日，孟某某回到柳州市并主动到司法所报到，承认擅自离开居住地并擅自破坏拆除定位腕带违反社区矫正监督管理规定的事实。潭中司法所依照相关规定对孟某某进行了批评教育，并将孟某某的违法事实及时报告城中区司法局。潭中司法所根据上级指示对孟某某违反社区矫正监督管理规定情况进行调查取证，制作了调查笔录，并于2017年8月10日向城中区司法局提出给予孟某某警告处分的建议。城中区司法局收到该司法所的情况汇报和建议后，结合孟某某经常出现不配合监管、不按时报告等情况，决定提请公安机关对孟某某给予治安管理处罚。2017年9月18日，城中区司法局潭中司法所填报《社区矫正对象治安管理处罚审批表》随附相关证据材料，提请城中区司法局向柳州市公安局城中分局建议对社区矫正对象孟某某给予治安管理处罚。柳州市公安局城中分局认为，孟某某有明显违反监督管理规定的行为，经过调查取证，情况属实，符合最高人民法院、最高人民检察院、公安部、司法部印发的《社区矫正实施办法》（当时有效）第13条、第24条之规定和《治安管理处罚法》第60条规定的情形，遂于2017年9月18日当日作出给予孟某某行政拘留5日，并处200元罚款的治安管理处罚决定。在接受了治安管理处罚后，孟某某对自己的社区矫正对象身份有了明确的认识，明白作为社区矫正对象，其如果不严格遵守法律法规及社区矫正监督管理规定，就会失去继续接受社区矫正的机会，失去宝贵的自由。孟某某保证在以后的社区矫正期间，遵纪守法，服从司法所的监督管理，积极参加集中教育、社区劳动，积极向司法所汇报自己的思想状况，接受社区矫正的态度明显端正了。

分析：《社区矫正法》第59条明确规定，社区矫正对象在社区矫正期间违反监督管理规定行为的，由公安机关给予治安管理处罚。这有利于推动社区矫正机构对社区矫正对象的严格管理，对于监督管理难度较大的社区矫正对象，司法所不仅要加强日常监管，还要根据其违反社区矫正相关规定的表现和事实，及时依法给予相应的治安管理处罚，促使社区矫正对象增强接受社区矫正的意识，矫正错误行为，自觉接受社区矫正。

案例2：段某某缓刑期间违反监督管理规定案[1]

2023年3月，段某某因交通肇事罪被西宁市湟中区人民法院判处有期徒刑8个月，缓刑1年。缓刑考验期自2023年4月3日至2024年4月2日止。2023年4月3日，段某某到湟中区司法局接受社区矫正。段某某自接受社区矫正后，表面上遵守法律法规，服从司法所的监督管理。但事实上，他对社区矫正管理认识不够，经常出现手机不能按时签到、忘记签到、不按时到司法所签到等现象。司法所工作人员对其进行多次教育矫正后情况虽有所改善，但效果不明显。9月25日，段某某因无故不参加社区矫正集中教育学习、手机签到不及时、违反社区矫正监督管理规定，被司法所提请训诫一次。同日下午，因段某某参与赌博，湟中区公安局对其作出行政拘留4日的处罚决定。之后，司法所工作人员调整了段某某的监管级别，对其进行更严格的教育矫正。司法所工作人员多次到段某某家中走访了解情况，提醒其父母多关注他的日常行为，如有异常及时与司法所联系。2024年1月28日，段某某与他人打架斗殴，湟中区公安局对其作出行政拘留9日、罚款400元的处罚决定。

段某某在社区矫正期间，多次违规违纪，没有认识到错误，且不悔改，其行为违反社区矫正监督管理规定。2月5日，司法所向湟中区司法局提交了提请撤销缓刑审批表，建议对社区矫正对象段某某给予撤销缓刑处罚。2月6日，湟中区司法局根据《社区矫正法》相关规定，对司法所提交的材料进行审核，对段某某在社区矫正期间的表现作了客观真实的评判。湟中区司法局认为，段某某在社区矫正期间不能清楚认识到自己的身份、不能很好认同判处的刑罚、不能坚决服从司法所的管理，从思想上抵触社区矫正，一再违反社区矫正规定，触碰法律红线，经教育仍不改正，严重违反社区矫正监督管理规定。经研究后决定，向湟中区人民法院提交撤销段某某缓刑建议书。

■ 【裁定】

2024年3月25日，湟中区人民法院作出刑事裁定：段某某在缓刑考验期内违反监督管理规定，无正当理由不按规定时间报到，被执行机关提请训诫。其因赌博违法行为被给予治安管理处罚后，仍不改正。后再次因殴打他人的

---

[1] 陈文雯：《社区矫正不等于完全自由》，载《青海法治报》2024年4月17日。

违法行为被治安管理处罚，故对其应当撤销缓刑，执行原判刑罚。依照《刑法》第 77 条第 2 款、《最高人民法院关于适用〈中华人民共和国刑事诉讼法〉的解释》第 543 条、第 545 条的规定，撤销对段某某宣告缓刑的判决；决定对段某某收监执行原判有期徒刑 8 个月。3 月 26 日，段某某被依法收监。

■ 【说法】

社区矫正，是贯彻国家"宽严相济"刑事政策的刑罚执行制度，给予一些犯轻罪、有悔改表现的服刑人员一定的考验期，让他们接受教育、遵守法律、养成良好行为习惯。但如果在考验期间，社区矫正对象违反报到、报告、外出、迁居、禁止令等规定，不按时参加教育学习、违反监督管理规定受到治安管理处罚后仍不改正的，要受到警告处罚。警告处罚 2 次仍不改正、治安管理处罚后仍不改正或者违反监督管理规定情节严重的，要撤销对其的缓刑、假释、暂予监外执行。从事违法犯罪行为的，同样要撤销对其的缓刑、假释、暂予监外执行。因此，社区矫正对象要珍惜当下相对自由的刑罚执行方式，认真悔过，从别人收监、拘留的案例中吸取教训，认真遵守社区矫正相关规定，服从社区矫正工作人员管理，努力学习文化知识，提高道德和法律素养，积极参加公益劳动，按时完成矫正任务，从思想和认识上悔过后反思，积极转变，以感恩之心和崭新的面貌顺利回归社会。

■ 思考题：

1. 试述适用缓刑的社区矫正对象违反监督管理规定的法律责任。
2. 试述社区矫正对象违反监督管理规定应承担的治安管理处罚责任。

第二章

法律知识

第一节　宪法知识

一、宪法的概念与特征

（一）宪法的概念

宪法是国家的根本大法，是按照一定的程序颁布，并由国家强制力保障执行，规定国家权力及其民主运行规则、国家基本制度（政治制度、经济制度、文化制度等）及公民基本权利和义务的法律规范的总和。我国《宪法》序言最后一段写道："本宪法以法律的形式确认了中国各族人民奋斗的成果，规定了国家的根本制度和根本任务，是国家的根本法，具有最高的法律效力。全国各族人民、一切国家机关和武装力量、各政党和各社会团体、各企业事业组织，都必须以宪法为根本的活动准则，并且负有维护宪法尊严、保证宪法实施的职责。"这一段规定，明确回答了什么是宪法的问题，同时也表明了宪法的崇高地位。

（二）宪法的特征

1. 宪法的内容具有根本性

宪法是立国之本，它规定了一个国家的政治制度、经济制度、文化制度、社会制度以及公民基本权利和义务的内容。我国《宪法》在序言部分规定了我国的指导思想、根本制度、根本任务，在正文部分规定了国家性质、国家政权组织形式、国家结构形式、公民基本权利和义务、中央和地方国家机构的设置及各国家机关之间的相互关系等。这些内容是国家生活中最根本、最重要的问题。而法律规定的内容只涉及国家生活中的某一方面。

2. 宪法的效力具有最高性

宪法是国家的根本大法，我国的民法、刑法、民事诉讼法、刑事诉讼法、行政处罚法、行政强制法等法律都是根据宪法制定出来的。因此，宪法是所有法律的"母法"，是所有法律、法规、规章及规范性文件的"上位法"，国家一切法律、法规都不能与宪法相抵触。

3. 宪法的制定和修改程序具有严格性

我国《宪法》第64条规定："宪法的修改，由全国人民代表大会常务委员会或者五分之一以上的全国人民代表大会代表提议，并由全国人民代表大会以全体代表的三分之二以上的多数通过。法律和其他议案由全国人民代表大会以全体代表的过半数通过。"由此可以看出，宪法的制定和修改程序比一般法律更加严格。

二、我国《宪法》规定的内容

2001年，中共中央、国务院决定将我国现行《宪法》实施日12月4日，作为每年的全国法制宣传日。宪法作为所有法律的母法，决定着我国社会主义法治发展的方向。《宪法》于1982年12月4日第五届全国人民代表大会第五次会议通过，2018年3月11日，第十三届全国人民代表大会第一次会议对《宪法》进行第五次修正。《宪法》一共有四章143条，包括：序言、第一章总纲、第二章公民的基本权利和义务、第三章国家机构、第四章国旗、国歌、国徽、首都。其中第三章包括全国人民代表大会、中华人民共和国主席、国务院、中央军事委员会、地方各级人民代表大会和地方各级人民政府、民族自治地方的自治机关、监察委员会、人民法院和人民检察院八节。

（一）《宪法》规定了我国的国家性质和根本制度

国家性质，又称国体，是指社会各阶级、阶层在社会生活中的不同地位，即解决在一国之内谁是统治阶级、谁是被统治阶级及国家"依靠谁"的问题。按照马克思主义关于国家性质的理论，迄今为止，人类历史上先后出现过四种类型的国家，即奴隶制国家、封建制国家、资本主义国家和社会主义国家。前三种类型的国家都是少数人掌握国家政权，对社会中绝大多数劳动者进行控制，本质上都是剥削阶级专政的国家。而社会主义国家是广大劳动人民掌握政权，对少数敌视和破坏社会主义事业的敌对分子实行专政的国家。

我国《宪法》序言规定：我国是"工人阶级领导的、以工农联盟为基础的人民民主专政，实质上即无产阶级专政"的国家。在我国，剥削阶级作为阶级已经消灭，但是阶级斗争还将在一定范围内长期存在。中国人民对敌视和破坏我国社会主义制度的国内外的敌对势力和敌对分子，必须进行斗争。

同时，《宪法》第 1 条第 1 款也明确规定："中华人民共和国是工人阶级领导的、以工农联盟为基础的人民民主专政的社会主义国家。"

我国的国家性质的基本特点包括：（1）我国的人民民主专政是对人民民主，对敌人专政，是新型民主与新型专政的结合，即对最广大人民实行民主和对极少数人实行专政。我国《宪法》第 2 条第 1 款规定："中华人民共和国的一切权力属于人民。"这表明，全体人民是国家的主人，拥有管理国家、管理社会各项事务的权利。相对资本主义民主，社会主义民主是新类型的民主。新型专政是指全体人民对极少数敌对分子实行专政。（2）爱国统一战线是我国人民民主专政最广泛的社会基础。我国《宪法》序言规定："在长期的革命、建设、改革过程中，已经结成由中国共产党领导的，有各民主党派和各人民团体参加的，包括全体社会主义劳动者、社会主义事业的建设者、拥护社会主义的爱国者、拥护祖国统一和致力于中华民族伟大复兴的爱国者的广泛的爱国统一战线，这个统一战线将继续巩固和发展。中国人民政治协商会议是有广泛代表性的统一战线组织，过去发挥了重要的历史作用，今后在国家政治生活、社会生活和对外友好活动中，在进行社会主义现代化建设、维护国家的统一和团结的斗争中，将进一步发挥它的重要作用。中国共产党领导的多党合作和政治协商制度将长期存在和发展。"我国爱国统一战线的组织形式为中国人民政治协商会议，其主要工作方式是政治协商。统一战线是中国共产党凝聚人心、汇聚力量的政治优势和战略方针，是夺取革命、建设、改革事业胜利的重要法宝，是增强党的阶级基础、扩大党的群众基础、巩固党的执政地位的重要法宝，是全面建设社会主义现代化国家、实现中华民族伟大复兴的重要法宝。

我国的根本制度是社会主义制度。禁止任何组织和个人破坏社会主义制度。中国共产党领导是中国特色社会主义最本质的特征，我国《宪法》明确规定了中国共产党在国家政治和社会生活中的领导地位，以及马克思列宁主义、毛泽东思想、邓小平理论、"三个代表"重要思想、科学发展观、习近平新时代中国特色社会主义思想在国家政治和社会生活中的指导地位。这是历史的选择、人民的选择，宪法以国家根本法的形式予以确认。

（二）《宪法》规定了我国的政权组织形式

政权组织形式，又称"政体"，是指一定社会的统治阶级采取一定的组织形式去组织保护自己、反对敌人的政治机关。政体是掌握国家权力的统治阶级实现国家权力的形式，国体是国家权力的阶级内容，两者之间是形式与内容的关系，国体决定政体，政体适应和服务国体。人民代表大会制度是中国人民在中国共产党领导下，按照马克思主义国家学说，结合中国实际而创立的新型无产阶级国家政权组织形式，是我国的根本政治制度。其基本内容有：(1) 全国人民代表大会是人民行使国家权力的机关。国家的一切权力属于人民，这是我国政治制度的核心内容与根本准则。现行《宪法》第 2 条规定："中华人民共和国的一切权力属于人民。人民行使国家权力的机关是全国人民代表大会和地方各级人民代表大会。人民依照法律规定，通过各种途径和形式，管理国家事务，管理经济和文化事业，管理社会事务。"各级人民代表大会都由民主选举产生，对人民负责，受人民监督，代表人民的利益、按照人民的意志行使国家权力，从而保证人民在国家政治生活中的主人翁地位。(2) 人民代表大会统一行使国家权力。国家行政机关、监察机关、审判机关、检察机关都由人民代表大会产生，对它负责，受它监督。各级行政机关是同级国家权力机关的执行机关，依照权力机关制定的法律或者法规和作出的决议、决定，依法行政；各级审判机关、检察机关、监察机关在审判、检察、监察工作中适用权力机关制定的法律或者法规，公正司法。(3) 人民代表大会制度须兼顾中央和地方利益。我国《宪法》第 3 条最后一款规定："中央和地方的国家机构职权的划分，遵循在中央的统一领导下，充分发挥地方的主动性、积极性的原则。"

　　人民代表大会制度是具有鲜明中国特色的社会主义政治制度，它适合中国实际，在改革开放和社会主义现代化建设中发挥着重要作用，集中体现了社会主义民主的优越性。人民代表大会制度的优越性有：第一，它有利于保证国家权力体现人民的意志。人民不仅有权选择自己的代表，随时向代表反映自己的要求和意见，而且有权监督代表，有权依法撤换或罢免不称职的代表。第二，有利于保证中央和地方的国家权力的统一。在国家事务中，凡属全国性的、需要在全国范围内作出统一决定的重大问题，都由中央决定；属于地方性问题的，则由地方根据中央的方针因地制宜地处理。这既保证了中央的统一领导，又发挥了地方的积极性和创造性，使中央和地方形成坚强的统一整体。第三，有利于保证我国各民族的平等和团结。依照宪法和法律规定，在各级人民代表大会中，都有适当名额的少数民族代表；在少数民族聚居地区实行民族区域自治，设立自治机关，使少数民族能够管理本地区、本民族的内部事务。

（三）《宪法》规定了我国的基本经济制度

基本经济制度，是国家通过宪法、法律确认和调整经济关系时所形成的带有全局性的制度。《宪法》第 6 条第 2 款规定："国家在社会主义初级阶段，坚持公有制为主体、多种所有制经济共同发展的基本经济制度……"

根据《宪法》的规定，我国的经济形式包括社会主义公有制经济和非公有制经济。公有制经济包括：第一，国有经济，即社会主义全民所有制经济，是由国家代表全体人民占有生产资料的一种公有制形式，国有经济控制国民经济命脉，是国民经济中的主导力量，对经济的发展起着主导作用，国家保障国有经济的巩固和发展。第二，集体经济，即劳动群众集体所有制经济，包括农村集体经济和城市集体经济。国家保护城乡集体经济组织的合法的权利和利益，鼓励、指导和帮助集体经济的发展（见《宪法》第 7 条、第 8 条）。非公有制经济包括：第一，个体经济，是指城乡个体劳动者占有少量生产资料和产品，以个人劳动为基础的经济。第二，私营经济，是指我国公民在法律规定的范围内占有生产资料，存在一定雇佣关系，并具有一定规模的经济。第三，外商投资经济。我国《宪法》允许外国的企业和其他经济组织或者个人依照中华人民共和国的法律规定在中国投资。目前外商投资企业主要有：中外合资经营企业、中外合作经营企业、外资企业三种。《宪法》第 11 条规定："在法律规定范围内的个体经济、私营经济等非公有制经济，是社会主义市场经济的重要组成部分。国家保护个体经济、私营经济等非公有制经济的合法的权利和利益。国家鼓励、支持和引导非公有制经济的发展，并对非公有制经济依法实行监督和管理。"

基于我国基本经济制度的特点，《宪法》第 6 条规定了我国采取的分配制度是"实行各尽所能、按劳分配的原则"，坚持按劳分配为主体，多种分配方式并存的分配制度。采取的经济体制（经济运行模式）是社会主义市场经济体制。

（四）《宪法》规定了我国的国家结构形式

1. 我国实行单一制国家结构形式

国家结构形式，是指特定国家的统治阶级根据一定原则采取的调整国家整体与部分之间、中央与地方之间相互关系的形式。

《宪法》序言规定："中华人民共和国是全国各族人民共同缔造的统一的

多民族国家。"这一规定表明，我国的国家结构形式是单一制。具体表现为：只有一部宪法，只有一套以宪法为核心的法律体系，只有一套包括最高国家权力机关、最高国家行政机关和最高国家司法机关的中央国家机关体系。各省、自治区、直辖市、自治州、县、自治县以及特别行政区在内的行政区域都是中央政府领导下的地方行政区域，不得脱离中央而独立；公民只有统一的中华人民共和国国籍；中华人民共和国是一个统一的国际法主体。

我国《宪法》第 30 条规定："中华人民共和国的行政区域划分如下：（一）全国分为省、自治区、直辖市；（二）省、自治区分为自治州、县、自治县、市；（三）县、自治县分为乡、民族乡、镇。直辖市和较大的市分为区、县。自治州分为县、自治县、市。自治区、自治州、自治县都是民族自治地方。"因此，我国《宪法》规定的行政区划基本上是三级制，即省（自治区、直辖市）、县（自治县、县级市）、乡（民族乡、镇）。

2. 《宪法》规定了我国的国家机构

国家机构是国家为了实现政治职能，依照法律的规定而设立的各类国家机关的总和。我国《宪法》第三章规定了国家机构的基本内容。

第一，全国人民代表大会及其常务委员会。

全国人民代表大会是最高国家权力机关，也是行使国家立法权的机关。全国人民代表大会的性质决定了它在整个国家机构体系中居于最高地位。全国人民代表大会由省、自治区、直辖市、特别行政区和军队选出的代表组成，各少数民族都应当有适当名额的代表。全国人民代表大会每届任期 5 年。

全国人民代表大会常务委员会是全国人民代表大会的常设机关，是全国人民代表大会闭会期间日常行使国家权力的机关，也是行使国家立法权的机关。全国人民代表大会常务委员会由委员长、副委员长若干人、秘书长、委员若干人组成，并应当有适当名额的少数民族代表。全国人民代表大会常务委员会每届任期同全国人民代表大会每届任期相同。

第二，中华人民共和国主席。

国家主席是我国国家机构的重要组成部分，中华人民共和国主席对外代表中华人民共和国。中华人民共和国主席、副主席由全国人民代表大会选举。有选举权和被选举权的年满 45 周岁的中华人民共和国公民可以被选为中华人民共和国主席、副主席。中华人民共和国主席、副主席每届任期同全国人民代表大会每届任期相同。

第三，国务院。

中华人民共和国国务院，即中央人民政府，是最高国家行政机关。国务院由全国人民代表大会产生，对全国人民代表大会及其常务委员会负责并报告工作。国务院实行总理负责制，总理领导国务院的工作，副总理、国务委员协助总理工作。

第四，中央军事委员会。

中华人民共和国中央军事委员会领导全国武装力量，是全国武装力量的最高领导机关。中央军事委员会每届任期5年，实行主席负责制。中央军事委员会主席对全国人民代表大会和全国人民代表大会常务委员会负责。

第五，监察委员会。

中华人民共和国各级监察委员会是国家的监察机关。中华人民共和国设立国家监察委员会和地方各级监察委员会，省、自治区、直辖市、自治州、县、自治县、市、市辖区设立监察委员会。地方各级监察委员会由本级人民代表大会产生，负责本行政区域内的监察工作。中华人民共和国国家监察委员会是最高监察机关，由全国人民代表大会产生，负责全国监察工作。国家监察委员会对全国人民代表大会和全国人民代表大会常务委员会负责。地方各级监察委员会对产生它的国家权力机关（本级人民代表大会及其常务委员会）和上一级监察委员会负责，并接受其监督。国家监察委员会领导地方各级监察委员会的工作，上级监察委员会领导下级监察委员会的工作。

监察委员会的职责为：①对公职人员开展廉政教育，对其依法履职、秉公用权、廉洁从政从业以及道德操守情况进行监督检查；②对涉嫌贪污贿赂、滥用职权、玩忽职守、权力寻租、利益输送、徇私舞弊以及浪费国家资财等职务违法和职务犯罪进行调查；③对违法的公职人员依法作出政务处分决定；对履行职责不力、失职失责的领导人员进行问责；对涉嫌职务犯罪的，将调查结果移送人民检察院依法审查、提起公诉；向监察对象所在单位提出监察建议。

第六，人民法院和人民检察院。

中华人民共和国人民法院是国家的审判机关。各级人民法院由同级国家权力机关产生，对它负责并报告工作，受它监督。我国设立最高人民法院、地方各级人民法院和军事法院等专门人民法院。人民法院的审判工作原则包括：人民法院依法独立行使审判权，不受行政机关、社会团体和个人的干涉；公民在适用法律上一律平等；公开审判；被告人有权获得辩护；各民族公民有权使用本民族语言文字进行诉讼等。

中华人民共和国人民检察院是国家的法律监督机关。我国设立最高人民检察院、地方各级人民检察院和军事检察院等专门人民检察院。

第七，地方各级人民代表大会和地方各级人民政府。

地方各级人民代表大会是地方国家权力机关。本级的地方国家行政机关、审判机关和检察机关都由地方国家权力机关产生，在本行政区域内对它负责，受它监督。

县级以上的地方各级人民代表大会设立常务委员会。

地方各级人民政府是地方各级国家权力机关的执行机关，是地方各级国家行政机关。地方各级人民政府由同级国家权力机关产生，对它负责并报告工作，受它监督。同时，地方各级人民政府还要对上一级国家行政机关负责并报告工作，并服从国务院统一领导。

地方各级人民政府分别实行省长、自治区主席、市长、县长、区长、乡长、镇长负责制。县级以上的地方各级人民政府设全体会议和常务会议，政府工作中的重大问题，须经政府常务会议或全体会议讨论决定。

城市和农村按居民居住地区设立的居民委员会或村民委员会是基层群众性自治组织。居民委员会和村民委员会不属于国家机关。

第八，民族自治地方的自治机关。

我国的民族自治地方有自治区、自治州和自治县。民族自治地方的自治机关是自治区、自治州、自治县的人民代表大会和人民政府。

民族自治地方的自治机关行使宪法规定的地方国家机关的职权，同时依照宪法、民族区域自治法和其他法律规定的权限行使自治权。

（五）《宪法》规定了公民的基本权利和义务

公民，通常是指具有某个国家国籍的个人。公民一词是在近代鸦片战争以后才从国外引进我国的，其称谓在我国也经历了一定的变化。在中华人民共和国成立前，"公民"与"国民"常常被混用。我国曾经将"国民"作为"公民"的同义语使用过。1953 年《全国人民代表大会和地方各级人民代表大会选举法》公布施行后，才用"公民"取代了"国民"的称谓。在我国，公民和国籍是分不开的。公民与国家之间的关系，反映在法律上就是宪法规定的公民的基本权利和义务。

1. 公民的基本权利

我国《宪法》明确规定：国家尊重和保障人权。我国《宪法》规定的公民的基本权利具体如下：

（1）平等权。

平等权是指公民平等地享有权利，不受任何差别对待，有要求国家同等保护的权利。我国《宪法》第33条第2款规定："中华人民共和国公民在法律面前一律平等。"这是我国公民的一项基本权利，也是社会主义法治的一项基本原则。其基本内涵是，凡我国公民都平等地享有宪法和法律规定的各项权利，也都平等地履行宪法和法律规定的各项义务；任何公民的合法行为，都平等地受到法律保护，违法犯罪行为也都同样地受到法律的制裁；任何公民都不得有超越宪法和法律的特权。

平等权的主要内容包括：①法律面前人人平等。公民通过法律获得同等待遇、行使同等权利、履行同等义务，不允许因性别、身份、职业等不同享有特权，包括立法上的平等、法律适用上的平等及司法上的平等；②禁止不合理的差别对待。

（2）政治权利。

政治权利是指公民依据宪法和法律规定，参与国家政治生活的行为可能性。其一方面表现为通过选举权和被选举权的行使参与国家和社会的组织与管理，即政治权利；另一方面表现为在国家政治生活中自由地发表意见、表达意愿的自由，即政治自由。包括选举权与被选举权、言论、出版、集会、结社、游行、示威自由等内容。

选举权与被选举权。选举权与被选举权是选民依法选举代议机关代表和特定国家机关公职人员的权利。被选举权是指选民依法被选为代议机关代表和特定国家机关公职人员的权利。没有利益就没有选举，没有选举就没有民主。选举权是具体的权利，能带来一定的利益，具体包括选择权、投票权、表决权、监督权、罢免权。

言论、出版、结社、集会、游行、示威自由。言论自由是公民通过各种语言形式宣传自己思想和观点的自由，是公民参与国家管理的有效形式。言论自由包括思想表达与传达自由、言论的自由，在政治权利体系中处于核心地位，是民主政治的基础，具有政治监督作用。

出版自由是指公民可以通过公开发行的出版物，包括报纸、期刊、图书、音像制品、电子出版物等自由地表达自己对国家事务、社会事务、经济和文化事务的见解和看法。

结社自由是指公民为了一定的宗旨而依法律规定的程序组织某种社会团体的自由。包括以营利为目的的和不以营利为目的的，政治性的和非政治性的。

集会、游行、示威自由。集会是指聚集于露天公共场所，发表意见，表达意愿的活动。游行是指在公共道路、露天公共场所列队进行，表达共同意愿的活动。示威是指在露天公共场所或公共道路上以集会、游行、静坐等方式，表达要求、抗议或者支持、声援等共同意愿的活动。集会、游行、示威自由是言论自由的延伸和具体化，是公民表达意愿的强烈形式和手段。我国宪法一方面保障公民享有集会、游行、示威的自由，另一方面要求公民应当遵守有关的法律规定，根据《集会游行示威法》的规定：①举行集会、游行、示威必须依法向主管机关提出申请并获准后方可进行；②举行集会、游行、示威必须有负责人，负责人在提出申请时必须载明集会、游行、示威的目的、方式、标语、口号、人数、车辆数、使用音响设备的种类和数量、起止时间、地点、路线等事项；③公民在行使集会、游行、示威的权利的时候，必须遵守宪法和法律，不得反对宪法所确定的基本原则，不得损害国家的、社会的、集体的利益和其他公民的合法的自由和权利；集会、游行、示威应当和平地进行；不得携带武器、管制刀具和爆炸物，不得使用暴力；④举行集会、游行、示威的时间除当地人民政府决定或批准外限于早6时至晚10时；⑤在下列场所周边距离10米至300米内，不得举行集会、游行和示威：全国人民代表大会常务委员会、国务院、中央军事委员会、最高人民法院、最高人民检察院的所在地；国宾下榻处；重要军事设施；航空港、火车站和港口等。

（3）宗教信仰自由。

宗教信仰自由是指公民依据内心的信念，自愿地信仰宗教的自由。内容上包括有信仰宗教或不信仰宗教的自由，信仰这种宗教或那种宗教的自由，在同一宗教里信仰这个教派或那个教派的自由，过去信教现在不信教的自由，过去不信教现在信教的自由。尊重和保护宗教信仰自由，是我们党和国家长期的基本政策，宗教是一种社会意识形态。但在实践中，我们应当注意划清宗教信仰问题与政治问题，宗教团体与邪教，正常的宗教活动与利用宗教进行破坏的活动，宗教活动与封建迷信活动的界线，以保障宗教信仰自由，取缔借宗教信仰自由之名从事封建迷信之实的活动。《宪法》第36条后三款规定："任何国家机关、社会团体和个人不得强制公民信仰宗教或者不信仰宗教，不得歧视信仰宗教的公民和不信仰宗教的公民。国家保护正常的宗教活动。任何人不得利用宗教进行破坏社会秩序、损害公民身体健康、妨碍国家教育制度的活动。宗教团体和宗教事务不受外国势力的支配。"

（4）人身自由。

人身自由有广义、狭义之分。狭义的人身自由是指公民的身体自由不受侵犯，又称为身体自由。广义的人身自由则指除身体自由不受侵犯外，与公民人身紧密联系的人格尊严和公民住宅不受侵犯以及公民的通信自由和通信秘密受法律保护。

第一，公民的人身自由不受侵犯。《宪法》第37条规定："中华人民共和国公民的人身自由不受侵犯。任何公民，非经人民检察院批准或者决定或者人民法院决定，并由公安机关执行，不受逮捕。禁止非法拘禁和以其他方法非法剥夺或者限制公民的人身自由，禁止非法搜查公民的身体。"这就意味着逮捕公民的决定权只能由人民法院和人民检察院行使，其他任何组织和个人不能行使对公民进行逮捕的决定权；逮捕公民的执行权只能由公安机关行使；任何组织对公民实施拘禁、剥夺或限制人身自由的行为都必须遵守宪法或法律规定的条件和程序，否则应依法追究其法律责任。

第二，公民的人格尊严不受侵犯。所谓人格，在法律上是指公民能够作为权利义务主体的独立的资格，亦即作为人的资格，是依附于人本身、与人身密不可分的姓名、名誉、肖像、荣誉等的总称。具体体现为姓名权、肖像权、名誉权、荣誉权、隐私权等。从道德上讲，人格是指人的自尊心和自爱心，就是指作为一个正直的人，他的品德不容他人侮辱和诽谤，应当受到他人的尊重。人格受到尊重，是公民在生活中最起码的一项权利。《宪法》第38条规定："中华人民共和国公民的人格尊严不受侵犯。禁止用任何方法对公民进行侮辱、诽谤和诬告陷害。"

第三，公民住宅不受侵犯。公民的住宅是指公民生活、居住和工作的重要场所，与公民人身自由是紧密相联的。因此，住宅不受侵犯也是公民人身自由的一项重要内容。公民住宅不受侵犯是指任何机关和个人非经法律许可，不得随意非法搜查或侵入公民的住宅。《宪法》第39条规定："中华人民共和国公民的住宅不受侵犯。禁止非法搜查或者非法侵入公民的住宅。"

第四，通信自由。通信包括书信、电话、电报等传递媒介，从发信人发出信息到收集人收到信息的全过程。通信是公民进行各项社会活动的重要手段之一。《宪法》第 40 条规定的 "中华人民共和国公民的通信自由和通信秘密受法律的保护"，是指公民通过书信、电话、电信及其他通信手段，自由地与他人进行交往，任何组织或个人均不得非法干涉，包括公民的通信他人不得扣押、隐匿、毁弃，公民通信、通话的内容他人不得私阅或窃听。

（5）社会经济权利。

社会经济权利是指公民依照宪法规定享有物质利益的权利，是公民实现其他权利的物质上的保障，是一种复合权利。我国《宪法》规定了以下内容：

第一，公民财产权。指公民个人通过劳动或其他合法方式取得财产和享有占有、使用、收益、处分财产的权利。范围包括合法收入、储蓄、房屋、其他合法财产，投资权、经营权、继承权也在其列。《宪法》第 13 条第 1、2 款规定："公民的合法的私有财产不受侵犯。国家依照法律规定保护公民的私有财产权和继承权。"

第二，劳动权。指一切有劳动能力的公民有从事劳动并取得劳动报酬的权利。包括劳动就业权、取得报酬权。现行宪法之所以要规定劳动既是公民的权利又是公民的义务，主要是因为，在社会主义制度下，公民的劳动不单是为了个人谋生，还具有为建设国家作贡献的意义。因此，从国家对公民的角度来说，劳动是公民的一项权利，但从公民对国家的角度来说，每个公民都应为建设国家出力，所以劳动又是公民应尽的义务。《宪法》第 42 条第 1 款规定："中华人民共和国公民有劳动的权利和义务。"

第三，休息权。指劳动者休息和休养的权利。休息权和劳动权是密切联系的，其目的都是保护劳动者的身体健康和提高劳动效率。休息权既是劳动力延续的条件，也是劳动者享受文化生活、实现自我提高的权利。《劳动法》第 36 条规定："国家实行劳动者每日工作时间不超过八小时、平均每周工作时间不超过四十四小时的工时制度。" 第 38 条规定："用人单位应当保证劳动者每周至少休息一日。" 劳动者享受公休假、法定休假、年休假、探亲假等。《宪法》第 43 条明确规定："中华人民共和国劳动者有休息的权利。国家发展劳动者休息和休养的设施，规定职工的工作时间和休假制度。"

第四，退休人员的生活保障权。退休人员的生活受到国家和社会的保障是世界公认的做法，其属于社会保障的重要内容。《宪法》第 44 条规定："国家依照法律规定实行企业事业组织的职工和国家机关工作人员的退休制度。退休人员的生活受到国家和社会的保障。"退休制度是指企业事业组织的职工和国家机关工作人员达到规定的退休年龄后，退出现任职务，休息养老的一种制度。

第五，物质保障权。《宪法》第45条规定，中华人民共和国公民在年老、疾病或者丧失劳动能力的情况下，有从国家和社会获得物质帮助的权利。为了保障公民此项权利的实现，国家采取了一些具体措施：一是发展社会保险、社会救济和医疗卫生事业；二是保障残疾军人的生活，抚恤烈士家属，优待军人家属；三是帮助安排盲、聋、哑和其他有残疾的公民的劳动、生活和教育。

（6）文化教育权。

文化教育权是一种综合的权利体系，在基本权利体系中处于基础地位。其在教育方面体现为受教育权，在文化方面体现为科学研究自由、文学艺术创作自由和其他文化活动自由。

第一，公民有受教育的权利和义务。公民享有接受文化科学知识等方面训练的权利，是自由权和社会权的统一，是权利和义务的统一。按照能力接受教育，享受教育机会平等。公民接受教育的范围很广阔，包括高等教育、中等专业教育、中小学教育、成人教育和职业培训教育等。公民受教育权是使公民文化素质得到提高和享受文化精神生活的必要条件。同时，公民受教育的程度亦是检验整个国家文明程度的重要标尺，因此，宪法规定受教育既是公民的权利，也是公民的义务。《宪法》第46条第1款规定："中华人民共和国公民有受教育的权利和义务。"

第二，公民有进行科学研究、文学艺术创作和其他文化活动的自由。公民有自由地对科学领域的问题进行探讨的权利，不允许非法干涉；公民有权通过各种形式发表自己的研究成果，国家有义务提供必要条件；国家应奖励和鼓励科研人员，保护科研成果。公民有权自由地从事文学艺术创作并发表成果。允许不同风格、不同流派存在，国家权力不得非法干涉文学艺术创作，作出限制时应注意合理界限。公民的其他文化活动自由包括观赏、欣赏、享用文化作品和从事各种娱乐活动。《宪法》第47条规定："中华人民共和国公民有进行科学研究、文学艺术创作和其他文化活动的自由。国家对于从事教育、科学、技术、文学、艺术和其他文化事业的公民的有益于人民的创造性工作，给以鼓励和帮助。"

（7）批评权、建议权、申诉权、控告权、检举权和取得赔偿权。

《宪法》第41条规定："中华人民共和国公民对于任何国家机关和国家工作人员，有提出批评和建议的权利；对于任何国家机关和国家工作人员的违法失职行为，有向有关国家机关提出申诉、控告或者检举的权利，但是不得捏造或者歪曲事实进行诬告陷害。对于公民的申诉、控告或者检举，有关国家机关必须查清事实，负责处理。任何人不得压制和打击报复。由于国家机关和国家工作人员侵犯公民权利而受到损失的人，有依照法律规定取得赔偿的权利。"这一规定体现了人民群众有权对国家机关和国家工作人员进行监督。监督的方式是批评、建议、申诉、控告和检举等。批评是指公民对国家机关和国家工作人员的缺点和错误提出意见；建议是指公民有权向国家机关和国家工作人员就某项问题提出自己的主张和看法；申诉是指公民对国家机关作出的决定或判决，认为有错误或不合法时，向有关机关申明理由要求改正或者撤销；控告是指公民对国家机关和国家工作人员的违法失职行为提出指控和告诉，要求有关机关予以处理和制裁。检举与控告相同，但一般是由与事件无关的直接利害关系人提出的。《宪法》同时要求公民取得赔偿必须依照法律规定进行。

2.《宪法》对社会特殊群体的权利保护

（1）国家保护妇女的权利和利益。

我国现行宪法把保护妇女的权益单独列为一条，表明了党和国家对妇女的权利和利益的特别关怀，也是新宪法对历次宪法有关规定的发展和完善。《宪法》第48条规定："中华人民共和国妇女在政治的、经济的、文化的、社会的和家庭的生活等各方面享有同男子平等的权利。国家保护妇女的权利和利益，实行男女同工同酬，培养和选拔妇女干部。"

（2）婚姻、家庭、老人和儿童受国家的保护。

虽然法律倡导人人平等，但是由于封建思想在我国社会中还有一定影响，所以干涉婚姻自由、家庭暴力、虐待儿童、虐待老人的现象至今依然存在。因此，宪法设专条对婚姻自由、老人、母亲和儿童的保护加以规定是十分必要的。《宪法》第49条规定："婚姻、家庭、母亲和儿童受国家的保护……父母有抚养教育未成年子女的义务，成年子女有赡养扶助父母的义务。禁止破坏婚姻自由，禁止虐待老人、妇女和儿童。"为了遏制伤害妇女、儿童、虐待和遗弃老人的不法行为，国家依据宪法制定了《妇女权益保障法》《未成年人保护法》《老年人权益保障法》来保护妇女、儿童和老人的合法权益。

（3）国家保护华侨、归侨和侨眷的权利和利益。

《宪法》第 50 条规定："中华人民共和国保护华侨的正当的权利和利益，保护归侨和侨眷的合法的权利和利益。"这体现了国家对广大侨胞的关怀。根据《宪法》的这一规定，国家制定了专门的《归侨侨眷权益保护法》，按照"一视同仁，适当安排"的方针，对归侨和侨眷尽可能给予妥善安置，并对他们的合法权利和利益通过各种措施予以有效的保护。对于华侨的保护，一方面，华侨要遵守所在国的法律，同所在国人民和睦相处；另一方面，根据国际上的惯例，国家维护华侨的正当权利和利益。

3. 公民的基本义务

义务是指法律规定的、必须履行的某种责任。根据权利义务一致原理，权利与义务总是相伴相生。我国将公民的基本权利与基本义务同时规定在《宪法》文本的第二章中。

（1）维护国家统一和全国各民族团结的义务。

我国是统一的多民族国家，各省、自治区、直辖市、香港、澳门特别行政区以及台湾都是中华人民共和国不可分离的部分。实践证明，只有维护国家统一，加强民族团结，才能达到各民族共同繁荣和维护祖国独立的目的。因此，国家统一和民族团结是全国人民的最高利益和共同意愿。所以，《宪法》第 52 条规定："中华人民共和国公民有维护国家统一和全国各民族团结的义务。"2005 年的《反分裂国家法》进一步明确规定："维护国家主权和领土完整是包括台湾同胞在内的全中国人民的共同义务。"

（2）遵纪守法和尊重社会公德的义务。

《宪法》第 53 条规定："中华人民共和国公民必须遵守宪法和法律，保守国家秘密，爱护公共财产，遵守劳动纪律，遵守公共秩序，尊重社会公德。"

第一，遵守宪法和法律。我国的宪法和法律是工人阶级领导的广大人民群众的利益和意志的充分体现，是维护我国工人阶级和广大劳动人民在经济上和政治上的统治地位的基本准则。实践证明，只有遵守宪法和法律，国家生活才能趋于正常化，才能实现建设小康生活的目标。因此，每个公民都必须严格遵守宪法和法律。

第二，保守国家秘密。国家秘密是指涉及国家的安全和利益，尚未公开或不准公开的各种文件、资料、数字等信息。泄密行为直接危害国家安全和人民的根本利益，每个公民都应当加强保密观念，自觉保守国家秘密。国家为此专门于 1988 年制定了《保守国家秘密法》。

第三，爱护公共财产。公共财产包括全民所有制财产和集体所有制财产。它是建设社会主义现代化，不断提高人民物质文化生活水平以及保障公民权利得以实现的物质基础和源泉，因此每个公民均有爱护公共财产的责任。

第四，遵守劳动纪律。劳动纪律是指劳动者在共同劳动中必须遵守的劳动秩序和劳动规则。它是保证生产和工作顺利进行的必要手段，也是提高劳动生产效率的重要条件。因此，《宪法》将遵守劳动纪律列为公民的基本义务之一加以规定。

第五，遵守公共秩序。公共秩序也叫社会秩序，是指公共场所的生活与行为规范。人们在社会生活中，必须遵守共同的生活规范。这种规范在不同的场所有着不同的要求，主要分为社会秩序、工作秩序、生产秩序、教育科研秩序和生活秩序五种，这些秩序是由法律或社会团体、企业事业组织的规章制度或者道德习惯等规范所确定的。遵守公共秩序是维护人们共同生活的基本要求，也是保证生产、工作、科研和学习能够顺利进行的必要条件。

第六，尊重社会公德。社会公德指的是社会的公共道德，它是由人们在长期的共同生活中形成并由统治阶级所倡导的行为规范，也是评价人们行为的是非曲直的标准之一。但与法律规范不同，它是依靠社会舆论、习惯和教育等方法来实施的。然而，它毕竟与法律规范有相似的地方，即都起着规范人们行为的作用。在任何一个国度里，法律规范只能调整该国家生活中的某些较为重要的方面，而其他领域则需通过社会规范进行约束。所以，我国宪法在规定公民有遵守宪法、法律义务的同时，还规定公民有尊重社会公德的义务，这是十分必要的。

（3）维护祖国安全、荣誉和利益的义务。

国家的安全、荣誉和利益直接关系到每一个公民的切身利益，也关系到国家在国际社会中的形象和地位，因此我国公民负有维护祖国的安全、荣誉和利益的义务。这一义务要求我们在对外交往中，既要反对闭关自守、盲目排外的思想和行为，又要反对奴颜婢膝、卑躬屈节的思想和行为。《宪法》第54 条规定："中华人民共和国公民有维护祖国的安全、荣誉和利益的义务，不得有危害祖国的安全、荣誉和利益的行为。"

（4）保卫祖国、依法服兵役的义务。

《宪法》第 55 条规定："保卫祖国、抵抗侵略是中华人民共和国每一个公民的神圣职责。依照法律服兵役和参加民兵组织是中华人民共和国公民的光荣义务。"我国《兵役法》对这项义务进行了具体的规定。该法第 5 条规定，我国公民不分民族、种族、职业、家庭出身、宗教信仰和教育程度，凡年满 18 岁者，都有义务依照《兵役法》的规定服兵役。但依法被剥夺政治权利的公民不具备服兵役的资格，以及应征公民因涉嫌犯罪正在被依法监察调查、侦查、起诉、审判或者被判处徒刑、拘役、管制正在服刑的，国家不征集他们服兵役。我国的兵役分为现役和预备役两种：参加中国人民解放军或中国人民武警部队的为服现役；参加民兵组织，编入预备役部队或经预备役登记的为服预备役。高等院校和高级中学的学生参加军事训练，也是履行兵役义务。

（5）依法纳税的义务。

税收是国家财政的重要来源，也是国家发展国民经济的物质基础。因此，税收对于任何国家来说都是十分重要的，但国家性质的不同决定着税收性质的不同。我国的税收性质是取之于民，用之于民。公民依法向国家缴纳税款既是一种支援国家建设的爱国行为，同时又是在为自己实现权利直接或间接地创造条件。《宪法》第 56 条规定："中华人民共和国公民有依照法律纳税的义务。"

（6）其他义务。

其他义务包括公民有劳动的义务；受教育的义务；夫妻双方有实行计划生育的义务；父母有抚养教育未成年子女的义务以及成年子女有赡养扶助父母的义务等。

与公民权利相比，我国《宪法》规定的公民义务的范围要窄得多，这充分说明社会主义制度下公民权利的广泛性和充分性。值得注意的是，现实生活中，权利与义务密切相关甚至是一体的。根据《宪法》的规定，公民在行使上述法定自由和权利的时候，不得损害国家的、社会的、集体的利益以及其他公民的合法的自由和权利。学了宪法，必须深刻理解权利与义务的关系。一是权利和义务本是互相依存的，权利和义务本身是一个问题的两个方面。例如，《宪法》规定"父母有抚养教育未成年子女的义务，成年子女有赡养扶助父母的义务"。二是某些权利和义务带有双重性质。例如，依法服兵役，这是一项光荣义务，同时依照《兵役法》的规定被依法剥夺政治权利的公民不能服兵役，这实则意味着服兵役又是一种权利。三是权利和义务相互促进、相辅相成。比如，劳动者有劳动权和获得劳动报酬的权利，但其劳动收入达到应向国家缴纳个人所得税标准的，必须履行向国家缴纳个人所得税的义务，不履行纳税义务也是违背宪法的。违反宪法是最大的违法，也就是公民在享受权利和履行义务时，权利可以放弃，但是义务必须履行。每一个中华人民共和国公民在享受宪法给予的权利的同时，要全面履行好自己应尽的义务，作一个遵守宪法和法律的合格公民。

■ 【教育案例】

案例1：公民的住宅不受侵犯

某村文化站丢失了一台彩电。这台彩电是村党支部书记冯某为了活跃群众文化生活而建议购置的，花了2000多元，不知被谁盗走了。本来，自冯某任支书以来，乡里得到整顿，村风有了很大好转，发生这样的事让人难以容忍。冯某在案发次日就向乡派出所报了案。为尽快查个水落石出，他又和村主任召开了党支部及村民委员会会议，决定对全村进行普遍搜查。他们动员乡中学的160名学生，由冯某和村主任带领，挨家挨户地搜查了300多个村民住宅。冯某为了及早查出彩电的下落，却因不懂法，犯了非法搜查罪，受到了法律制裁。

分析：搜查是公安机关、人民检察院在办理刑事案件过程中采取的一种侦查措施，必须按照法律规定的程序进行。《宪法》第39条规定："中华人民共和国公民的住宅不受侵犯。禁止非法搜查或者非法侵入公民的住宅。"《刑法》第245条第1款规定："非法搜查他人身体、住宅，或者非法侵入他人住宅的，处三年以下有期徒刑或者拘役。"冯某虽身为村党支部书记，但他无权对村民住宅进行搜查。作为村干部，冯某只能配合公安机关的工作，而无权行使法律赋予公安机关的权力。

案例2：活埋老人天理难容

2020年5月2日，陕西省榆林市靖边县发生一起"活埋"老人恶性案件。

2020年5月2日20时许，犯罪嫌疑人马某某将其行动不便、生活不能自理的母亲王某某用家中的两轮手推车推至靖边县榆林炼油厂东侧"万亩林"，随后便将79岁的母亲王某某推进一废弃墓坑内，并用事先准备好的铁锹铲土掩埋。5月3日23时许，靖边县公安局新庄派出所接到张某梅报警，称79岁的婆婆王某某和丈夫马某某先后失联。警方接警后立即展开搜寻，5月5日11时许，派出所民警找到马某某，其坚称已将王某某送往亲戚家，但民警并未在亲戚家找到老人。马某某最终交代将老人掩埋在一个废弃的墓坑内，获知上述情况后，当地民警迅速展开救援，经过一个多小时的挖掘，成功将废弃墓坑挖开，发现被埋老人还有生命体征，后紧急联系120进行施救，经在医院三天住院救治，老人生命体征稳定。5月8日，靖边县人民检察院审查决定，依法对马某某以涉嫌故意杀人罪批准逮捕，案件正在进一步办理中。此案经媒体曝光，引发社会关注。

分析： 马某某"活埋"老人行为突破法律底线、道德底线、人伦底线，性质极端恶劣，必须依法严惩。赡养父母是子女的法定义务。我国《宪法》明确规定，成年子女有赡养扶助父母的义务。1996年颁布的《老年人权益保障法》明确规定，禁止歧视、侮辱、虐待或者遗弃老年人，赡养人应当履行对老年人经济上供养、生活上照料和精神上慰藉的义务；不履行赡养义务构成犯罪的，依法追究刑事责任。该案马某某的行为涉嫌《刑法》第232条的故意杀人罪，根据该条规定，故意杀人的，处死刑、无期徒刑或者10年以上有期徒刑；情节较轻的，处3年以上10年以下有期徒刑。由于老人现已无生命危险，其行为属于犯罪未遂，根据《刑法》第23条之规定，对于未遂犯，可以比照既遂犯从轻或者减轻处罚。

■ **思考题：**

1. 什么是宪法，宪法的基本特征是什么？
2. 我国的国家性质的基本特点有哪些？
3. 试述《宪法》规定的我国公民的基本权利。
4. 试述《宪法》规定的我国公民的基本义务。

第二节　刑法知识

一、犯罪

（一）犯罪与构成要件

1. 犯罪的概说

（1）犯罪的概念。

我国刑法理论界对我国刑法中犯罪概念的研究，始终是围绕刑法的规定展开的。《刑法》第13条规定："一切危害国家主权、领土完整和安全，分裂国家、颠覆人民民主专政的政权和推翻社会主义制度，破坏社会秩序和经济秩序，侵犯国有财产或者劳动群众集体所有的财产，侵犯公民私人所有的财产，侵犯公民的人身权利、民主权利和其他权利，以及其他危害社会的行为，依照法律应当受刑罚处罚的，都是犯罪，但是情节显著轻微危害不大的，不认为是犯罪。"所以，严重危害社会的行为，即满足《刑法》第13条的相关规定时必然将会受到刑事处罚。

（2）犯罪的特征。

概括犯罪的特征如下：

一是危害社会的行为，即具有相当程度的社会危害性。社会危害性这一特征是犯罪的实质内容，即法益侵害性。社会危害性是质与量的统一，是稳定性与变异性的统一。也就是说，若行为人从客观上完全无法侵害或者威胁法益，不管其主观上多么邪恶，行为人的行为也不属于刑法意义上的危害行为，当然也就不具有"社会危害性"。

二是触犯刑法规定的行为，即具有刑事违法性。这是犯罪与一般违法行为相区别的重要特征之一。违法行为表现形式多样，既有民事、经济违法行为，也有行政违法行为，还有刑事违法行为。一般的民事、行政违法行为不是刑事犯罪行为，所以违法并不等于犯罪，犯罪的实体为不法和责任。责任是对不法的责任，不法是责任的前提。

三是应受刑罚处罚的行为，即具有应受惩罚性。按照罪刑法定原则，危害行为被刑法类型化为刑法禁止的行为的，才是犯罪行为，否则不属于犯罪行为；危害行为情节显著轻微危害不大的，依法不受刑罚处罚；当行为人对危害行为与结果具有故意或者过失，达到刑事法定年龄，具有刑事责任能力，并且具有期待可能性时，才会受到刑罚处罚。

2. 犯罪构成要件

犯罪与犯罪的构成本质上并不相同，以"犯罪"的概念为基础，将犯罪的构成标准具体化，即为犯罪构成要件。

犯罪构成要件即犯罪成立的条件，也就是犯罪的认识和认定体系。我国刑法中的犯罪构成是指刑法规定的，决定某一具体行为的社会危害性及其程度，而为该行为构成犯罪所必须具备的一切客观要件和主观要件的有机统一的整体。行为人实施的行为符合法律的相关规定且具备犯罪的构成要件的才能被认定为"犯罪"，四个构成要件缺一不可，即犯罪客体、犯罪客观方面、犯罪主体和犯罪主观方面。

（1）犯罪客体。

犯罪客体是指我国刑法所保护的为犯罪行为所侵犯的社会关系。犯罪客体是犯罪构成的必备要件之一，任何一种犯罪都必然侵犯到刑法所保护的社会关系，否则就不具备严重的社会危害性，缺乏犯罪的本质特征。社会关系的内容十分丰富，存在于社会的各个方面，包括国家安全、政治制度、社会制度、公共安全、经济秩序、人身权利、财产权利、社会秩序等。具体来说，犯罪客体是生命权、财产所有权、公共安全、国家安全等，比如盗窃罪、侵占罪、诈骗罪侵犯了财产所有权；而抢劫罪不仅侵犯了财产所有权，还侵犯了人身权等多个复杂客体。

（2）犯罪客观方面。

犯罪客观方面是指刑法所规定的，说明行为对刑法所保护的社会关系的侵犯性，行为成立犯罪所必须具备的客观事实特征。犯罪客观方面包括危害行为、危害结果、危害行为和危害结果之间的因果关系以及犯罪的时间、地点、方法等。犯罪客观方面是定罪量刑的重要依据，有助于区分罪与非罪、此罪与彼罪，从而正确作出量刑结果。

（3）犯罪主体。

我国刑法明确规定了犯罪主体是指实施危害社会的行为并依法应当负刑事责任的自然人和单位。自然人可以成为我国刑法未特别规定的犯罪的主体，而单位则只可以成为我国刑法特别规定的犯罪的主体，因而我国《刑法》分则对自然人犯罪主体，除特殊主体外，不作专门规定，对单位犯罪主体则专门予以明确规定。

这里将自然人犯罪主体表述为：实施刑法规定的危害社会的行为、已达刑事责任年龄且具有刑事责任能力的自然人。总之，我国刑法中的自然人犯罪主体必须同时具备以下三个条件：

第一，必须已经达到刑法规定的刑事责任年龄。我国《刑法》第17条明确规定，已满14周岁不满16周岁的自然人，犯故意杀人、故意伤害致人重伤或者死亡、强奸、抢劫、贩卖毒品、放火、爆炸、投放危险物质罪的，应当承担刑事责任；对已满12周岁不满14周岁的自然人，犯故意杀人、故意伤害罪，致人死亡或者以特别残忍手段致人重伤造成严重残疾，情节恶劣，经最高人民检察院核准追诉的，应当承担刑事责任；其他已满16周岁的自然人，才可能对其实施的刑法规定的所有犯罪行为承担刑事责任。否则，即使自然人实施了刑法规定的危害社会的行为，也不承担任何刑事责任。

第二，必须具有刑事责任能力。根据《刑法》第17条、第18条的规定，即使行为人已达到刑法规定的负刑事责任的年龄，如果不具备刑事责任能力即刑法意义上辨认和控制自己行为的能力，即使其实施了刑法规定的危害社会的行为，也不能追究其刑事责任。

第三，必须实施了刑法规定的危害社会的行为。根据《刑法》第3条关于罪刑法定原则的规定，只有自然人实施了刑法规定的危害社会的行为，才可能认定其行为构成犯罪并追究刑事责任；虽然自然人实施了危害社会的行为，但如果该种行为并未被刑法规定为犯罪，即使危害程度极其严重，也不能认定其行为构成犯罪并追究刑事责任。

除了自然人犯罪主体，还有单位犯罪主体。所谓单位犯罪，是指由公司、企业、事业单位、机关、团体实施的依法应当承担刑事责任的危害社会的行为。单位犯罪的两个基本特征：其一，单位犯罪的主体包括公司、企业、事业单位、机关、团体。其二，只有法律明文规定单位可以成为犯罪主体的犯罪，才存在单位犯罪及单位承担刑事责任的问题，而并非一切犯罪都可以由单位构成。判断单位犯罪的唯一标准，即该犯罪行为是否体现单位意志。

对单位犯罪，一般采取双罚制的原则：处罚单位的同时也处罚该单位的直接负责人。

（4）犯罪主观方面。

犯罪主观方面，是指行为人在实施犯罪行为之时对其行为可能或者必然导致的犯罪结果所持的心理态度。具体来说，主观方面有如下特征：其一，犯罪主观方面是支配行为人实施危害行为的心理态度，从刑法意义上讲，实施的行为特指受人的大脑支配的行为，单纯的反射动作、无意识动作、绝对强制下的动作等被排除在行为概念之外。所以，任何犯罪行为都必须在一定的心理态度支配下实施，如果只是单纯的心理态度，尚未外化为危害行为，就不能称其为犯罪主观方面。其二，主要体现为行为人对其行为所引起的危害社会的结果所持有的心理态度，其中"危害结果"包括已经发生的实际危害结果和可能造成但尚未发生的危害结果。在大多数情况下，行为人实施的行为产生了其追求的危害结果，但在一些过失犯罪中，行为人就其实施的行为虽然是有意为之，但对危害结果的发生是持否定态度的。其三，犯罪主观方面是刑法明文规定的心理态度，即"法定性"。我国《刑法》在分则条文中明确规定了行为人实施危害行为的心理态度，从而揭示了其犯罪主观方面。当然，如果罪名的主观方面本身属于故意，则不再明文规定。其四，犯罪主观方面是犯罪构成的必备要件。我国刑法坚持主客观相统一原则，具备刑事责任能力的行为人实施了某种危害社会的行为，并不意味着其行为必然构成犯罪，还要进一步分析行为人主观上是否有罪过，有的案件还要看行为人是否具有特定的目的等。

行为人在实施某一危害行为时，其犯罪主观方面有两种基本形式，即故意和过失。

我国《刑法》第 14 条第 1 款规定："明知自己的行为会发生危害社会的结果，并且希望或者放任这种结果发生，因而构成犯罪的，是故意犯罪。"第 15 条第 1 款规定："应当预见自己的行为可能发生危害社会的结果，因为疏忽大意而没有预见，或者已经预见而轻信能够避免，以致发生这种结果的，是过失犯罪。"具体来说，根据行为人对其所实施的行为而导致的危害结果所持的不同心理态度，可分为故意或者过失两种。

（二）故意与过失犯罪

1. 故意犯罪

对于故意犯罪，又可以将其分为两类：

（1）直接故意。

行为人明知自己的行为会发生某种危害社会的结果，仍然希望这种结果发生的心理态度被称为"直接故意"。直接故意是实践中常见的一种犯罪故意，指行为人对危害结果的发生持希望态度，因此在犯罪实行过程中，行为人都具有比较明确的犯罪目的，而且大多具有较强的意志力，对所遇到的困难或阻力往往会想方设法地加以排除，以促成危害结果的发生和犯罪目的的实现。所以，直接故意往往具有较大的主观恶性，如强奸罪、盗窃罪、抢劫罪、贪污罪等。

（2）间接故意。

行为人明知自己的行为可能发生某种危害社会的结果，并且放任这种结果发生的心理态度被称为"间接故意"。相对于直接故意犯罪，实践中间接故意犯罪的案件少一些，但更为复杂，认定难度也更大。在司法实务中，有如下相关经典案例情形：

第一，行为人想达到的是一个非犯罪目的，但在实施过程中却放任其行为可能引发的某一危害结果发生。如为防盗而私设电网且未采取任何避免措施，以致他人伤亡的案件。

第二，行为人追求一个非犯罪目的而放任某种危害结果发生。例如，一个猎人到树林里打猎，正好碰见一小孩在树林里玩耍，猎物和小孩距离很近，如果这个时候猎人开枪打猎很有可能会打中小孩，此时，猎人明知却仍向猎物开枪，结果子弹打中小孩。本案中，猎人的行为构成犯罪的间接故意。

第三，行为人因临时起意而实施的完全不计后果的突发性行为，造成较为严重结果的发生。这类案件多为青少年因一时冲动实施的行为而造成他人人身伤亡。

第四，行为人为追求刺激，实施某种具有危险性、危害性的行为，放任对不特定对象多种危害结果的发生或者不发生。如行为人隔墙往聚集人群的院内扔石头，或者往远处的人群中扔石头，而对其是否砸到人、是否砸伤人乃至砸死人听之任之，放任致人死伤结果的发生。

2. 过失犯罪

我国《刑法》规定，过失犯罪是指行为人应当预见自己的行为可能发生危害社会的结果，因为疏忽大意而没有预见，或者已经预见而轻信能够避免的一种心理态度。据此，"过失"又分为以下两类：

（1）疏忽大意的过失。

疏忽大意的过失是指行为人应当预见，却因疏忽大意而没有预见到自己的行为可能发生危害社会的结果。行为人只是由于疏忽大意才未能实际预见。

应当预见是前提，没有预见是结果。所谓"应当预见"，是指行为人在行为时负有预见到行为可能发生危害结果的义务。例如，在开启汽车之前，人们应当查看整个车周的情况，若一行为人因未查看而导致在车边玩耍的小孩受伤或者死亡，该行为人对危害结果的发生所持的心理态度就是典型的疏忽大意的过失。所以，对"应当预见"必须结合法律、职业、义务等要求来进行判断。

（2）过于自信的过失。

过于自信的过失是指行为人对自己实施的行为可能会引发的危害社会的结果已有预见，但却自信地认为自己能够避免，而危害结果最终还是发生了。即行为人高估了自己的能力并认为自己能够避免危害结果的发生，正是行为人这种"过于自信"的心理态度，导致了危害结果的发生。

（三）不可抗力与意外事件

1. 不可抗力

不可抗力是指虽然行为造成了损害结果，但因行为人主观上缺乏罪过，故行为人的行为不构成犯罪，不负刑事责任。根据《刑法》的规定，行为在客观上虽然造成了损害结果，但是不是出于故意或者过失，而是由于不能抗拒或者不能预见的原因所引起的，不是犯罪。这里所说的"不能抗拒"，是指行为人虽然认识到自己的行为可能发生损害结果，且排斥、反对危害结果的发生，但由于行为当时的主观与客观条件的限制，行为人无力排除或防止损害结果的发生。不可抗力的具体来源多种多样，如动物受惊、他人捆绑、杀害威胁等外在强力。在不可抗力为他人的强制时，应当注意这种强制是否达到足以使行为人完全丧失意志自由的程度，如果这种强制不足以使行为人完全丧失意志自由，则不能认定为不可抗力事件。

2. 意外事件

刑法上的意外事件，是指行为人的行为虽然造成了客观上的损害结果，但是不是出于故意或过失，而是由于不能预见的原因所引起的情况。意外事件是行为人对损害结果的发生不可能预见、不应当预见而没有预见所导致的。根据《刑法》第 16 条的规定，意外事件的主要特征是：其一，行为人的行为客观上造成了损害结果；其二，行为人主观上不是出于故意或者过失；其三，损害结果的发生是由于不能预见的原因所引起的。所谓"不能预见"，是指行为人对其行为引起的损害结果不但没有预见，而且根据当时客观环境的具体条件和行为人的实际认识能力，行为人根本无法预见。在发生意外事件的情况下，由于行为人不具有认识能力，对其行为缺乏认识，因而缺乏主观过错，加上行为人对损害结果的发生持排斥、反对的态度，不具备构成犯罪和承担刑事责任的主观根据，不能认为其行为构成犯罪，不能追究其刑事责任。

（四）刑罚的体系与种类

1. 刑罚的体系

刑罚体系，是指刑事立法者从有利于发挥刑罚的功能和实现刑罚的目的出发，选择一定的惩罚方法并加以归类，由刑法依照一定的标准对各种刑罚方法进行排列而形成的刑罚序列。

2. 刑罚的种类

对于刑罚，可以依据不同的标准进行不同的分类。我国《刑法》总则第三章第一节将刑罚分为两类：

一是主刑，所谓"主刑"，是对犯罪人适用的主要刑罚种类，主刑只能独立适用，不能附加适用。包括管制、拘役、有期徒刑、无期徒刑和死刑。

二是附加刑，所谓"附加刑"，也称从刑，是补充主刑适用的刑罚，包括罚金、剥夺政治权利、没收财产和驱逐出境。附加刑的特点是既可以附加于主刑而适用也可以独立适用，既可以单独适用也可以几个同时适用。根据《刑法》第34条和第35条的规定，我国刑法中的附加刑有四种：罚金、剥夺政治权利、没收财产、驱逐出境。

（五）定罪、量刑及量刑情节

定罪是指人民法院根据刑法规定，对某一行为是否构成犯罪、构成何种犯罪以及构成的是轻罪还是重罪的确认与评判。

量刑，又称"刑罚裁量"，是指人民法院根据刑法规定，在认定犯罪构成的基础上，依据行为人的犯罪事实、各种量刑情节与规则，依法决定对犯罪人是否判处刑罚，判处何种刑罚以及判处多重刑罚的确定与裁量。

量刑情节，又称"刑罚裁量情节"，是指犯罪构成事实之外的、能够反映犯罪的社会危害程度和行为人的主观恶性的事实情况。刑罚裁量情节对于行为是否构成犯罪没有影响，但对行为人是否判处刑罚、判处什么刑罚、是否立即执行所判处的刑罚有影响。对行为人裁量刑罚时，如何适用刑罚裁量情节以保障量刑的公正合理，确保刑罚目的的实现需要遵循一定的规则。根据我国《刑法》的相关规定，量刑时要考虑很多事实情况，如年龄、身体状况、累犯、自首、立功、重大立功、主犯、从犯、过去的表现、犯罪后的态度等，这些就属于量刑情节。量刑情节又分为法定情节和酌定情节。我国刑法明文规定的法定情节包括从重、从轻、减轻、免除处罚。例如，累犯、教唆不满18周岁的人犯罪、刑讯逼供或暴力逼取证言致人伤残或死亡，属于法定从重处罚情节；中止犯、自首、重大立功、防卫过当、胁从犯、从犯、预备犯、精神病人犯罪、未遂犯，属于应当、可以从轻、免除或者减轻处罚的情节；已满12周岁不满18周岁的人犯罪、75周岁以上的人故意犯罪、又聋又哑的人或者盲人犯罪，属于从轻、减轻或免除处罚的情节。刑法没有明文规定，而是根据立法精神从审判实践经验中总结出的量刑情节，属于酌定情节，包括身体状况、过去的表现、犯罪后的态度等。

（六）正当防卫

我国《刑法》第20条第1、2款规定："为了使国家、公共利益、本人或者他人的人身、财产和其他权利免受正在进行的不法侵害，而采取的制止不法侵害的行为，对不法侵害人造成损害的，属于正当防卫，不负刑事责任。正当防卫明显超过必要限度造成重大损害的，应当负刑事责任，但是应当减轻或者免除处罚。"正当防卫是通过对不法侵害人实施人身反击的方式实施的，防卫行为一旦实施不当，就有可能给他人造成不应有的损害，从而背离法律设置正当防卫制度的初衷和精神。因此，为了保证正当防卫的正确实施，防止其滥用，法律严格规定了正当防卫的成立条件。只有符合条件的防卫行为，才属于正当防卫，行为人不负刑事责任。具体而言，当行为同时满足以下几个方面的条件时，成立正当防卫：

1. 起因条件：存在现实的不法侵害

理解起因条件，需要解读"不法""侵害""现实"的含义。

（1）"不法"指违法行为。这里的不法行为并非任何违法犯罪行为，由于正当防卫是通过对不法侵害人造成一定人身或财产损害的方法实施的，因而不法侵害的范围应当受到不法侵害性质的限制，亦即并非针对所有的不法行为和犯罪行为都能实施正当防卫，能够实施正当防卫的违法行为和犯罪行为应当只能是具有攻击性、破坏性、紧迫性而且采取正当防卫可以减轻或者避免危害结果的违法行为。如果采取防卫行为根本不能减轻或者避免不法侵害（如针对假冒注册商标罪、重婚罪、贪污罪、单位犯罪本身等），则不允许采取正当防卫，否则成立相关犯罪，即防卫行为要求具有必要性。还需要注意的是，刑法意义上的不法侵害不仅要求行为在客观上危害社会、违反法律，还要求行为人必须具备刑事责任能力和主观罪过，故而未达到刑事责任年龄的未成年人和不具有刑事责任能力的精神病人的侵害行为就不属于不法侵害。行为人如果明知侵害人是无刑事责任能力人，则不能对其进行正当防卫，但可以进行紧急避险；如果不知其是无刑事责任能力人，实施防卫行为则属于假想防卫，但应当以意外事件认定。

（2）"侵害"指对法益的威胁，即只有当行为威胁法益时，才能对之进行正当防卫。根据我国刑法条文的表述，对侵害公法益的行为，可以进行正当防卫。不法侵害行为包括作为的不法侵害和不作为的不法侵害，针对不作为的违法行为如果只能迫使不法侵害人履行其义务才能减少、避免不法侵害，也可以对其进行正当防卫。对自己招致的不法侵害通常不能进行正当防卫（如防卫挑拨的情形）。如果只是由于轻微过失或者无过错地引起对方的侵害，或者预想只会引起对方的轻微反击，对方却对重大法益（如生命）进行侵害，行为人有进行正当防卫的可能。

（3）"现实"，即客观上真实存在不法侵害行为，而非主观臆测。如果客观上并无现实的不法侵害，行为人误认为存在而进行"防卫"行为，属于假想防卫。假想防卫属于事实认识错误问题，不成立故意犯罪；如果行为人主观上有过失，成立过失犯罪；没有过失，则属于意外事件。行为人故意针对合法行为进行反击的，不是假想防卫，成立相应的故意犯罪。

2. 时间条件：不法侵害必须正在进行

只有当不法侵害正在进行，防卫行为才可能减少或者避免不法侵害，才具有正当性。在司法实践中，对于时间条件应注意以下问题：

（1）开始时间。不法侵害的开始时间原则上是指不法侵害人已经着手并正在直接实行侵害行为。由于有的犯罪的预备行为，可能是其他犯罪的实行行为，故实施该行为的，可以认定为不法侵害开始。如，为了杀人而侵入他人住宅的，在不法侵害人开始侵入他人住宅的时候，就可以针对已经开始的不法侵入住宅行为进行正当防卫。

（2）结束时间。法益不再处于紧迫、现实的侵害、威胁之中，或者说不法侵害已经不可能（继续）侵害或者威胁法益，就意味着不法侵害结束；不法侵害结束不等于犯罪既遂。通常而言，不法侵害行为或其导致的危险状态尚在持续中的，防卫人可以用防卫手段予以制止或排除。如果不法侵害已经结束，防卫人则不能行使正当防卫权。对于已经结束的不法侵害，只能由有关部门依法处置，而不允许防卫人任意进行报复惩罚。

3. 对象条件：必须针对不法侵害人本人进行防卫

防卫行为要有必要性，即必须足以制止不法侵害、保护法益；但不要求具有补充性，即不要求不得已而实施。防卫行为只能针对不法侵害人本人进行，而在面对共同不法侵害时，也必须针对客观上正在进行不法侵害的人进行防卫。如，某甲教唆某乙杀害某丙，在某乙杀害某丙时，某丙只能针对某乙的杀害行为进行正当防卫；如果某乙将某丙打成重伤后逃跑，某丁使用暴力方法逼迫尚在现场的某甲救助某丙的，某丁针对某甲的不作为成立正当防卫，而非针对某甲的教唆行为成立正当防卫。

4. 目的条件：必须为了保护合法权益

行为人实施反击行为不是为了保护合法权益的，其反击行为就不能被认定为正当防卫。所谓合法权益，是指受法律保护的国家利益、社会公共利益、本人或者他人的各种权益。某些行为从形式上看似乎符合正当防卫的客观要件，但由于行为人主观上不具备正当的防卫目的，因而不能被认定为正当防卫。如，防卫挑拨、互殴行为、偶然防卫。

5. 限度条件：没有明显超过必要限度造成重大损害

正当防卫的限度条件是指防卫行为不能明显超过必要限度而对不法侵害人造成重大损害。"重大损害"通常指重伤或者死亡，但不能认为只要导致不法侵害人重伤或者死亡就一定过当；或者如果只是导致不法侵害人轻伤，就不可能成立防卫过当。"必要限度"的判断以制止不法侵害、保护法益的合理需要为标准，须考虑侵害的程度、缓急以及权益；法益衡量要关注具体的法益内容（生命、身体、自由、财产等），要对不法侵害人侵害的法益作缩小评价；手段是否必须，要判断双方的手段、打击强度、打击部位、人员对比、现场环境等。还需要注意的是"特殊正当防卫"。特殊正当防卫又称无过当防卫。《刑法》第20条第3款规定："对正在进行行凶、杀人、抢劫、强奸、绑架以及其他严重危及人身安全的暴力犯罪，采取防卫行为，造成不法侵害人伤亡的，不属于防卫过当，不负刑事责任。""特殊正当防卫"包括以下要点：特殊正当防卫即使导致不法侵害人伤亡，也不属于防卫过当。当然，如果防卫行为没有造成不法侵害人伤亡，也可能成立特殊正当防卫。但不能因此认为，一般正当防卫只要导致不法侵害人伤亡的，就属于防卫过当。特殊正当防卫必须满足一般正当防卫的起因条件、时间条件、对象条件、目的条件，但不要求满足一般正当防卫的限度条件。特殊正当防卫不适用于非暴力犯罪以及作为一般违法行为的暴力行为。"严重危及人身安全"是对不法侵害行为程度的要求，仅限于生命与重大的身体健康安全，即具有导致死亡或者严重重伤（一般重伤不算，比如砍掉大拇指）的紧迫危险。

（七）共同犯罪及处罚原则

犯罪是一种复杂的社会现象，就实施的人数而言，有一人单独实施的犯罪即单独犯罪，也有二人以上共同实施的犯罪即共同犯罪。我国《刑法》第25条规定："共同犯罪是指二人以上共同故意犯罪。二人以上共同过失犯罪，不以共同犯罪论处；应当负刑事责任的，按照他们所犯的罪分别处罚。"

1. 构成共同犯罪，必须具备一定的要件

第一，共同犯罪必须是二人以上共同实施犯罪行为，一个人单独犯罪，不发生共同犯罪问题。

第二，二人以上都必须是达到刑事责任年龄、具有刑事责任能力的人。一个达到刑事责任年龄的人和一个未达到刑事责任年龄的人，或者一个精神健全有刑事责任能力的人和一个由于精神障碍无刑事责任能力的人共同实施危害行为，不构成共同犯罪。需要注意的是，根据我国《刑法》的规定，已满16周岁的人属于完全负刑事责任的人，可能成为共同犯罪主体。已满14周岁不满16周岁的人只对故意杀人、故意伤害致人重伤或者死亡、强奸、抢劫、贩卖毒品、放火、爆炸、投放危险物质等八种犯罪负刑事责任。因此，这一年龄阶段的人只能成为前述八种犯罪的责任主体。例如，15周岁的某甲与已满16周岁的某乙共同盗窃他人数额较大的财物，只能追究某乙单独犯罪的刑事责任，甲与乙并不构成盗窃罪的共同犯罪。

第三，共同犯罪必须是二人以上"共同故意"犯罪。因此，共同故意是共同犯罪在主观上的必备要件。客观上各犯罪人必须具有共同行为。"共同行为"不仅指共同犯罪人实施了同一犯罪构成的行为，而且要求共同犯罪人的行为在共同故意支配下相互配合、相互协调、相互补充，形成一个整体。所以，共同犯罪行为不是单独犯罪行为的简单相加，而是二人以上的犯罪行为在共同犯罪故意基础上的有机结合。

2. 共同犯罪的处罚原则

对于单独犯罪，根据罪责自负的原则，行为人对于其危害社会的犯罪行为，承担全部的刑事责任。而共同犯罪人在共同犯罪中实施的行为不可能完全相同，所起的作用也就有大小之分。因此，有必要依据一定的标准，对于共同犯罪人进行科学的分类，并在此基础上确立共同犯罪人的定罪与处罚原则。我国刑法是在按共同犯罪人在共同犯罪中的作用将其分为主犯、从犯、胁从犯的同时，又根据共同犯罪的分工标准，划分出教唆犯。

（1）主犯。

《刑法》第 26 条第 1 款规定："组织、领导犯罪集团进行犯罪活动的或者在共同犯罪中起主要作用的，是主犯。"由于主犯有两种，刑法对主犯的刑事责任，按照两种不同的主犯，分别加以规定。其一，首要分子的刑事责任。《刑法》第 26 条第 3 款规定："对组织、领导犯罪集团的首要分子，按照集团所犯的全部罪行处罚。"据此，犯罪集团的首要分子，不仅对自己实施的犯罪负刑事责任，还要对其他成员按照集团的预谋实施的犯罪负刑事责任。当然，其他成员超出集团的预谋所实施的其他犯罪，由其他成员自己负责，首要分子不承担刑事责任。其二，首要分子以外的主犯的刑事责任。《刑法》第 26 条第 4 款规定："对于第三款规定以外的主犯，应当按照其所参与的或者组织、指挥的全部犯罪处罚。"据此，对在犯罪集团、一般共同犯罪和聚众犯罪中起主要作用的主犯，应分为两种情况予以处罚：一是组织、指挥共同犯罪的，例如聚众犯罪中的首要分子，按照其组织、指挥的全部犯罪负刑事责任；二是没有进行组织、指挥活动但参与实行犯罪的，按照其所参加的全部犯罪负刑事责任。

（2）从犯。

《刑法》第 27 条第 1 款规定："在共同犯罪中起次要或者辅助作用的，是从犯。"据此，从犯也分为两种：在共同犯罪中起次要作用的犯罪分子和起辅助作用的犯罪分子。《刑法》第 27 条第 2 款规定："对于从犯，应当从轻、减轻处罚或者免除处罚。"这里不仅规定了"应当"从宽，而且规定了较大的从宽幅度；既可以从轻、减轻，也可以免除处罚。在什么情况下从轻、减轻或者免除处罚，需要考虑其所参加实施的犯罪的性质、情节轻重、参与实施犯罪的程度以及在犯罪中所起作用的次要程度等情况来确定。

（3）胁从犯。

《刑法》第 28 条规定，"对于被胁迫参加犯罪的"，是胁从犯。在刑法中规定胁从犯是我国刑事政策的体现。所谓被胁迫参加犯罪活动，是指受到暴力威胁或精神威胁、被迫参加犯罪活动。行为人知道自己参加的是犯罪活动，虽然主观上不愿意参加，但为了避免遭受现实的危害或不利而不得不参加。在实践中，有的共同犯罪人最初是被胁迫参加犯罪的，后来变为自愿或积极从事犯罪活动，甚至成为共同犯罪中的骨干分子。对这种人不能再以胁从犯论处，而应按照他在共同犯罪中所起的实际作用是主要作用或次要或辅助作用，分别以主犯或者从犯论处。

（4）教唆犯。

《刑法》第 29 条规定，"教唆他人犯罪的"，是教唆犯。教唆犯是故意唆使他人实行犯罪的人。所谓"教唆"，就是唆使具有刑事责任能力但没有犯罪故意的他人产生犯罪故意。教唆的对象必须是有刑事责任能力的人，如果教唆无刑事责任能力的人进行犯罪，那就不是教唆犯，而是利用无刑事责任能力人犯罪的间接正犯。教唆的方式多种多样，可以是口头、书面甚至是诸如使眼色、做手势等示意性动作。教唆的方法如收买、嘱托、劝说、请求、利诱、命令、威胁、强迫等。教唆的内容必须是犯罪行为，如果教唆他人实施违法行为或不道德的行为，则不构成教唆犯。我国《刑法》第 29 条将教唆犯的刑事责任分为三种情况：其一，"教唆他人犯罪的，应当按照他在共同犯罪中所起的作用处罚"。与该条第 2 款相对照，可知这里指的是被教唆人犯了被教唆的罪的情况。所谓被教唆人犯了被教唆的罪，是指被教唆人已进行犯罪预备，或者已着手实行犯罪而未遂，或者已经完成犯罪而既遂。"按照他在共同犯罪中所起的作用处罚"是指对教唆犯的处罚，不是以实行犯为转移，而是依照教唆犯自身在共同犯罪中所起作用的主次为转移。其二，教唆不满 18 周岁的人犯罪的，应当从重处罚。其三，如果被教唆的人没有犯被教唆的罪，对于教唆犯，可以从轻或者减轻处罚。

■ 【教育案例】

案例1：向高空抛物说"不" 守护"头顶上的安全"[1]

2021年4月5日10时许，被告人赵某某在家中因琐事与妻子发生纠纷，后将一件重21斤的行李箱从房间阳台处抛下，刚蹭到从小区公共道路经过的金某右手臂。案发后，赵某某的家属代为赔偿金某2000元并取得谅解。

鹿城区人民法院经审理，以高空抛物罪判处被告人赵某某有期徒刑7个月，缓刑1年，并处罚金5000元。

典型意义：《刑法修正案（十一）》将高空抛物行为入刑，代表着国家法律对社会关注和亟须解决的高空抛物行为予以积极回应，体现了我国的法律先进性，也体现了国家司法机关及时准确适用刑法，对广大人民群众的人身安全和财产安全造成严重的威胁和危害的行为予以依法惩治，切实保护老百姓头顶上的安全。本案中，被告人赵某某高空抛物的行为系因家庭矛盾一时冲动引发，且未造成人员受伤或者财物损失，同时考虑到赵某某事后积极赔偿，并获得被害人谅解，故对其宣告缓刑。高空抛物正式入刑，也在提醒每一位公民：高空抛物不再是"出了事才有事，不出事就没事"，每一个公民都有义务共同去守护"头顶上的安全"。

案例2：对法庭说谎后果很严重[2]

王某荣于2011年4月15日向被告人张某某借款300万元，后无力偿还。2012年5月，张某某要求王某荣出租其经营的某公司名下厂房用以抵偿借款本息。王某荣告知该厂房已于2011年12月2日抵押给建行龙湾支行，张某某遂要求倒签租赁协议落款日期为2011年4月15日，起租时间为2011年5月1日。后该厂房交由张某某转租给案外人董某、张某甲和杨某某等人使用。

2019年5月28日，龙湾区人民法院发布上述厂房的拍卖预告，并要求张某某腾空。张某某遂以案外人身份，持上述倒签租赁协议提出执行异议申请，

---

[1] 引自浙江温州市中级人民法院刑事审判十大典型案例，公布日期：2022年3月30日。

[2] 引自浙江温州市中级人民法院刑事审判十大典型案例，公布日期：2022年3月30日。

要求法院在处置涉案不动产时应保障其作为承租人的优先购买权，并进行"带租拍卖"。龙湾区人民法院经调查取证，驳回了张某某的执行异议申请。

龙湾区人民法院经审理，以虚假诉讼罪判处被告人张某某有期徒刑6个月，并处罚金20 000元。

典型意义：被告人张某某将普通债权捏造为优先权，将直接影响不同利益主体对财产的分配顺位和多寡，对部分债权人带来实质不利后果，同时如果其执行异议成立，也将造成法院错误执行，损害抵押权人的合法权益。张某某的行为不仅妨害了司法秩序，也侵害了他人合法权益。本案的判决，有力地震慑了那些提供虚假证据、妨害正常诉讼秩序的当事人，较好地维护了正常的司法秩序和司法权威。

■ 【案例分析】

甲乙二人是忘年之交，某日，二人一起喝茶时聊到二人经济拮据，看能不能突然发一笔横财，并最终商议实施诈骗。二人一边喝茶一边开始讨论，甲设计了一个周密的诈骗计划，并将计划的内容都告知了乙。乙根据甲策划的诈骗方式对丙实施了诈骗，获利7000元。

根据我国《刑法》的相关规定，对甲与乙的行为该如何定性？

分析：甲与乙共谋实施诈骗，甲将自己策划的周密诈骗方案告诉乙，由乙完全按照其策划的内容具体实施诈骗行为，可以认定甲起到了实质的支配作用。在共谋过程中随声附和，又没有亲手参与实行的，只能被认定为心理帮助犯。共谋者对直接实行犯罪和造成损害结果至少具有心理上的因果性，也应对直接正犯的行为与结果承担责任。所以，甲乙二人属于共同犯罪，承担既遂的责任。

■ 思考题：

1. 危害行为发生的时间、地点和方法与定罪量刑有直接关系吗？
2. 被教唆者实施了犯罪行为的，教唆者是否都要承担刑事责任呢？

二、刑罚及其运用

（一）主刑与附加刑

1. 主刑

（1）管制。

管制是对罪犯不予关押，但限制其一定自由的刑罚方法。管制是我国独有的一种轻刑，指由人民法院判决对犯罪人不实行关押，但限制其一定自由的刑罚方法。对判处管制的犯罪人依法实行社区矫正，其执行由司法行政机关的社区矫正机构负责。人民法院根据犯罪情况，认为从促进犯罪分子教育矫正、有效维护社会秩序的需要出发，确有必要禁止其在管制执行期间从事特定活动，进入特定区域、场所，接触特定人的，可以根据《刑法》第38条第2款的规定同时宣告禁止令。但是，对犯罪人的劳动报酬不得进行限制，即对于被判处管制的犯罪分子，在劳动中应当同工同酬。管制的期限为3个月以上2年以下，数罪并罚时不得超过3年。管制的刑期从判决执行之日起计算；判决执行以前先行羁押的，羁押1日折抵刑期2日。

（2）拘役。

拘役，是短期剥夺犯罪人自由，就近实行劳动改造的刑罚方法。拘役属于短期自由刑，其特点是在较短期限内剥夺犯罪分子的自由，就近进行劳动改造。在剥夺犯罪分子自由这一点上与管制不同，拘役可以在就近的拘役所执行，犯罪人每月可以回家，参加劳动没有报酬。拘役的适用对象是一些罪行比较轻微的罪犯。拘役期限为1个月以上6个月以下，数罪并罚时不得超过1年。拘役的刑期从判决执行之日起计算；判决执行以前先行羁押的，羁押1日折抵刑期1日。拘役由公安机关在就近的拘役所、看守所或者其他监管场所执行；在执行期间，犯罪人每月可以回家1天至2天；参加劳动的，可以酌量发给报酬。

（3）有期徒刑。

有期徒刑，是剥夺犯罪人一定期限的人身自由的刑罚方法。有期徒刑是我国适用面最广的刑罚方法，是主刑的一种。有期徒刑适用范围广、伸缩幅度大，适用于各种轻重不同的犯罪，处于刑罚体系的中心。有期徒刑一般在监狱执行，缓刑的实行社区矫正。

根据《刑法》第45条的规定，有期徒刑的最短期限为6个月，与拘役相衔接；最长期限为 15 年。同时，根据《刑法》第 69 条的规定，数罪并罚时，有期徒刑总和刑期不满 35 年的，最高不能超过 20 年；总和刑期在 35 年以上的，最高不能超过 25 年。根据《刑法》第 50 条的规定，死缓减为有期徒刑时，有期徒刑的期限为 25 年。刑期从判决执行之日即罪犯被送交监狱或者其他执行机关执行刑罚之日而非判决生效之日开始计算，判决以前先行羁押的，羁押 1 日折抵刑期 1 日。刑满释放日期，应为判决书确定的刑期的终止之日。

有期徒刑剥夺犯罪人的人身自由，主要表现为将犯罪人羁押于监狱或其他执行场所。所谓"其他执行场所"，是指根据《监狱法》的规定，对未成年犯在未成年犯管教所执行刑罚。凡有劳动能力的，都应当参加劳动，接受教育和改造。其中，所谓"有劳动能力"，是指根据罪犯的身体健康状况，可以参加劳动。所谓"教育"，是指对罪犯进行思想教育、文化教育和职业技术教育。

（4）无期徒刑。

无期徒刑是剥夺犯罪人的终身自由，并强制劳动改造的自由刑中最严厉的刑罚方法。无期徒刑的特点与内容包括：其一，终身剥夺犯罪分子的人身自由。正因如此，无期徒刑的适用对象只能是虽然达不到判处死刑的程度，但罪行极其严重，需要与社会永久隔离的罪犯。不过，由于法律同时规定了减刑、假释、赦免等制度，因此，被判处无期徒刑的犯罪人实际上很少有终身服刑的。同时要注意，对已满 14 周岁不满 16 周岁的未成年人，一般不判处无期徒刑。其二，判决确定前的羁押时间不能折抵刑期。这是因为无期徒刑本身无期限可言，这一点和其他自由刑完全不同。同时，由于判决确定以前的先行羁押并不是"实际执行"，因此其也不能计算在作为减刑、假释前提条件的实际执行刑期之内。按照《刑法》第 78 条的规定，被判处无期徒刑的犯罪分子，减刑以后实际执行的刑期不能少于 13 年；按照《刑法》第 81 条的规定，被判处无期徒刑的犯罪分子，实际执行 13 年以上的，才有可能被假释。其三，无期徒刑的基本内容是对犯罪人实行劳动教育和改造。根据《刑法》第 46 条的规定，被判处无期徒刑的犯罪分子，在监狱或者其他执行场所执行；凡有劳动能力的，都应当参加劳动，接受教育和改造。其四，无期徒刑不能孤立适用，即对于被判处无期徒刑的犯罪分子，应当附加剥夺政治权利终身，而对于被判处管制、拘役、有期徒刑的犯罪分子，则没有这一要求。

（5）死刑。

死刑是剥夺犯罪人生命的刑罚方法。我国刑法中的死刑是指剥夺犯罪人生命的刑罚方法，包括立即执行与缓期二年执行两种。我国刑事立法与司法实践严格贯彻保留死刑、坚持少杀、防止错杀的死刑政策，这主要体现在：

第一，从适用对象上进行严格限制。具体包括：其一，依照《刑法》第48条的规定，"死刑只适用于罪行极其严重的犯罪分子"。其二，依照《刑法》第49条的规定，犯罪的时候不满18周岁的人和审判的时候怀孕的妇女，不适用死刑。审判的时候已满75周岁的人，只要不是以特别残忍手段致人死亡的，也不适用死刑。这些都是基于人道主义的考虑而作的特殊规定。其中，所谓"不适用死刑"，是指不能判处死刑，包括不能判处死刑缓期二年执行；所谓"审判的时候怀孕"，既包括人民法院审理时被告人正在怀孕，也包括案件被起诉到人民法院之前被告人怀孕但自然流产或者被做了人工流产的情况；所谓"以特别残忍手段致人死亡"，是指采取在社会一般观念上所难以容忍的，如放火、泼硫酸、灭门、肢解等残忍折磨人的手段。

第二，从适用程序上进行严格限制。首先，在死刑案件的管辖上，《刑事诉讼法》第21条规定，死刑案件只能由中级以上人民法院进行一审，基层人民法院不得审理死刑案件。其次，在死刑核准程序上，根据《刑法》第48条以及《刑事诉讼法》第246条至第247条的规定，死刑应依法由最高人民法院判决或者核准。违反上述法定程序适用死刑的，应当认为是非法适用死刑。证据不足，不能认定被告人有罪的，应当作出证据不足、指控的犯罪不能成立的无罪判决。

第三，实行死刑缓期执行制度。死刑缓期执行制度简称为"死缓"，是指对犯罪分子判处死刑的同时宣告缓期二年执行，强制劳动，以观后效的一种死刑执行方法。死缓不是独立的刑种，而是我国独创的一种死刑执行方式。死刑缓期执行制度对于贯彻少杀政策、缩小死刑立即执行的适用范围具有重要意义。

按照《刑法》第51条的规定："死刑缓期执行的期间，从判决确定之日起计算。死刑缓期执行减为有期徒刑的刑期，从死刑缓期执行期满之日起计算。"《刑法》第50条第1款明文规定，死刑缓期执行的期间重新计算，并报最高人民法院备案。重新计算指从最高人民法院不予核准执行死刑之日起计算；如果不需要报请最高人民法院核准，应从查实之日起重新计算。还需要注意的是需要限制减刑的情形：《刑法》第50条第2款规定，对一些罪行严重的犯罪分子，人民法院根据犯罪情节等情况，可以同时决定对其限制减刑。其中，"罪行严重的犯罪分子"是指被判处死刑缓期执行的累犯以及因故意杀人、强奸、抢劫、绑架、放火、爆炸、投放危险物质或者有组织的暴力性犯罪被判处死刑缓期执行的犯罪分子；"同时"是指判处死刑缓期执行的同时，而不是在死刑缓期执行 2 年期满以后减刑的同时；"限制减刑"是指对犯罪分子虽然可以适用减刑，但实际执行刑期比其他死缓犯减刑之后的实际执行刑期更长。根据《刑法》第 78 条的规定，人民法院依据《刑法》第 50 条第 2 款规定限制减刑的死刑缓期执行的犯罪分子，缓期执行期满后依法减为 25 年有期徒刑的，其实际执行刑期不能少于 20 年。

2. 附加刑

（1）罚金。

罚金是强制犯罪分子向国家缴纳一定数额金钱的刑罚方法。罚金属于财产刑的一种，罚金的适用对象主要是构成破坏社会主义市场经济秩序罪、侵犯财产罪、妨害社会管理秩序罪和贪污贿赂罪的犯罪分子。此外，危害公共安全罪，侵犯公民人身权利、民主权利罪和危害国防利益罪中也有一些犯罪配置了罚金刑。

（2）剥夺政治权利。

剥夺政治权利是指剥夺犯罪人参加管理国家和政治活动的权利的刑罚方法。剥夺政治权利既可以附加适用，也可以独立适用。在附加适用的场合，适用于严重犯罪；在独立适用时，适用于较轻的犯罪。根据《刑法》第 54 条的规定，剥夺政治权利是指同时剥夺下列权利：选举权与被选举权；言论、出版、集会、结社、游行、示威自由的权利；担任国家机关职务的权利；担任国有公司、企业、事业单位和人民团体领导职务的权利。

（3）没收财产。

没收财产，是将犯罪人个人所有财产的一部分或全部强制无偿地收归国有的刑罚方法。没收财产针对较严重的犯罪适用。从《刑法》分则的规定来看，其主要适用于危害国家安全罪、破坏社会主义市场经济秩序罪、侵犯财产罪、贪污贿赂罪。根据《刑法》第 59 条的规定："没收财产是没收犯罪分子个人所有财产的一部或者全部。没收全部财产的，应当对犯罪分子个人及其扶养的家属保留必需的生活费用。在判处没收财产的时候，不得没收属于犯罪分子家属所有或者应有的财产。"还需要注意的是，根据《刑法》第 60

条的规定："没收财产以前犯罪分子所负的正当债务，需要以没收的财产偿还的，经债权人请求，应当偿还。"

（4）驱逐出境。

驱逐出境，是强迫犯罪的外国人离开中国国（边）境的刑罚方法。《刑法》第 35 条规定："对于犯罪的外国人，可以独立适用或者附加适用驱逐出境。"由于驱逐出境既可以独立适用也可以附加适用，因而符合附加刑的基本特征；由于驱逐出境仅适用于犯罪的外国人（包括具有外国国籍的人与无国籍的人），因而是一种特殊的附加刑。独立适用驱逐出境的，从判决确定之日起执行；附加适用驱逐出境的，从主刑执行完毕之日起执行。

（二）量刑

量刑原则规定在《刑法》第 61 条："对于犯罪分子决定刑罚的时候，应当根据犯罪的事实、犯罪的性质、情节和对于社会的危害程度，依照本法的有关规定判处。"

1. 从轻、从重处罚

《刑法》第 62 条规定："犯罪分子具有本法规定的从重处罚、从轻处罚情节的，应当在法定刑的限度以内判处刑罚。"常见的"应当从重处罚"的情形有：教唆不满 18 周岁的人犯罪的；累犯；伪造货币并出售或者运输伪造的货币的；奸淫幼女的；冒充警察招摇撞骗的；利用、教唆未成年人走私、贩卖、运输、制造毒品或者向未成年人出售毒品的；引诱、教唆、欺骗或者强迫未成年人吸食、注射毒品的；向不满 18 周岁的未成年人传播淫秽物品的；挪用用于救灾、抢险、防汛、优抚、扶贫、移民、救济款物归个人使用的；索取贿赂的等。

2. 减轻处罚

《刑法》第 63 条规定："犯罪分子具有本法规定的减轻处罚情节的，应当在法定刑以下判处刑罚；本法规定有数个量刑幅度的，应当在法定量刑幅度的下一个量刑幅度内判处刑罚。犯罪分子虽然不具有本法规定的减轻处罚情节，但是根据案件的特殊情况，经最高人民法院核准，也可以在法定刑以下判处刑罚。"

3. 累犯

（1）一般累犯。

《刑法》第 65 条第 1 款规定："被判处有期徒刑以上刑罚的犯罪分子，刑罚执行完毕或者赦免以后，在五年以内再犯应当判处有期徒刑以上刑罚之罪的，是累犯，应当从重处罚，但是过失犯罪和不满十八周岁的人犯罪的除外。"

（2）特别累犯。

危害国家安全犯罪、恐怖活动犯罪、黑社会性质的组织犯罪的犯罪分子，在刑罚执行完毕或者赦免以后，在任何时候再犯上述任一类罪的，都以累犯论处。

4. 自首与坦白

《刑法》第67条第1、2款规定："犯罪以后自动投案，如实供述自己的罪行的，是自首。对于自首的犯罪分子，可以从轻或者减轻处罚。其中，犯罪较轻的，可以免除处罚。被采取强制措施的犯罪嫌疑人、被告人和正在服刑的罪犯，如实供述司法机关还未掌握的本人其他罪行的，以自首论。"据此，自首包括一般自首和特别自首。一般自首，是指犯罪以后自动投案，如实供述自己的罪行的行为。特别自首是指被采取强制措施的犯罪嫌疑人、被告人或者正在服刑的罪犯，如实供述司法机关还未掌握的本人其他罪行的行为。《刑法》第67条第3款规定："犯罪嫌疑人虽不具有前两款规定的自首情节，但是如实供述自己罪行的，可以从轻处罚；因其如实供述自己罪行，避免特别严重后果发生的，可以减轻处罚。"

5. 立功

《刑法》第68条规定："犯罪分子有揭发他人犯罪行为，查证属实的，或者提供重要线索，从而得以侦破其他案件等立功表现的，可以从轻或者减轻处罚；有重大立功表现的，可以减轻或者免除处罚。"重大立功表现包括：犯罪分子检举、揭发他人重大犯罪行为，经查证属实；提供侦破其他重大案件的重要线索，经查证属实；阻止他人重大犯罪活动；协助司法机关抓捕其他重大犯罪嫌疑人（包括同案犯）；对国家和社会有其他重大贡献等。

■ 【案例分析】

案例1："自首"法律认定的关键

向某杀人后其父主动报案并将向某送到派出所，向某即向公安机关交代了杀人的全部过程。

请问：向某的行为是否属于自首？

分析：犯罪嫌疑人并非出于主动，而是经亲友规劝、陪同投案，或者经公安机关通知到案的，应当视为自动投案。但犯罪后被群众扭送归案，或者被公安机关逮捕归案，或者在追捕过程中走投无路当场被捕，或者经司法机关传讯、采用强制措施被动归案的，不能认为是自动投案。本案中向某并非被其父捆绑送到司法机关，故向某的行为应属于自首。

案例2："立功"的法律认定标准

顾某是一名公司主管，因合同诈骗罪被逮捕。在侦查期间，顾某主动供述其在3年前向国家工作人员张某行贿5万元。随后，司法机关对张某进行追诉。后查明，顾某的行为属于单位行贿，行贿数额尚未达到单位行贿罪的定罪标准。

请问：顾某的主动供述是否构成立功？

分析：行为人在交代行贿事实时，一般都会交代被行贿人，这种行为应当被认定为自首，交代受贿人也是自首的题中应有之义。如果再将此种行为认定为立功，则为重复评价。但在本案中，顾某交代的行贿行为并不构成犯罪，因此也就不存在自首情节，若顾某的如实供述使某人被追究刑事责任，属于"揭发他人犯罪行为，查证属实"，应当认定为立功。

■ **思考题：**

1. 在刑事处罚中，如何理解"减轻处罚"？
2. 自首属于法定的从宽处罚情节，在实务中如何认定"自首"？

三、几类常见的犯罪

（一）危害公共安全罪

1. 以危险方法危害公共安全罪

以危险方法危害公共安全的犯罪包括放火罪、决水罪、爆炸罪、投放危险物质罪，以危险方法危害公共安全罪，失火罪、过失决水罪、过失爆炸罪、

· 120 ·

过失投放危险物质罪，过失以危险方法危害公共安全罪。

"公共安全"是指不特定或者多数人的生命、身体或者财产安全，此即危害公共安全的保护法益。所谓"不特定"，是指犯罪行为可能侵害的对象和可能造成的结果事先无法确定，行为人对此既无法具体预料也难以实际控制，行为的危险或行为造成的危害结果可能随时扩大或增加。所谓"多数人"，则难以用具体的数字表述，行为使较多的人感受到生命、健康或者财产受到威胁时，应认为危害了公共安全。

2. 破坏交通工具罪

《刑法》第 116 条规定："破坏火车、汽车、电车、船只、航空器，足以使火车、汽车、电车、船只、航空器发生倾覆、毁坏危险，尚未造成严重后果的，处三年以上十年以下有期徒刑。"本罪中的"破坏"行为，必须足以使火车、汽车、电车、船只或者航空器发生倾覆、毁坏危险；"交通工具"必须处于正在行驶（飞行）中，或者处于已交付随时使用的状态，或者不需要再检修便使用的状态。但是，维修人员破坏维修的交通工具的，可以构成本罪；所谓"造成严重后果"，必须是破坏行为使火车、汽车、电车、船只或者航空器发生倾覆、毁坏危险的现实化，而不是破坏行为造成的任何严重后果。

3. 破坏交通设施罪

《刑法》第 117 条规定："破坏轨道、桥梁、隧道、公路、机场、航道、灯塔、标志或者进行其他破坏活动，足以使火车、汽车、电车、船只、航空器发生颠覆、毁坏危险，尚未造成严重后果的，处三年以上十年以下有期徒刑。"本罪中的"破坏"行为要求具有使交通设施发生倾覆、毁坏危险，包括使交通设施丧失应有的功能的行为；所谓"造成严重后果"，必须是破坏行为使上述交通设施发生倾覆、毁坏危险的现实化，而非破坏行为造成的任何严重后果。

4. 交通肇事罪

《刑法》第 133 条规定，"违反交通运输管理法规，因而发生重大事故，致人重伤、死亡或者使公私财产遭受重大损失的，处三年以下有期徒刑或者拘役"。交通运输肇事后逃逸或者有其他特别恶劣情节的，处 3 年以上 7 年以下有期徒刑；因逃逸致人死亡的，处 7 年以上有期徒刑。本罪不属于身份犯，凡是交通运输人员均可能成立犯罪。需要注意的是，单位主管人员、机动车辆所有人或者机动车辆承包人指使、强令他人违章驾驶造成重大交通事故的，成立交通肇事罪；被指使者可能因没有达到法定年龄等而无罪，但不影响指使者成立犯罪。交通肇事后，单位主管人员、机动车辆所有人、承包人或者乘车人指使肇事人逃逸，致使被害人因得不到及时救助而死亡的，以交通肇事罪（的共犯）论处；被指使者可能因没有达到法定年龄等而无罪，但不影响指使者成立犯罪。

5. 危险驾驶罪

《刑法》第133条之一明确规定了危险驾驶罪。危险驾驶罪包括四种行为类型：（1）"追逐竞驶，情节恶劣的"。其中"追逐竞驶"，是指行为人在道路上高速、超速行驶，随意追逐、超越其他车辆，频繁、突然并线，近距离驶入其他车辆之前的危险驾驶行为。"情节恶劣"限制了追逐竞驶的处罚范围。（2）"醉酒驾驶机动车的"。驾驶人员血液中的酒精含量大于或者等于80毫克/100毫升的，属于醉酒驾驶。驾驶人员必须认识到自己是在醉酒状态下驾驶机动车。（3）"从事校车业务或者旅客运输，严重超过额定乘员载客，或者严重超过规定时速行驶的"。（4）"违反危险化学品安全管理规定运输危险化学品，危及公共安全的"，对此需要具体分析判断违规运输危险化学品的行为是否危及公共安全。

6. 重大责任事故罪

《刑法》第134条第1款规定："在生产、作业中违反有关安全管理的规定，因而发生重大伤亡事故或者造成其他严重后果的，处三年以下有期徒刑或者拘役；情节特别恶劣的，处三年以上七年以下有期徒刑。"第2款规定："强令他人违章冒险作业，或者明知存在重大事故隐患而不排除，仍冒险组织作业，因而发生重大伤亡事故或者造成其他严重后果的，处五年以下有期徒刑或者拘役；情节特别恶劣的，处五年以上有期徒刑。"本罪的重要构成要素包括：首先，重大事故必须发生在生产、作业过程中，并同有关职工、从业人员的生产、作业有直接联系。其次，本罪的主体为自然人，包括对生产、作业负有组织、指挥或者管理职责的负责人、管理人员、实际控制人、投资人等人员，以及直接从事生产、作业的人员。

7. 工程重大安全事故罪

工程重大安全事故罪，是指建设单位、设计单位、施工单位、工程监理单位违反国家规定，降低工程质量标准，造成重大安全事故的行为。本罪的客体是建筑工程质量标准的规定以及公众的生命、健康和重大公私财产的安全，即公共安全。本罪的客观方面表现为违反国家规定，降低工程质量标准，造成重大安全事故的行为。所谓"重大安全事故"，是指下列情形之一：（1）造成死亡1人以上，或者重伤3人以上的；（2）造成直接经济损失100万元以上的；（3）其他造成严重后果或者重大安全事故的情形。违反国家规定，降低工程质量标准的行为必须与严重后果之间具有因果关系。本罪的主体为特殊主体；主观方面为过失。根据《刑法》第137条的规定，犯本罪的，对直接责任人员处5年以下有期徒刑或者拘役，并处罚金；后果特别严重的，处5年以上10年以下有期徒刑，并处罚金。

（二）破坏社会主义市场秩序罪

1. 生产销售伪劣产品罪

根据《刑法》第140条的规定，"生产者、销售者在产品中掺杂、掺假，以假充真，以次充好或者以不合格产品冒充合格产品"。还需要注意以下几点：（1）"销售金额"是指生产者、销售者出售伪劣产品后所得和应得的全部违法收入，销售金额5万元以上的，成立犯罪；（2）"生产者"包括产品的制造者与加工者，"销售者"包括批量销售者、零散销售者以及生产后的直接销售者。"生产者""销售者"不属于身份内容，而是对行为的描述。行为人是否取得了有关产品的生产许可证或营业执照，不影响本罪的成立。

2. 生产、销售、提供假药罪

生产、销售假药的，处3年以下有期徒刑或者拘役，并处罚金；对人体健康造成严重危害或者有其他严重情节的，处3年以上10年以下有期徒刑，并处罚金；致人死亡或者有其他特别严重情节的，处10年以上有期徒刑、无期徒刑或者死刑，并处罚金或者没收财产。药品使用单位的人员明知是假药而提供给他人使用的，依照前款的规定处罚。

3. 走私普通货物、物品罪

根据《刑法》第153条的规定，走私普通货物、物品罪是指违反海关法规，逃避海关监管，运输、携带、邮寄普通货物、物品进出国（边）境，偷逃应缴纳税额较大或者1年内曾因走私被给予2次行政处罚后又走私的行为。

4. 走私珍贵动物、珍贵动物制品罪

走私珍贵动物、珍贵动物制品罪是指违反海关法规，逃避海关监管，运输、携带、邮寄珍贵动物及其制品进出国（边）境的行为。"珍贵动物"是指被列入《国家重点保护野生动物名录》国家一、二级保护野生动物和《濒危野生动植物种国际贸易公约》附录一、附录二中野生动物以及驯养繁殖的上述物种。根据《刑法》第151条第2款的规定，犯本罪的，处5年以上10年以下有期徒刑，并处罚金；情节特别严重的，处10年以上有期徒刑或者无期徒刑，并处没收财产；情节较轻的，处5年以下有期徒刑，并处罚金。

5. 非国家工作人员受贿罪

非国家工作人员受贿罪是指公司、企业或者其他单位的工作人员，利用职务上的便利，索取他人财物或者非法收受他人财物，为他人谋取利益的行为。根据《刑法》第163条第1款的规定，犯本罪，数额较大的，处3年以下有期徒刑或者拘役，并处罚金；数额巨大或者有其他严重情节的，处3年以上10年以下有期徒刑，并处罚金；数额特别巨大或者有其他特别严重情节的，处10年以上有期徒刑或者无期徒刑，并处罚金。

6. 非法吸收公众存款罪

非法吸收公众存款罪是指非法吸收公众存款或者变相吸收公众存款，扰乱金融秩序的行为。本罪侵犯的客体是国家的金融管理秩序。本罪的客观方面表现为行为人实施了非法吸收或变相吸收公众存款的行为。"非法吸收公众存款"，是指行为人违反国家法律、法规的规定，在社会上以存款的形式公开吸收公众资金的行为。

7. 集资诈骗罪

集资诈骗罪是指以非法占有为目的，使用诈骗方法非法集资，骗取集资款数额较大的行为。不法要件为"使用诈骗方法非法集资，数额较大的"，责任形式为故意，要求"以非法占有为目的"。非法占有目的只能存在于使用诈骗方法非法集资之中。如果获取资金后才产生非法占有目的，欺骗出资人免除自己还本付息义务，只能成立诈骗罪，不成立集资诈骗罪（不属于以非法集资的方式骗取他人财物），也不成立侵占罪（行为人对资金的占有，意味着对资金具有所有权）。

8. 信用卡诈骗罪

信用卡诈骗罪是指以非法占有为目的，利用信用卡进行诈骗活动，骗取他人数额较大财物的行为。本罪中的"信用卡"，指由商业银行或者其他金融机构发现的具有消费支付、信用贷款、转账结算、存取现金等全部功能或者部分功能的电子支付卡。其常见表现为：行为人实行了利用信用卡进行诈骗的行为。比如，使用伪造的信用卡，或者使用以虚假的身份证明骗领的信用卡的；使用作废的信用卡的（超过使用期限的或者在使用期限内被停用的或者被挂失的）；冒用他人信用卡的（拾得他人信用卡并使用或者骗取他人信用卡并使用或者窃取、收买、骗取或者以其他非法方法获取他人信用卡的；如果是亲友之间经持卡人同意借用信用卡，虽然违反了信用卡管理的有关规定，但不构成犯罪）；恶意透支的（以非法占有为目的，超过规定限额或者规定期限透支，并且经发卡银行两次催收后超过 3 个月仍不归还的行为）。

9. 合同诈骗罪

合同诈骗罪是指以非法占有为目的，在签订、履行合同过程中，以虚构事实或隐瞒事实真相的方法，骗取对方当事人数额较大财物的行为。合同诈骗罪通常表现为：其一，以虚构的单位或者冒用他人名义签订合同；其二，以伪造、变造、作废的票据或者其他虚假的产权证明作担保，如果成立票据诈骗罪，则以票据诈骗罪论处，即合同诈骗行为如果符合金融诈骗犯罪的犯罪构成，原则上应以金融诈骗罪论处；其三，没有实际履行能力，以先履行小额合同或者部分履行合同的方法，诱骗对方当事人继续签订和履行合同；其四，收受对方当事人给付的货物、货款、预付款或者担保财产后逃匿。

10. 洗钱罪

洗钱罪是指明知是毒品犯罪、黑社会性质的组织犯罪、恐怖活动犯罪、走私犯罪、贪污贿赂犯罪、破坏金融管理秩序犯罪、金融诈骗犯罪的所得及其产生的收益，为掩饰、隐瞒其来源和性质，而采取提供资金账户、将财产转换为现金、金融票据、有价证券、通过转账或其他支付结算方式转移资金、跨境转移资产，或以其他方法掩饰、隐瞒犯罪所得及其收益的来源和性质的行为。

根据《刑法》第 191 条的规定，"没收实施以上犯罪的所得及其产生的收益，处五年以下有期徒刑或者拘役，并处或者单处罚金；情节严重的，处五年以上十年以下有期徒刑，并处罚金"。单位犯前款罪的，对单位判处罚金，并对其直接负责的主管人员和其他直接责任人员，依照前款的规定处罚。

(三) 侵犯公民人身权利、民主权利罪

1. 故意伤害罪

故意伤害罪是指故意非法损害他人身体健康的行为。根据《刑法》第

234条的规定，"故意伤害他人身体的，处三年以下有期徒刑、拘役或者管制。犯前款罪，致人重伤的，处三年以上十年以下有期徒刑；致人死亡或者以特别残忍手段致人重伤造成严重残疾的，处十年以上有期徒刑、无期徒刑或者死刑"。

2. 绑架罪

绑架罪，是指利用被绑架人的近亲属或者其他人对被绑架人安危的忧虑，以勒索财物或满足其他不法要求为目的，使用暴力、胁迫或者麻醉方法劫持或以实力控制他人的行为，绑架他人的，或者绑架他人作为人质的，处10年以上有期徒刑或者无期徒刑，并处罚金或者没收财产；情节较轻的，处5年以上10年以下有期徒刑，并处罚金。

3. 侮辱罪、诽谤罪

侮辱罪是指以暴力或者其他方法公然贬低他人人格，破坏他人名誉的行为。有前述行为，情节严重的，处3年以下有期徒刑、拘役、管制或者剥夺政治权利。本罪告诉的才处理，但是严重危害社会秩序和国家利益的除外。

诽谤罪是指故意捏造并散布虚构的事实，足以贬损他人人格，破坏他人名誉的行为。以暴力或者其他方法公然侮辱他人或者捏造事实诽谤他人，情节严重的，处3年以下有期徒刑、拘役、管制或者剥夺政治权利。

前款罪，告诉的才处理，但是严重危害社会秩序和国家利益的除外。

通过信息网络实施前款规定的行为，被害人向人民法院告诉，但提供证据确有困难的，人民法院可以要求公安机关提供协助。

4. 虐待罪

虐待指经常以打骂、冻饿、禁闭、有病不给予治疗、强迫过度劳动或限制人身自由、凌辱人格等方法，对共同生活的家庭成员进行肉体上、精神上的摧残和折磨。

《刑法》第260条规定了虐待家庭成员的虐待罪，指出虐待家庭成员，情节恶劣的，将受到2年以下有期徒刑、拘役或者管制等刑罚。若虐待行为导致被害人重伤或死亡，刑罚将加重至2年以上7年以下有期徒刑。第260条之一则特别规定了虐待被监护、看护人罪，即对"未成年人、老年人、患病的人、残疾人等负有监护、看护职责的人虐待被监护、看护的人，情节恶劣的，处三年以下有期徒刑或者拘役"。若单位犯此罪，将对单位判处罚金，并对直接负责的主管人员和其他直接责任人员依照前款的规定处罚。

5. 强奸罪

《刑法》第 236 条规定："以暴力、胁迫或者其他手段强奸妇女的，处三年以上十年以下有期徒刑。奸淫不满十四周岁的幼女的，以强奸论，从重处罚。强奸妇女、奸淫幼女，有下列情形之一的，处十年以上有期徒刑、无期徒刑或者死刑：（一）强奸妇女、奸淫幼女情节恶劣的；（二）强奸妇女、奸淫幼女多人的；（三）在公共场所当众强奸妇女、奸淫幼女的；（四）二人以上轮奸的；（五）奸淫不满十周岁的幼女或者造成幼女伤害的；（六）致使被害人重伤、死亡或者造成其他严重后果的。"

6. 负有照护职责人员性侵罪

负有照护职责人员性侵罪是指对已满 14 周岁不满 16 周岁的未成年女性负有监护、收养、看护、教育、医疗等特殊职责的人员，与该未成年女性发生性关系的行为。该罪名旨在严厉打击特殊职责人员利用优势关系性侵未成年少女的恶劣罪行，保护未成年人的身心健康。

根据《刑法》第 236 条之一的规定，犯本罪的，处 3 年以下有期徒刑；情节恶劣的，处 3 年以上 10 年以下有期徒刑。情节恶劣的情形包括长期发生性关系、与多名被害人发生性关系、致使被害人感染严重性病等。如果行为同时构成强奸罪，将依照处罚较重的规定定罪处罚。

此外，负有照护职责人员性侵罪与强奸罪在某些情况下可能发生竞合，即同一行为可能同时触犯这两个罪名。在这种情况下，法律规定依照处罚较重的规定定罪处罚。

7. 重婚罪

重婚罪是指行为人违反我国刑法的有关规定，在有合法配偶的情况下又与他人结婚或者明知他人有配偶而与之结婚的行为。具体来说，重婚罪侵犯的客体是一夫一妻制的婚姻关系。表现为行为人必须具有重婚的行为，即有配偶的人又与他人结婚的，或者明知他人有配偶而与之结婚的。这包括骗取合法手续登记结婚的和虽未办理婚姻登记手续但以夫妻关系共同生活的事实婚姻。

重婚罪的主体包括有配偶的人（在夫妻关系存续期间又与他人成立婚姻关系）和没有配偶但明知对方有配偶而与之结婚的人。需要注意的是，若当事人未达法定婚龄，其婚姻无效，不存在重婚的问题。根据《刑法》第 258 条的规定："有配偶而重婚的，或者明知他人有配偶而与之结婚的，处二年以下有期徒刑或者拘役。"

重婚罪属于自诉罪，但并非告诉才处理的案件，公安机关可以立案受理。在实践中，重婚行为的情节和危害有轻重大小之分。只有情节较为严重，危害较大的重婚行为，才构成犯罪。例如，夫妻一方因不堪虐待外逃而重婚，或者因遭受灾害在原籍无法生活而外流谋生又重婚，尽管行为人有重婚故意，但其行为社会危害性不大，不宜以重婚罪论处。重婚罪是严重违反我国婚姻制度和社会道德的犯罪行为，一旦构成将受到法律的严厉制裁。

8. 强制猥亵罪

强制猥亵罪是指以暴力、胁迫、药剂、催眠术或其他方法对男女进行猥亵，是侵犯他人身体自由权、隐私权和名誉权的犯罪行为。行为人明知自己的行为会侵犯他人的性羞耻心而故意为之，实施的是以暴力、胁迫、药剂、催眠术或其他方法强制猥亵他人，或者侮辱他人的行为。凡达到刑事责任年龄且具备刑事责任能力的自然人均能构成本罪。自然人犯此罪的，处 5 年以下有期徒刑或者拘役。聚众或者在公共场所当众犯此罪的，或者有其他恶劣情节的，处 5 年以上有期徒刑。猥亵儿童的，处 5 年以下有期徒刑；有其他恶劣情节的，处 5 年以上有期徒刑。

强制猥亵罪是一种严重的犯罪行为，侵犯了他人的身体自由权、隐私权和名誉权。对于此类犯罪行为，法律将予以严厉打击和惩处。

（四）侵犯财产罪

1. 抢劫罪

以非法占有为目的，以暴力、胁迫或者其他方法，当场强行劫取公私财物的，处 3 年以上 10 年以下有期徒刑，并处罚金；有下列情形之一的，处 10 年以上有期徒刑、无期徒刑或者死刑，并处罚金或者没收财产：（1）入户抢劫的；（2）在公共交通工具上抢劫的；（3）抢劫银行或者其他金融机构的；（4）多次抢劫或者抢劫数额巨大的；（5）抢劫致人重伤、死亡的；（6）冒充军警人员抢劫的；（7）持枪抢劫的；（8）抢劫军用物资或者抢险、救灾、救济物资的。

2. 盗窃罪

盗窃罪是指以非法占有为目的，窃取公私财物，数额较大，或者多次盗窃、入户盗窃、携带凶器盗窃、扒窃公私财物的行为。以牟利为目的，盗接他人通信线路、复制他人电信号码或者明知是盗接、复制的电信设备、设施而使用的；盗窃公私财物，数额较大的，或者多次盗窃、入户盗窃、携带凶器盗窃、扒窃的，处3年以下有期徒刑、拘役或者管制，并处或者单处罚金；数额巨大或者有其他严重情节的，处3年以上10年以下有期徒刑，并处罚金；数额特别巨大或者有其他特别严重情节的，处10年以上有期徒刑或者无期徒刑，并处罚金或者没收财产。

3. 诈骗罪

以非法占有为目的，用虚构事实或者隐瞒真相的方法，骗取公私财物，数额较大的，处3年以下有期徒刑、拘役或者管制，并处或者单处罚金；数额巨大或者有其他严重情节的，处3年以上10年以下有期徒刑，并处罚金；数额特别巨大或者有其他特别严重情节的，处10年以上有期徒刑或者无期徒刑，并处罚金或者没收财产。

4. 抢夺罪

以非法占有为目的，公然抢夺公私财物，数额较大，或者多次抢夺的，处3年以下有期徒刑、拘役或者管制，并处或者单处罚金；数额巨大或者有其他严重情节的，处3年以上10年以下有期徒刑，并处罚金；数额特别巨大或者有其他特别严重情节的，处10年以上有期徒刑或者无期徒刑，并处罚金或者没收财产。

5. 侵占罪

以非法占有为目的，将代为保管的他人财物或者他人的遗忘物、埋藏物非法占为己有，数额较大且拒不退还或者拒不交出的，处2年以下有期徒刑、拘役或者罚金；数额巨大或者有其他严重情节的，处2年以上5年以下有期徒刑，并处罚金。

6. 电信网络诈骗犯罪

根据最高人民法院、最高人民检察院、公安部《关于办理电信网络诈骗等刑事案件适用法律若干问题的意见》的规定，利用电信网络技术手段实施诈骗，诈骗公私财物价值3000元以上、3万元以上、50万元以上的，应当分别认定为《刑法》第266条规定的"数额较大""数额巨大""数额特别巨大"。2年内多次实施电信网络诈骗未经处理，诈骗数额累计计算构成犯罪的，应当依法定罪处罚。

电信网络诈骗犯罪的表现多种多样，在现实生活中主要包括但不限于以下几种：（1）刷单返利类诈骗：通过各类网站、微信群、QQ群、短信等发布刷单赚佣金的广告，诱骗受害人先行垫付资金进行刷单操作，最终骗取受害人资金；（2）虚假购物消费类诈骗：在各类电商平台、聊天软件上低价售卖物品，引诱受害人付款后将其拉黑，骗取钱财；（3）代办信用卡、贷款类诈骗：发布贷款、快速办理信用卡信息，以收取手续费、保证金等为由，诱骗受害人转账后消失；（4）网络交友诱导赌博、投资类诈骗：通过网络交友取得受害人信任后，引诱其进行赌博或投资，最终骗取钱财；（5）冒充老板或亲友类诈骗：盗取或模拟他人账号，以生病住院、出事借钱等理由，诱骗受害人转账；（6）冒充网购客服退款类诈骗：冒充商家客服以商品质量问题或退款为由，诱骗受害人登录钓鱼网站，骗取银行卡信息和交易验证码；（7）网络投资理财类诈骗：制作虚假网页、搭建虚假交易平台，以高回报、高收益诱骗受害人投资，进而骗取资金；（8）冒充公检法机关类诈骗：冒充公检法工作人员，以涉嫌犯罪为由恐吓受害人，诱骗其转账至"安全账户"；（9）裸聊类诈骗：利用美女头像账号引诱受害人进行裸聊，并录制视频进行敲诈勒索；（10）其他新型诈骗手法：随着技术的发展，诈骗手段不断更新，如利用人工智能技术冒充熟人或领导的声音和形象进行诈骗，通过伪造官方网站或APP进行诈骗等。

这些诈骗手法都利用了受害人的心理弱点，如贪婪、恐惧、信任等，以达到骗取钱财的目的。因此，提高警惕、增强防范意识是预防电信网络诈骗的关键。

（五）妨害社会管理秩序罪

1. 妨害公务罪

以暴力、威胁方法阻碍国家机关工作人员、人大代表依法执行职务，或者在自然灾害和突发事件中，以暴力、威胁的方法阻碍红十字会工作人员依法履行职责，以及故意阻碍国家安全机关、公安机关依法执行国家安全工作任务，虽然未使用暴力、威胁方法，但造成严重后果的，处3年以下有期徒刑、拘役、管制或者罚金。

2. 袭警罪

袭警罪是指通过暴力的方式袭击正在依法执行公务的人民警察的行为。《刑法》第277条第5款规定："暴力袭击正在依法执行职务的人民警察的，处三年以下有期徒刑、拘役或者管制；使用枪支、管制刀具，或者以驾驶机动车撞击等手段，严重危及其人身安全的，处三年以上七年以下有期徒刑。"本罪侵犯的客体是人民警察正常的执法管理活动。

袭警罪是刑法中明确规定的罪名，旨在保护人民警察在执行公务时的合法权益和人身安全，维护社会的法治秩序。

3. 招摇撞骗罪

冒充国家机关工作人员招摇撞骗的，处 3 年以下有期徒刑、拘役、管制或者剥夺政治权利；情节严重的，处 3 年以上 10 年以下有期徒刑。冒充人民警察招摇撞骗的，依照前款的规定从重处罚。

4. 冒名顶替罪

盗用、冒用他人身份，顶替他人取得的高等学历教育入学资格、公务员录用资格、就业安置待遇的，处 3 年以下有期徒刑、拘役或者管制，并处罚金。

组织、指使他人实施前款行为的，依照前款的规定从重处罚。

国家工作人员有前两款行为，又构成其他犯罪的，依照数罪并罚的规定处罚。

5. 聚众扰乱公共场所秩序、交通秩序罪

聚众扰乱车站、码头、民用航空站、商场、公园、影剧院、展览会、运动场或者其他公共场所秩序，聚众堵塞交通或者破坏交通秩序，抗拒、阻碍国家治安管理工作人员依法执行职务，情节严重的，对首要分子，处 5 年以下有期徒刑、拘役或者管制。

6. 高空抛物罪

从建筑物或者其他高空抛掷物品，情节严重的，处 1 年以下有期徒刑、拘役或者管制，并处或者单处罚金。

有前款行为，同时构成其他犯罪的，依照处罚较重的规定定罪处罚。

7. 聚众斗殴罪

聚众斗殴的，对首要分子和其他积极参加的，处 3 年以下有期徒刑、拘役或者管制；有下列情形之一的，对首要分子和其他积极参加的，处 3 年以上 10 年以下有期徒刑：（1）多次聚众斗殴的；（2）聚众斗殴人数多，规模大，社会影响恶劣的；（3）在公共场所或者交通要道聚众斗殴，造成社会秩序严重混乱的；（4）持械聚众斗殴的。

8. 寻衅滋事罪

寻衅滋事罪是指寻衅滋事、破坏社会秩序的行为。有下列寻衅滋事行为之一，破坏社会秩序的，处5年以下有期徒刑、拘役或者管制：（1）随意殴打他人，情节恶劣的；（2）追逐、拦截、辱骂、恐吓他人，情节恶劣的；（3）强拿硬要或者任意损毁、占用公私财物，情节严重的；（4）在公共场所起哄闹事，造成公共场所秩序严重混乱的。

纠集他人多次实施前款行为，严重破坏社会秩序的，处5年以上10年以下有期徒刑，可以并处罚金。

9. 催收非法债务罪

有下列情形之一，催收高利放贷等产生的非法债务，情节严重的，处3年以下有期徒刑、拘役或者管制，并处或者单处罚金：（1）使用暴力、胁迫方法的；（2）限制他人人身自由或者侵入他人住宅的；（3）恐吓、跟踪、骚扰他人的。

10. 侮辱国旗、国徽、国歌罪

在公共场合，故意以焚烧、毁损、涂划、玷污、践踏等方式侮辱中华人民共和国国旗、国徽的，处3年以下有期徒刑、拘役、管制或者剥夺政治权利。

在公共场合，故意篡改中华人民共和国国歌歌词、曲谱，以歪曲、贬损方式奏唱国歌，或者以其他方式侮辱国歌，情节严重的，依照前款的规定处罚。

11. 侵害英雄烈士名誉、荣誉罪

侮辱、诽谤或者以其他方式侵害英雄烈士的名誉、荣誉，损害社会公共利益，情节严重的，处3年以下有期徒刑、拘役、管制或者剥夺政治权利。

12. 伪证罪

在刑事诉讼中，证人、鉴定人、记录人、翻译人对与案件有重要关系的情节，故意作虚假证明、鉴定、记录、翻译，意图陷害他人或者隐匿罪证的，处3年以下有期徒刑或者拘役；情节严重的，处3年以上7年以下有期徒刑。

13. 窝藏、包庇罪

明知是犯罪的人而为其提供隐藏处所、财物，帮助其逃匿或者作假证明包庇的，处3年以下有期徒刑、拘役或者管制；情节严重的，处3年以上10年以下有期徒刑。

14. 非法占用农用地罪

违反土地管理法规，非法占用耕地、林地等农用地，改变被占用土地用途，数量较大，造成耕地、林地等农用地大量毁坏的，处 5 年以下有期徒刑或者拘役，并处或者单处罚金。

15. 盗伐林木罪

盗伐森林或者其他林木，数量较大的，处 3 年以下有期徒刑、拘役或者管制，并处或者单处罚金；数量巨大的，处 3 年以上 7 年以下有期徒刑，并处罚金；数量特别巨大的，处 7 年以上有期徒刑，并处罚金。

16. 滥伐林木罪

违反《森林法》的规定，滥伐森林或者其他林木，数量较大的，处 3 年以下有期徒刑、拘役或者管制，并处或者单处罚金；数量巨大的，处 3 年以上 7 年以下有期徒刑，并处罚金。

17. 走私、贩卖、运输、制造毒品罪

走私、贩卖、运输、制造毒品罪是指违反国家毒品管理法规，走私、贩卖、运输、制造毒品的行为。走私、贩卖、运输、制造毒品，无论数量多少，都应当追究刑事责任，予以刑事处罚。走私、贩卖、运输、制造毒品，有下列情形之一的，处 15 年有期徒刑、无期徒刑或者死刑，并处没收财产：（1）走私、贩卖、运输、制造鸦片 1000 克以上、海洛因或者甲基苯丙胺 50 克以上或者其他毒品数量大的；（2）走私、贩卖、运输、制造毒品集团的首要分子；（3）武装掩护走私、贩卖、运输、制造毒品的；（4）以暴力抗拒检查、拘留、逮捕，情节严重的；（5）参与有组织的国际贩毒活动的。走私、贩卖、运输、制造鸦片 200 克以上不满 1000 克、海洛因或者甲基苯丙胺 10 克以上不满 50 克或者其他毒品数量较大的，处 7 年以上有期徒刑，并处罚金。

18. 帮助信息网络犯罪活动罪

帮助信息网络犯罪活动罪是指明知他人利用信息网络实施犯罪，为其犯罪提供互联网接入、服务器托管、网络存储、通讯传输等技术支持，或者提供广告推广、支付结算等帮助的行为。明知他人犯罪：行为人必须明知他人利用信息网络实施犯罪。这种明知可以是明确地知道，也可以是根据对方的行为、交易模式等推断出来的知道；提供帮助：为犯罪提供互联网接入、服务器托管、网络存储、通信传输等技术支持，或者提供广告推广、支付结算等帮助。情节严重：行为人的行为必须达到情节严重的程度。例如，为 3 个以上对象提供帮助、支付结算金额在 20 万元以上、违法所得在 1 万元以上等情形。根据《刑法》第 287 条之二的规定，犯本罪，情节严重的，处 3 年以下有期徒刑或者拘役，并处或者单处罚金。单位犯本罪的，对单位判处罚金，并对其直接负责的主管人员和其他直接责任人员，依照前款的规定处罚。

■ 【教育案例】

案例 1：盗窃罪与侵占罪的界限

吕某某路过某自行车行，看到有一辆名牌电动自行车（价值 9000 元）放在车行门口，欲据为己有。吕某某见店内货架上没有放置自行车锁，便谎称其要购买一套车锁，店主告知其店内暂时卖完了，需要去旁边的库房取新锁。于是店主跟吕某某说："我去库房拿锁，你在店中等我顺便帮我看着店。"吕某某见店主进入库房后，顺势骑走该名牌电动自行车。

关于本案，吕某某构成何罪？

分析：首先，吕某某将店主骗走的行为不属于诈骗中的欺骗行为，因为诈骗罪中的欺骗行为是为了使被骗人陷入处分财物的错误认识进而处分其财物的行为，而吕某某只是为了将店主骗离现场，以便更容易地取走他人财物。故吕某某不成立诈骗罪。其次，店主被骗后离开现场时对吕某某说"帮我看着店"，并不意味着店主就将修理店的财物转移给吕某某占有。这种情形下，吕某某最多不过是店主占有财物的辅助者，财物依然属于店主占有。吕某某趁机将电动自行车骑走的行为不成立侵占罪。最后，本案中的情形属于实施调虎离山之计取得他人占有财物的情形，即将他人骗离现场，使他人与其财物之间的占有关系不再紧密，而出现迟缓状态，从而使得行为人更容易取得该财物。故综上所述，吕某某成立盗窃罪。

案例 2："交通肇事案"：知法守法，安全出行

某日，天下着小雪。小明（14 周岁）开着一辆大众牌小车在乡村公路上行驶，一时不慎将正在公路上行走的蒋某撞成重伤。小明正打算下车救人，坐在副驾驶的大明（小明之父）说："儿子，别去，周围的村民都来了会有很多麻烦的。"于是小明便开车逃逸了，最终蒋某因流血过多而死亡。

关于本案，对二人的行为应当如何定性？

分析：第一，根据《刑法》第 133 条的规定，交通肇事后因逃逸而致人死亡的行为是交通肇事罪的情节加重犯，不满 16 周岁的行为人不必为此负刑事责任。本案中，小明仅 14 周岁，所以依法不构成犯罪。第二，交通肇事罪属于过失犯罪，而过失犯罪中不存在共同犯罪的问题。最高人民法院《关于审理交通肇事刑事案件具体应用法律若干问题的解释》第 5 条第 2 款规定："交通肇事后，单位主管人员、机动车辆所有人、承包人或者乘车人指使肇事人逃逸，致使被害人因得不到救助而死亡的，以交通肇事罪的共犯论处。"但这一规定不能成为认定过失犯罪存在共犯的特例，而只能表明这种情形下双方都成立交通肇事罪。综上所述，本案中，小明开车时因过失造成事故，这一行为并非大明指使所致，而且小明依法不能构成犯罪，故对大明应以交通肇事罪论处。

案例 3："致人重伤置入险境，终致命案"：法律与道德的双重拷问

李某海在某建筑工地开挖掘机，某日夜间，李某海因开车时光线过暗未注意到工地路况以致将同在工地上的马某壮撞死、刘某波撞伤。李某海当即将刘某波带去了附近的医院，在去医院的路上，李某海突然想到很可能会坐牢，于是将刘某波丢到马路后面的水沟里后便逃跑了。刘某波因未能得到及时救助而死亡。

关于本案，对李某海的行为该如何定性？

分析：第一，建筑工地并不属于公共交通运输领域，因此，李某海开车不小心将工友撞死、撞伤的行为不成立交通肇事罪。第二，李某海在作业中违反安全管理规定，发生重大伤亡事故，成立重大责任事故罪。第三，李某海为了逃避法律责任，将刘某波带离事故现场后遗弃，这一行为将刘某波置于更危险的境地，最终导致刘某波不得救治而亡。因此，李某海的行为还成立故意杀人罪。

案例 4：诋毁卫国戍边英雄，法律亮剑维护正义

被告人仇某，男，1982 年出生，南京某投资管理有限公司法定代表人。

2020 年 6 月，印度军队公然违背与我方达成的共识，悍然越线挑衅。在与之交涉和激烈斗争中，团长祁发宝身先士卒，身负重伤；营长陈红军、战士陈祥榕突入重围营救，奋力反击，英勇牺牲；战士肖思远突围后义无反顾返回营救战友，战斗至生命最后一刻；战士王焯冉在渡河支援途中，拼力救助被冲散的战友脱险，自己却淹没在冰河中。边防官兵誓死捍卫祖国领土，彰显了新时代卫国戍边官兵的昂扬风貌。同年 6 月，陈红军、陈祥榕、肖思远、王焯冉被评定为烈士；2021 年 2 月，中央军事委员会追授陈红军"卫国戍边英雄"荣誉称号，追记陈祥榕、肖思远、王焯冉一等功，授予祁发宝"卫国戍边英雄团长"荣誉称号。

2021 年 2 月 19 日上午，仇某在看到卫国戍边官兵英雄事迹宣传报道后，为博取眼球，获得更多关注，在住处使用其新浪微博账号"辣笔小球"（粉丝数 250 余万），先后发布 2 条微博，歪曲卫国戍边官兵祁发宝、陈红军、陈祥榕、肖思远、王焯冉等人的英雄事迹，诋毁、贬损卫国戍边官兵的英雄精神。

上述微博在网络上迅速扩散，引起公众强烈愤慨，造成恶劣社会影响。截至当日 15 时 30 分，仇某删除微博时，上述 2 条微博共计被阅读 202 569 次、转发 122 次、评论 280 次。

关于本案，对"诋毁、贬损卫国戍边官兵的英雄精神"的行为在司法实践中如何认定？司法机关如何采取相应的措施？

分析：首先，本罪中的"英雄烈士"，是指已经牺牲、逝世的英雄烈士。如果行为人以侮辱、诽谤或者其他方式侵害健在的英雄模范人物的名誉、荣誉，构成犯罪的，可以适用侮辱罪、诽谤罪追究刑事责任。但是，如果在同一案件中，行为人的行为所侵害的群体中既有已牺牲的烈士，又有健在的英雄模范人物时，应当整体评价为侵害英雄烈士名誉、荣誉的行为，不宜区别适用侵害英雄烈士名誉、荣誉罪和侮辱罪、诽谤罪。对于虽不属于烈士，但事迹、精神被社会普遍公认的已故英雄模范人物，因他们为国家、民族和人民作出巨大贡献和牺牲，其名誉、荣誉承载着社会主义核心价值观，应当被纳入侵害英雄烈士名誉、荣誉罪的犯罪对象，与英雄烈士的名誉、荣誉予以刑法上的一体保护。

对于侵害英雄烈士名誉、荣誉罪中"情节严重"的认定，可以参照最高人民法院、最高人民检察院《关于办理利用信息网络实施诽谤等刑事案件适用法律若干问题的解释》（以下简称《网络诽谤解释》）的规定，并可以结合案发时间节点、社会影响等综合认定。《网络诽谤解释》第 2 条的规定，同一诽谤信息实际被点击、浏览次数达到 5000 次以上，或者被转发次数达到 500 次以上的；造成被害人或者其近亲属精神失常、自残、自杀等严重后果的；2 年内曾因诽谤受过行政处罚，又诽谤他人的；具有其他情节严重的情形的，属于"情节严重"。办理利用信息网络侵害英雄烈士名誉、荣誉案件时，可以参照上述标准。对于虽未达到上述数量、情节要求，但在特定时间节点通过具有公共空间属性的网络平台和媒介公然侵害英雄烈士名誉、荣誉，引起广泛传播，造成恶劣社会影响的，也可以认定为"情节严重"。对于只是在相对封闭的网络空间，如在亲友微信群、微信朋友圈等发表不当言论，没有造成大范围传播的，可以不认定为"情节严重"。

刑事检察和公益诉讼检察依法协同履职，维护社会公共利益。检察机关办理侵害英雄烈士名誉、荣誉案件，在英雄烈士没有近亲属，或者经征询意见，近亲属不提出民事诉讼时，应当充分履行刑事检察和公益诉讼检察职能，提起公诉的同时，可以向人民法院一并提起附带民事公益诉讼，同步推进刑事责任和民事责任的追究，实现审判阶段刑事诉讼、附带民事公益诉讼由人民法院同一合议庭审理、同步判决，提高诉讼效率、确保庭审效果。

案例 5："吴某宇案"：家庭教育的缺失与心理健康警示

被告人吴某宇悲观厌世，曾产生自杀之念，其父病故后，认为母亲谢某琴的生活已失去意义，于 2015 年上半年产生杀害谢某琴的念头，并网购作案工具。2015 年 7 月 10 日 17 时许，吴某宇趁谢某琴回家换鞋之际，持哑铃连续猛击谢某琴头面部，致使谢某琴死亡，并在尸体上放置床单、塑料膜等 75 层覆盖物及活性炭包、冰箱除味剂。后吴某宇向亲友隐瞒谢某琴已被其杀害的真相，虚构谢某琴陪同其出国交流学习，以需要生活费、学费、财力证明等理由骗取亲友 144 万元予以挥霍。为逃避侦查，吴某宇购买了 10 余张身份证件，用于隐匿身份。2021 年 8 月 26 日上午，福建省福州市中级人民法院依法对被告人吴某宇故意杀人、诈骗、买卖身份证件案进行一审公开宣判。以被告人吴某宇犯故意杀人罪、诈骗罪、买卖身份证件罪，数罪并罚，决定执行死刑，剥夺政治权利终身，并处罚金 10.3 万元。

分析：被告人吴某宇故意非法剥夺他人生命，其行为已构成故意杀人罪；以非法占有为目的，隐瞒真相，虚构事实，骗取他人钱款，数额特别巨大，其行为已构成诈骗罪；为逃避刑事处罚，购买身份证件，其行为已构成买卖身份证件罪，应依法予以并罚。吴某宇为实施故意杀人犯罪，经过长时间预谋、策划，主观恶性极深，犯罪手段残忍。吴某宇杀害母亲的行为严重违背家庭人伦，践踏人类社会的正常情感，社会影响极其恶劣，罪行极其严重。

从本案案情看，吴某宇事前的预谋、事中的冷静、事后的现场处置与出逃，都表明其完全具备刑法意义上的辨认能力和控制能力，是其法治观念缺失、道德品质败坏、是非对错标准严重错误、漠视他人生命等酿成了如此惨案和悲剧。从刑事程序上看，该案已经二审裁判，但留给社会思考的是如何培养一个人的健全人格。难以想象一个具备正常人格的人会如此残忍地对待自己的母亲。该案也再次给家庭、学校和社会敲响了警钟，在关心孩子身体发育和学业进步的同时，一定要重视其健全人格的塑造。在孩子的求学阶段，学业成绩的优异可能掩盖其人格、情感等方面的缺陷。本案中，虽然刑事责任后果由吴某宇自身承担，但其家庭遭受毁灭、学校优质教学资源付之东流和社会人伦观念被践踏等影响不会随着案结而消失。吴某宇到案后虽如实供述犯罪事实，但不足以对其从轻处罚。因此法院作出上述判决。

■ 思考题：

1. 如何认定非法吸收公众存款罪，其常见表现有哪些？
2. "吴某宇案"给我们的启示有哪些？

第三节　民法知识

2020年5月28日，第十三届全国人民代表大会通过并公布《民法典》，该法自2021年1月1日起实施。

一、民法的基本原则

（一）民法概述

民法是调整平等民事主体之间的人身关系和财产关系的法律。《民法典》

第 2 条规定："民法调整平等主体的自然人、法人和非法人组织之间的人身关系和财产关系。"

1. 民事法律关系

民事法律关系是受民法调整所形成的、以民事权利义务为核心内容的社会关系。人身关系和财产关系是依据民事法律关系的性质所作的基本分类。财产法律关系是指直接与财产利益有关的、具有财产利益内容的民事法律关系，如物权法律关系、合同法律关系。人身法律关系是指与民事主体人身不可分离的、不具有直接财产利益内容的民事法律关系，可分为人格权法律关系和身份权法律关系。

民事法律关系产生、变更和消灭由民事法律事实引起。民事法律事实包括自然事实和人的行为。例如，暴雨（属于自然事实）导致航班取消，则成为引起旅客和航空公司订立的运送合同变更或解除的民事法律事实。再如，男女双方达成缔结婚姻的合意并到婚姻登记机关登记（属于人的行为）引起婚姻法律关系的发生。

2. 民事权利、民事义务、民事责任

民事权利是指民事法律关系中的主体依据法律规定或合同约定，根据自己的意思实现一定利益的可能性。民事权利的种类很多，各种权利的性质也千差万别。其中，财产权和非财产权是民事权利的主要分类，财产权是直接体现为财产权益的民事权利，如物权、债权、知识产权等；非财产权是基于人格利益和身份利益的民事权利，如自然人的生命权、身体权、健康权、姓名权、肖像权、荣誉权等属于人格权，而基于婚姻、家庭关系产生的亲属权属于身份权。

民事义务是民事法律关系的当事人一方为了满足他方利益所应实施的行为限度，包括法定义务和约定义务。基于民事生活秩序和其他社会秩序的要求由法律或其他社会规范规定的行为义务就属于法定义务，例如从事高度危险作业的注意义务。

民事责任是民事主体违反民事义务的法律后果。违反法定义务致人损害的，通常承担侵权的民事责任。违反当事人自由约定的义务的，承担违约的民事责任。我国《民法典》第 179 条规定了承担民事责任的方式，例如，返还财产、恢复原状、赔偿损失、支付违约金等财产性责任；以及停止侵害、排除妨碍、消除危险、赔礼道歉等非财产性责任。

3. 民事主体

我国《民法典》所规定的民事主体包括自然人、法人和非法人组织。

（1）自然人。自然人从出生时起到死亡时止，具有民事权利能力，依法享有民事权利，承担民事义务。自然人因为年龄的不同和智力是否正常，而在民事行为能力上有不同的类别划分。自然人的民事行为能力，是指自然人能够通过独立意思表示，实施民事法律行为的能力。民法设立自然人的民事行为能力制度，意在保护未成年人和精神病人的利益。我国《民法典》根据我国自然人的具体情况将自然人的民事行为能力划分为三种：

第一种，完全民事行为能力。这是指自然人具有的通过自己独立的意思表示实施民事法律行为的能力。在我国，18 周岁以上的自然人为成年人，是完全民事行为能力人。16 周岁以上的未成年人，以自己的劳动收入为主要生活来源的，视为完全民事行为能力人。

第二种，限制民事行为能力。这是指自然人通过独立意思表示实施民事法律行为的能力受到一定的限制。在我国，根据《民法典》的规定，限制民事行为能力人包括两种，一是 8 周岁以上的未成年人，二是不能完全辨认自己行为的成年人。他们实施民事法律行为须由其法定代理人代理或者经其法定代理人同意、追认，但是可以独立实施纯获利益的民事法律行为或者与其年龄、智力相适应的民事法律行为。

第三种，无民事行为能力。这是指自然人不具有以自己独立的意思表示实施民事法律行为的能力。根据《民法典》的规定，无民事行为能力人包括两种，一是不满 8 周岁的未成年人，二是不能辨认自己行为的成年人。他们都要由其法定代理人代理实施民事法律行为。

民事法律为未成年人和无民事行为能力人或限制民事行为能力人设立了监护制度。《民法典》第 34 条第 1、3 款规定："监护人的职责是代理被监护人实施民事法律行为，保护被监护人的人身权利、财产权利以及其他合法权益等。""监护人不履行监护职责或者侵害被监护人合法权益的，应当承担法律责任。"未成年人的法定监护人由其父母担任。未成年人的父母已经死亡或者没有监护能力的，一般由具有监护能力的祖父母、外祖父母和兄、姐等担任监护人。无民事行为能力或者限制民事行为能力的成年人，一般由配偶、父母、子女、其他近亲属等担任监护人。

《民法典》第 33 条规定了意定监护制度，具有完全民事行为能力的成年人，可以与其近亲属、其他愿意担任监护人的个人或者组织事先协商，以书面形式确定自己的监护人，约定其在自己丧失或者部分丧失民事行为能力时履行监护职责。

（2）法人。法人是具有民事权利能力和民事行为能力的组织。在我国民法上，法人包括营利法人和非营利法人。前者是以取得利润并分配给股东等出资人为目的成立的法人，如公司；后者是以公益或者其他非营利目的成立的法人，包括事业单位法人、社会团体法人和捐助法人（如基金会）等。在非营利法人中，事业单位是指为适应经济社会发展需要，提供公益服务而设立的，具备法人条件的组织。社会团体是指基于会员共同意愿，为公益目的或者会员共同利益等非营利目的设立的，具备法人条件的组织。捐助法人是指为公益目的而捐助财产设立的，具备法人条件的基金会、社会服务机构等组织。

法人的民事责任对法人自身而言是独立责任，即以自己的财产对自己的债务承担责任，而对法人成员而言则是有限责任，即法人的出资人对法人债务的责任以其出资为限。具体而言，以下规则值得注意：第一，法人对其法定代表人及其他工作人员的职务行为承担民事责任。依据我国法律的规定，法人的法定代表人及其他工作人员执行职务的行为视为法人的行为，其职务行为的法律后果由法人承担。第二，法人对自己的民事违法行为承担民事责任。法人因违法行为给他人造成损失的，应对受害人承担民事责任。法人的工作人员因执行工作任务造成他人损害的，由法人承担民事责任；法人在对外承担民事责任后，可根据法律和章程的规定，向有过错的责任人员追索。

（3）非法人组织。非法人组织是不具有法人资格，但是能够依法以自己的名义从事民事活动的组织，包括个人独资企业、合伙企业、不具有法人资格的专业服务机构等。依据我国《民法典》第103条的规定，非法人组织须经依法登记才能取得民事主体地位。非法人组织与法人的主要区别在于：当这些组织体不能以自己的财产清偿自己的债务时，应由它们的出资人、开办人或者全体成员承担连带清偿责任。

4. 民事法律行为

民事法律行为是民事主体通过意思表示设立、变更、终止民事法律关系的行为。根据我国《民法典》第143条的规定，有效的民事法律行为应当具备如下条件：行为人具有相应的民事行为能力；意思表示真实；不违反法律、行政法规的强制性规定，不违背公序良俗。

（1）行为人具有相应的民事行为能力。如前所述，《民法典》将自然人分为完全民事行为能力人、限制民事行为能力人和无民事行为能力人，除法律有特别规定外（如《民法典》对结婚年龄的规定），完全民事行为能力人可以独立实施所有民事法律行为。而限制民事行为能力人实施的纯获利益的民事法律行为或者与其年龄、智力、精神健康状况相适应的民事法律行为有效；实施的其他民事法律行为经其法定代理人同意或者追认后有效。无民事行为能力人实施的民事法律行为无效，只能通过其法定代理人代理实施。

（2）意思表示真实。所谓意思表示真实，是指表意人的表示行为应当真实地反映其内心的效果意思，目的主要是保障民事主体行为的自主、自愿。《民法典》第146条规定，以虚假的意思表示实施的民事法律行为无效，例如，为了逃避债务而作出虚假赠与财产的行为无效。意思表示不真实的民事法律行为，法律允许行为人行使撤销权。《民法典》第147条至第151条规定，民事法律行为是基于重大误解、被欺诈、被胁迫、显失公平而作出的，撤销权人可以请求人民法院或者仲裁机构撤销该民事法律行为。例如，商家从事虚假广告宣传，导致消费者上当受骗的，消费者有权撤销合同。《民法典》第152条规定了行使撤销权的期限：当事人自知道或者应当知道撤销事由之日起1年内、重大误解的当事人自知道或者应当知道撤销事由之日起90日内没有行使撤销权；当事人受胁迫，自胁迫行为终止之日起1年内没有行使撤销权；当事人知道撤销事由后明确表示或者以自己的行为表明放弃撤销权。当事人自民事法律行为发生之日起5年内没有行使撤销权的，撤销权消灭。

（二）民法的基本原则

民法的基本原则是民事立法、民事司法和民事活动的基本准则，是体现民法精神，指导民事立法、司法和民事活动的基本原则，反映了民事生活的根本属性，尤其是市民社会的一般条件、趋势和要求。我国《民法典》总则编第一章规定了民法的六项基本原则。

1. 平等原则

平等原则是指自然人、法人和非法人组织这些民事主体均以平等的身份参加民事活动，任何一方都不具有优越于另一方的法律地位，平等地受民事法律的约束而不享有特权，平等地受民事法律的保护和救济。如《民法典》

总则编第 4 条规定："民事主体在民事活动中的法律地位一律平等。"《民法典》第 207 条规定国家、集体、私人的物权受法律平等保护，第 1041 条确立婚姻家庭关系中的男女平等原则。

2. 自愿原则

民事主体从事民事活动，应当遵循自愿原则，按照自己的意思设立、变更、终止民事法律关系。我国民法中的自愿原则主要表现为合同自由、婚姻自由、遗嘱自由等。

3. 公平原则

公平原则以权利义务的衡平配置为内核，通过矫正民事法律关系中的利益失衡实现实质正义。《民法典》合同编中关于显失公平的法律行为可撤销的规定，即是公平原则的具体化。《民法典》第 1186 条规定，受害人和行为人对损害的发生都没有过错的，依照法律的规定由双方分担损失，该公平责任规定是公平原则在侵权责任编的具体体现。

4. 诚信原则

诚信原则是指民事主体在民事活动中应当诚实、恪守信用，并依照善意的方式行使权利、履行义务，这一原则常常被称为民法中的"帝王规则"。诚信是市场活动的基本准则，是保障交易秩序的重要法律原则。诚信原则具有填补法律漏洞的功能，裁判机关遇到新情况、新问题时，可以依据诚信原则行使裁量权，调整当事人之间的权利义务。

5. 公序良俗原则

公序良俗原则由"公共秩序"与"善良风俗"两个要素构成，要求民事主体在从事民事活动时，不仅遵守法律法规的强制性规定，而且遵循符合国家与社会的公共利益与社会共同体普遍认同的基本伦理道德准则，违反公序良俗的民事法律行为均属无效。《民法典》婚姻家庭编规定家庭应当树立优良家风、弘扬家庭美德；继承编将公序良俗原则作为"兜底性"原则，旨在实现对社会伦理底线的刚性维护。

6. 绿色原则

绿色原则要求民事主体在从事民事活动时，应当注重节约资源、保护生态环境。该原则融合了传统的"天地人和"理念与现代法治精神，旨在协调经济发展与生态保护的关系，切实推动可持续发展。在《民法典》中，合同编第四章第 509 条明确规定了履行合同过程中应避免浪费资源、污染环境和破坏生态的要求；同时，侵权编第七章设立了严格的环境污染和生态破坏责任条款。

二、违反合同的法律责任

（一）合同的概念

合同是平等民事主体（自然人、法人、其他组织）之间设立、变更、终止民事权利义务关系的协议。合同是产生债的一种最为普遍和重要的根据，故又称债权合同。我国《民法典》合同编调整的是有关财产权利义务关系的协议，婚姻、收养、监护等有关身份关系的协议，应当优先适用有关身份关系的法律规定。

《民法典》合同编是在对合同进行类型区分的基础上进行法律调整，合同编第二分编规定了19种基本合同类型，包括：买卖合同、供用电、水、气、热力合同、赠与合同、借款合同、保证合同、租赁合同、融资租赁合同、保理合同、承揽合同、建设工程合同、运输合同、技术合同、保管合同、仓储合同、委托合同、物业服务合同、行纪合同、中介合同、合伙合同等。法律对这些合同确定了特定的名称和规则，为当事人订立和履行合同提供了指导。

（二）合同的订立

合同的订立一般要经过要约和承诺两个步骤。

1. 要约

所谓要约，是指当事人一方向他方提出订立合同的意思表示。提出要约的一方称要约人。在要约中，要约人必须明确提出足以决定合同内容的基本条款。依据《民法典》合同编第474条的规定，要约到达受要约人时生效。例如，以非对话的方式作出的采用数据电文形式的意思表示，相对人指定系统接收数据电文的，该数据电文进入特定系统时生效。要约可以向特定的人提出，亦可向不特定的人提出。要约人可以规定要约的承诺期限，即要约的有效期限。在要约的有效期限内，要约人受其要约的约束，即有与接受要约者订立合同的义务。出卖特定物的要约人，不得再向第三人提出同样的要约。要约没有规定承诺期限的，可按通常合理的时间确定。对于超过承诺期限或已被撤销的要约，要约人则不受其拘束。

2. 承诺

所谓承诺，是指当事人一方对他方提出的要约表示完全同意。同意要约的一方称受要约人。受要约人对要约表示承诺，承诺应当在要约确定的期限内到达要约人。《民法典》合同编第 481 条第 2 款规定："要约没有确定承诺期限的，承诺应当依照下列规定到达：（一）要约以对话方式作出的，应当即时作出承诺；（二）要约以非对话方式作出的，承诺应当在合理期限内到达。"第 482 条规定："……要约以电话、传真、电子邮件等快速通讯方式作出的，承诺期限自要约到达受要约人时开始计算。"

承诺生效时，合同即告成立，受要约人就要承担履行合同的义务。对要约内容的扩张、限制或变更的承诺，一般可视为拒绝要约而作新的要约，对方承诺新要约的，合同即成立。《民法典》合同编第 491 条第 1 款规定："当事人采用信件、数据电文等形式订立合同要求签订确认书的，签订确认书时合同成立。"

（三）合同的形式与内容

合同的形式主要有口头合同、书面合同和其他形式等。订立合同的双方当事人可以自由选择合同形式，但是法律、行政法规规定采用书面形式的，应当采用书面形式。当事人约定采用书面形式的，应当采用书面形式。

《民法典》合同编第 470 条规定："合同的内容由当事人约定，一般包括下列条款：（一）当事人的姓名或者名称和住所；（二）标的；（三）数量；（四）质量；（五）价款或者报酬；（六）履行期限、地点和方式；（七）违约责任；（八）解决争议的方法。当事人可以参照各类合同的示范文本订立合同。"

（四）违约责任

《民法典》合同编第 577 条规定："当事人一方不履行合同义务或者履行合同义务不符合约定的，应当承担继续履行、采取补救措施或者赔偿损失等违约责任。"

承担违约责任的方式主要有强制履行、赔偿损失和支付违约金等几种。

1. 强制履行

强制履行又称强制实际履行或依约履行，是指在违约方不履行合同时，由法院强制违约方继续履行合同义务，从而使守约方的债权可依约实现，包括限期履行应履行的债务或者采取修理、重作、更换等补救措施。《民法典》合同编第 580 条也规定了对非金钱债务限制适用强制履行的情形：法律上或者事实上不能履行；债务的标的不适于强制履行或者履行费用过高；债权人在合理期限内未要求履行。

2. 赔偿损失

赔偿损失又称损害赔偿，是指违约方不履行合同义务时赔偿守约方因其违约而遭受的损失。赔偿损失与强制履行可以同时适用，只要两者的并用未使守约方获得重复填补。《民法典》合同编第583条也对此进行了规定，违约方"在履行义务或者采取补救措施后，对方还有其他损失的，应当赔偿损失"。该法第584条限定，违约方承担的损失赔偿额应当相当于因违约所造成的损失，包括合同履行后可以获得的利益，但不得超过违约一方订立合同时预见到或者应当预见到的因违约可能造成的损失。

3. 支付违约金

违约金是指当事人事先约定的，违约方于违约发生时向守约方支付的一定数额的金钱。其主要功能在于免除守约方的举证责任，同时也提供一种"威慑"，确保债权的实现。《民法典》合同编第585条规定，当事人可以约定一方违约时应当根据违约情况向对方支付一定数额的违约金，也可以约定因违约产生的损失赔偿额的计算方法。而且，约定的违约金低于造成的损失的，当事人可以请求人民法院或者仲裁机构予以增加；约定的违约金过分高于造成的损失的，当事人可以请求人民法院或者仲裁机构予以适当减少。此外，当事人就迟延履行约定违约金的，违约方支付违约金后，还应当继续履行债务。

《民法典》合同编第590条规定了违约方的免责事由。当事人一方因不可抗力不能履行合同的，根据不可抗力的影响，部分或者全部免除责任，但是法律另有规定的除外。当事人迟延履行后发生不可抗力的，不免除其违约责任。

（五）民间借贷

借款合同在民众生活中具有普遍性，民间借贷引发的纠纷也较多，民间借贷中债权人和债务人应当注意风险。民间借贷是指自然人、法人、其他组织之间及其相互之间进行资金融通的行为。民间借贷能够帮助实现快速的资金周转，但若自然人、法人、其他组织追求过高的利息，则可能导致其不受法律的保护。《民法典》合同编第680条规定，借款的利率不得违反国家有关规定。2020年最高人民法院第二次修正的《关于审理民间借贷案件适用法律若干问题的规定》（以下简称《民间借贷司法解释》）确定了1年期贷款市场报价利率的 4 倍上限，取消了原"两线三区"的规定。最新《民间借贷司法解释》第 31 条第 2 款规定："2020 年 8 月 20 日之后新受理的一审民间借贷案件，借贷合同成立于 2020 年 8 月 20 日之前，当事人请求适用当时的司法解释计算自合同成立到 2020 年 8 月 19 日的利息部分的，人民法院应予支持；对于自 2020 年 8 月 20 日到借款返还之日的利息部分，适用起诉时本规定的利率保护标准计算。"

《民间借贷司法解释》实施后的利息计算方法

案件受理时间	合同成立时间	利息时间	利率计算
2020 年 8 月 20 日前	不考虑	合同成立至 借款返还之日	两线三区
2020 年 8 月 20 日后	2020 年 8 月 20 日前	自合同成立至 2020 年 8 月 19 日	两线三区
		2020 年 8 月 20 日至 借款返还之日	不超过合同成立时 1 年贷款利率 4 倍
	2020 年 8 月 21 日后	自合同成立至 借款返还之日	不超过合同成立时 1 年贷款利率 4 倍

1. 作为债权人，要注意防范民间借贷风险

（1）要求借款人出具借款凭据。避免因为是熟人借款就碍于情面不要求借款人写下借款凭据。现实生活中，借款人往往因为没有借款凭据而变得很被动，因此，借款时应要求借款人当面写下借条，写明借款人、用途、数额、利率、期限和还款方式等。

（2）判断借款人的还款能力。借款前最好对借款人的借款用途、财产情况、个人信用等情况有一定了解，对其还款能力有一定的评判，避免盲目信任地借款。

（3）尽可能要求借款人提供担保。对于较大金额的借款，最好要求借款人提供抵押、质押或者有经济实力的人担保。

（4）要求借款用于合法用途。债权人对于明知借款人是为了进行赌博等非法活动而借款的，应当明确拒绝。

（5）借款利息约定要合法。需要注意的是，超出法定利息限度的利息约

定无效。

（6）到期不还钱的，债权人应当及时催要，避免超过诉讼时效导致诉讼请求无法得到支持。

（7）债权人要正确运用法律武器来维护自己的合法权益，对借款人不讲信誉、到期不还的，千万不要采取私自扣押人质、强抢债务人财物等过激的行为，可通过向人民法院申请支付令或者依法起诉的方式维护权益。

（8）谨防以民间借贷为名的非法集资，谨慎对待高利息的诱惑，这类集资经营者往往虚构投资项目，骗取借款人信任，同时利用借款人贪图高利的心理，一旦经营者无力偿还、卷款而逃，借款将血本无归。

2. 作为债务人，不能成为"老赖"

自从 2013 年 7 月通过的《最高人民法院关于公布失信被执行人名单信息的若干规定》提出"失信被执行人"的概念以来，我国陆续规定了更加具体的措施，主要包括：

（1）强制执行存款、收入、股票、车辆、应收账款、土地、房产、养老金等财物。

（2）要求加倍支付迟延履行期间的债务利息和支付迟延履行金。

（3）实施罚款、拘留等强制措施。

（4）禁止出入境。

（5）限制高消费及非生活和工作必需的消费行为：乘坐交通工具时，选择飞机、列车软卧、轮船二等以上舱位；在星级以上宾馆、酒店、夜总会、高尔夫球场等场所进行高消费；购买不动产或者新建、扩建、高档装修房屋；租赁高档写字楼、宾馆、公寓等场所办公；购买非经营必需车辆；旅游、度假；子女就读高收费私立学校；支付高额保费购买保险理财产品；乘坐 G 字头动车组列车全部座位、其他动车组列车一等以上座位等其他非生活和工作必需的消费行为。违反限制消费令，经查证属实的，法院将依照《民事诉讼法》的规定，予以罚款、拘留；情节严重，构成犯罪的，依法追究刑事责任。

（6）从业或商业活动限制。限制担任高管、限制使用支付宝等网络支付工具、限制进入特定行业，限制参与招投标、限制政府支持和补贴等。

（7）最严厉的就是根据《刑法》第 313 条的规定，以拒不执行判决、裁定罪追究刑事责任。

（8）社会征信时直接被记入不良人员名单，银行拒绝为其贷款。

三、侵权的法律责任

我国《民法典》以第七编明确规定了侵权责任，旨在预防并制裁侵权行为，保护民事主体的合法权益，促进社会和谐稳定。

（一）一般侵权责任的构成

侵权责任是民事主体实施侵权行为侵害他人合法权益时，依法应承担的民事法律后果。《民法典》第120条规定："民事权益受到侵害的，被侵权人有权请求侵权人承担侵权责任。"一般侵权责任是适用过错责任原则的侵权责任。一般侵权责任应当具备以下构成要件：①存在加害行为；②民事权益被侵害；③加害行为与民事权益被侵害之间具有因果关系；④行为人具有过错。

（二）侵权责任法的保护范围

侵权行为的侵害对象是合法的民事权益。《民法典》所规定的民事权益主要包括生命权、健康权、姓名权、名誉权、荣誉权、肖像权、隐私权、婚姻自主权、监护权、所有权、用益物权、担保物权、著作权、专利权、商标专用权、股权、继承权等人身、财产权益。

（三）侵权责任的承担方式

侵权行为是一种能够引起民事法律后果的行为，这种法律后果就是侵害人应当承担侵权责任。侵权责任承担的主要方式包括停止侵害、排除妨碍、消除危险、返还财产、恢复原状、赔偿损失、赔礼道歉、消除影响、恢复名誉等。

（四）侵权责任的免责事由

我国《民法典》侵权责任编第1173条至第1178条规定了不承担侵权责任或减轻责任的情形，具体包括：（1）被侵权人对同一损害的发生或者扩大有过错的，可以减轻侵权人的责任。（2）损害是因受害人故意造成的，行为人不承担责任。（3）第三人从事的不法行为中断了侵权人在前的加害行为与损害之间的因果关系。（4）受害人自愿参加具有一定风险的文体活动，因其他参加者的非故意或重大过失行为受到损害的，其他参加者不承担侵权责任。（5）合法权益受到侵害情况紧急且不能及时获得国家机关保护，不立即采取措施将使其合法权益受到难以弥补的损害的，受害人可以在保护自己合法权益的必要范围内采取自助行为。但是受害人采取的措施不当造成他人损害的，应当承担侵权责任。（6）该法和其他法律对不承担责任或者减轻责任的情形另有规定的，依照其规定。例如，《民法典》关于不可抗力、正当防卫和紧急避险的规定，《消费者权益保护法》的有关规定。

（五）侵权损害赔偿

侵害他人民事权益并造成财产损失时，侵权人应当向被侵权人承担财产损害赔偿责任。

1. 财产损害赔偿

财产损害赔偿包括人身伤亡的损害赔偿、侵害其他人身权益的损害赔偿以及侵害财产权益的损害赔偿。

人身伤亡的损害赔偿是指侵害他人的生命权、身体权、健康权而致人伤亡时，侵权人就被侵权人遭受的财产利益损失而负担的赔偿责任。根据《民法典》侵权责任编第 1179 条及《最高人民法院关于审理人身损害赔偿案件适用法律若干问题的解释》等相关司法解释的规定，人身伤亡的损害赔偿应当包括医疗费、误工费、护理费、交通费、住院伙食补助费、营养费、残疾赔偿金、残疾辅助器具费、丧葬费、死亡赔偿金、精神损害抚慰金等项目，受损害程度不同，赔偿项目也不同。2022 年 4 月 24 日，最高人民法院发布《关于修改<最高人民法院关于审理人身损害赔偿案件适用法律若干问题的解释>的决定》，并于 2022 年 5 月 1 日起施行。该决定将残疾赔偿金、死亡赔偿金以及被扶养人生活费由原来的城乡区分的赔偿标准，修改为统一采用城镇居民标准计算。自此正式在全国范围内确立了城乡居民人身损害赔偿"同命同价"的原则。

侵害其他人身权益的损害赔偿是指侵害他人的姓名权、名称权、名誉权、荣誉权、肖像权、隐私权、人身自由权、人格尊严权、婚姻自主权、监护权等人身权利与人格利益造成被侵权的人遭受财产损失时，由侵权人所承担的赔偿责任。一般来说，主要是被商业化利用的人身权（如姓名权、肖像权）遭受侵害时，才可能造成被侵权人的财产损失。这一点在影视界、体育界的知名人士身上体现得更为显著。《民法典》侵权责任编第 1182 条规定，侵害他人人身权益造成财产损失的，按照被侵权人因此受到的损失或者侵权人因此获得的利益赔偿；被侵权人因此受到的损失以及侵权人因此获得的利益难以确定，被侵权人和侵权人就赔偿数额协商不一致，向人民法院提起诉讼的，由人民法院根据实际情况确定赔偿数额。2021 年 1 月 1 日起实施的最高人民法院《关于审理利用信息网络侵害人身权益民事纠纷案件适用法律若干问题的规定》明确，被侵权人为制止侵权行为所支付的合理开支，可以认定为财产损失。合理开支包括被侵权人或者委托代理人对侵权行为进行调查、取证的合理费用。人民法院根据当事人的请求和具体案情，可以将符合国家有关部门规定的律师费用计算在赔偿范围内。被侵权人因人身权益受侵害造成的财产损失或者侵权人因此获得的利益无法确定的，人民法院可以根据具体案情在 50 万元以下的范围内确定赔偿数额。

侵害财产权益的损害赔偿主要是指侵害他人的所有权、用益物权、担保物权、著作权、专利权、商标专用权、股权、继承权等民事权益造成被侵权人遭受财产损失时，由侵权人所承担的赔偿责任。《民法典》侵权责任编第 1184 条规定："侵害他人财产的，财产损失按照损失发生时的市场价格或者其他合理方式计算。"侵害财产权给被侵权人造成的财产损失包括直接损失和间接损失。所谓直接损失，是指现有财产价值的减少；所谓间接损失，亦称可得利益损失，是指本应获得而因为被侵害而无法获得的利益损失。例如，侵害他人营运中的车辆，经营者因为汽车被损坏而停运一个月，其中被损坏车辆的维修费是直接的财产损失，经营者停运的收入损失即为可得利益损失，可以根据损害发生前的月平均收益来确定可得利益损失的数额。为了加强对知识产权的保护，提高侵权违法成本，知识产权的惩罚性赔偿规定引入《民法典》，《民法典》侵权责任编第 1185 条规定："故意侵害他人知识产权，情节严重的，被侵权人有权请求相应的惩罚性赔偿。"

2. 精神损害赔偿

《民法典》侵权责任编第 1183 条第 1 款规定，侵害自然人人身权益造成严重精神损害的，被侵权人有权请求精神损害赔偿。最高人民法院《关于确定民事侵权精神损害赔偿责任若干问题的解释》对精神损害赔偿的范围作了明确界定，具体包括：（1）因人身权益或者具有人身意义的特定物受到侵害的，自然人或者其近亲属有权请求精神损害赔偿；（2）非法使被监护人脱离监护，导致亲子关系或者近亲属间的亲属关系遭受严重损害，监护人有权请求精神损害赔偿；（3）死者的姓名、肖像、名誉、荣誉、隐私、遗体、遗骨等受到侵害，其近亲属有权请求精神损害赔偿。

精神损害赔偿额的确定应当注意以下问题：（1）因侵权致人精神损害的，只有造成严重后果，受害人才有权请求精神损害赔偿。如未造成严重后果，受害人请求精神损害赔偿的，一般不予支持。（2）精神损害抚慰金包括残疾赔偿金、死亡赔偿金，以及其他损害情形下的精神抚慰金。（3）精神损害的赔偿数额根据以下因素确定：侵权人的过错程度，法律另有规定的除外；侵害的手段、场合、行为方式等具体情节；侵权行为所造成的后果；侵权人的获利情况；侵权人承担责任的经济能力；受诉法院所在地平均生活水平。法律、行政法规对残疾赔偿金、死亡赔偿金等有明确规定的，适用法律、行政法规的规定。广西壮族自治区目前确定自然人的人格权利遭受严重精神损害的抚慰金赔偿额分为 5 万元、4 万元、3 万元、2 万元和 1 万元五个等级；一般性精神损害，抚慰金的赔偿数额分为 8000 元、6000 元、4000 元和 2000 元四个等级。

四、婚姻中的法律责任

婚姻家庭法是调整婚姻家庭关系的法律规范的总和，是调整婚姻家庭关系的基本准则，既包括对夫妻关系内容的规范，还涉及对家庭成员间权利义务关系的调整。

（一）结婚制度

1. 合法婚姻关系

结婚是男女双方按照法律规定的条件和程序，成立夫妻关系的法律行为。我国《民法典》婚姻家庭编第 1046 条、第 1047 条规定的结婚必备实质要件包括：必须达到法定结婚年龄，男不得早于 22 周岁、女不得早于 20 周岁；结婚必须是男女双方完全自愿；必须符合一夫一妻的原则。《民法典》婚姻家庭编规定结婚的形式要件是男女双方必须亲自到婚姻登记机关申请结婚登记，领取结婚证。《民法典》婚姻家庭编明确禁止任何一方对他方加以强迫或任何第三者干涉婚姻自由；禁止直系血亲和三代以内旁系血亲结婚。

2. 事实婚姻关系

事实婚姻是指没有配偶的男女未经结婚登记机关登记，未领取结婚证即以夫妻名义同居生活，群众也认为是夫妻的结合。自 1994 年 2 月 1 日我国《婚姻登记管理条例》公布实施以后，未办理结婚登记即以夫妻名义同居生活的，属于非婚同居关系，不具有婚姻效力。但是，男女双方依法补办结婚登记的，婚姻关系的效力从双方符合《民法典》婚姻家庭编规定的结婚的实质要件时起算。有配偶者又与他人形成事实婚姻，或明知他人有配偶而与其形成事实婚姻的，我国《刑法》认定为重婚。因存在重婚情形而导致离婚的，合法婚姻的无过错方配偶可以提出损害赔偿。

3. 非婚同居关系

非婚同居是指男女双方没有依法缔结婚姻而在一起共同居住生活。《民法典》婚姻家庭编明确对非婚同居关系不能按照合法夫妻关系予以保护，当事人起诉请求解除同居关系的，人民法院不予受理。如果是有配偶者与他人同居，配偶另一方据此提出离婚的，认定为夫妻感情破裂；有配偶者与他人同居导致离婚的，无过错方配偶可以请求损害赔偿。

（二）夫妻间的权利义务

《民法典》婚姻家庭编从夫妻间的人身关系和财产关系层面来规制夫妻间的权利和义务。

1. 夫妻间的人身关系

我国《民法典》婚姻家庭编规定，夫妻在婚姻家庭中地位平等。双方都有各用自己姓名的权利；都有参加生产、工作、学习和社会活动的自由，一方不得对他方加以限制或干涉。我国《妇女权益保障法》第 32 条规定，妇女依法享有生育子女的权利，也有不生育子女的自由。相关法律也规定，不得强迫女性生育，亦不得歧视不生育和生育女孩的妇女。

2. 夫妻法定财产制

我国《民法典》婚姻家庭编规定的夫妻法定财产制为婚后所得共同制，即除特有财产外，夫妻任何一方在婚姻关系存续期间所得财产均为夫妻共有的财产制。共同财产制符合婚姻生活共同体的本质要求，且有利于保障经济能力较弱一方（尤其是专事家务劳动方）的权益，有利于实现事实上的夫妻地位平等。在实行共同财产制的国家，大多对婚后所得财产的范围设有限制性规定。在夫妻实行婚后所得共同制的同时，依据法律规定或者夫妻约定，为夫妻各自所保留的一定范围的个人所有财产，即为夫妻特有财产。夫妻可以对特有财产单独行使财产权。夫妻特有财产的规定，实为保护夫妻个人财产所有权，并满足夫妻个人对财产的特殊需要。

根据《民法典》婚姻家庭编第 1062 条及相关司法解释的规定，夫妻一方或双方在婚姻关系存续期间所得的下列财产，属于夫妻的共同财产：（1）工资、奖金、劳务报酬；（2）生产、经营、投资的收益；（3）知识产权的收益；（4）继承或者受赠的财产；（5）其他应当归共同所有的财产。对于所谓"其他应当归共同所有的财产"的范围，相关司法解释规定包括：在婚姻关系存续期间，实际取得或者应当取得的住房补贴、住房公积金；实际取得或者应当取得的养老保险金、破产安置补偿费等。根据《民法典》婚姻家庭编第1063条及相关司法解释的规定，下列财产为夫妻一方的个人财产：（1）一方的婚前财产；（2）一方因受到人身损害获得的赔偿或补偿；（3）遗嘱或者赠与合同中确定只归一方的财产；（4）一方专用的生活用品；（5）其他应当归一方的财产。对于所谓"其他应当归一方所有的财产"，最高人民法院《关于适用〈中华人民共和国民法典〉婚姻家庭编的解释（一）》（以下简称《婚姻家庭编解释（一）》）第30条规定："军人的伤亡保险金、伤残补助金、医药生活补助费属于个人财产。"

夫妻对共同财产不分份额地享有占有、使用、收益、处分的权利。夫或妻在处理夫妻共同财产上的权利是平等的，因日常生活需要而处理夫妻共同财产的，任何一方均有权决定。非因日常生活需要对夫妻共同财产作重要处理决定时，夫妻双方应当平等协商，取得一致意见。夫妻一方擅自处分共同财产的，另一方需根据第三人是否构成善意取得来维护自身权益：若第三人构成善意取得（即受让时不知情、支付合理对价，且不动产已登记、动产已交付），另一方虽然无权要求第三人返还财产，但是可以在离婚时主张多分财产弥补损失；若第三人不构成善意取得（如明知未经另一方同意、交易价格明显不合理），另一方则可以请求认定处分行为无效并追回财产。

3. 夫妻约定财产制

《民法典》婚姻家庭编第1065条规定，男女双方可以书面形式约定婚姻关系存续期间所得的财产以及婚前财产归各自所有、共同所有或者部分各自所有、部分共同所有。没有约定或者约定不明确的，适用本法第1062条、第1063条的规定。夫妻对婚姻关系存续期间所得的财产以及婚前财产的约定，对双方具有法律约束力。夫妻对婚姻关系存续期间所得的财产约定归各自所有，夫或者妻一方对外所负的债务，相对人知道该约定的，以夫或者妻一方的个人财产清偿。夫妻财产的约定只有明确、公开地告知第三人时，才对第三人产生法律效力，否则不具有约束力。

4. 夫妻法定扶养义务与遗产继承权

《民法典》婚姻家庭编第1059条规定，夫妻有相互扶养的义务。一方不履行扶养义务时，需要扶养的一方，有要求对方付给扶养费的权利。夫妻相互扶养的义务具有法律强制力。《民法典》婚姻家庭编第1061条规定："夫妻有相互继承遗产的权利。"夫妻互享遗产继承权，是男女平等原则的重要体现，是继承权男女平等在夫妻关系中的反映。

（三）离婚制度

离婚是夫妻双方在生存期间，依照法定的条件和程序解除婚姻关系的法律行为。我国《民法典》婚姻家庭编保障离婚自由，对那些感情确已破裂、不能和好的夫妻，允许依法解除婚姻关系。

1. 离婚程序

从法律途径上，离婚分为登记离婚和诉讼离婚。

（1）登记离婚，是指双方自愿离婚，就子女抚养、财产以及债务处理达成协议，并且到婚姻登记机关办理离婚登记的方式。2025 年 5 月 10 日施行的新修订的《婚姻登记条例》规定，内地居民申请离婚登记，应当出具下列证件：①本人的居民身份证；②本人的结婚证。

《民法典》婚姻家庭编设立了登记离婚的冷静期，根据该法第 1077 条的规定，自婚姻登记机关收到离婚登记申请之日起 30 日为离婚冷静期，离婚冷静期满后 30 日内，双方应当亲自到婚姻登记机关申请发给离婚证；未申请的，视为撤回离婚登记申请。自婚姻登记机关收到离婚登记申请之日起 30 日的冷静期内，任何一方不愿意离婚的，可以向婚姻登记机关撤回离婚登记申请。

婚姻登记机关查明双方确属自愿离婚，并已经对子女抚养、财产以及债务处理等事项协商一致的，予以登记，发给离婚证。

（2）诉讼离婚，是指夫妻一方基于法定离婚原因，向人民法院提起离婚诉讼，人民法院依法通过调解或判决解除当事人间的婚姻关系的一种离婚方式。

在现实生活中，适用诉讼离婚的情形包括：夫妻一方要求离婚，另一方不同意离婚的；或者双方同意离婚，但是对离婚后的子女抚养、财产、债务清偿等事项不能达成协议的。此外，未依法办理结婚登记而以夫妻名义共同生活且为法律承认的事实婚姻的离婚程序应当适用诉讼离婚。需要注意的是，根据《婚姻家庭编解释（一）》第62条的规定，无民事行为能力人的配偶有《民法典》第 36 条第 1 款规定行为，其他有监护资格的人可以要求撤销其监护资格，并依法指定新的监护人；变更后的监护人代理无民事行为能力一方提起离婚诉讼的，人民法院应予受理。

根据《民法典》婚姻家庭编第 1079 条的规定，法院在审理离婚案件的过程中，经过调解，双方达成离婚协议的，法院制作离婚调解书。如感情确已破裂，调解无效，应作出准予离婚的判决。"感情确已破裂"是我国诉讼离婚中判决准予离婚的法定条件，是人民法院处理离婚纠纷，决定是否准予离婚的原则界限，所以，如果夫妻感情没有破裂或者尚未完全破裂，虽然调解无效，法院也应驳回原告的离婚请求，不准予离婚。

2. 离婚时夫妻的财产清算

（1）夫妻共同财产的处理。

根据我国《民法典》婚姻家庭编第1087条的规定，分割夫妻共同财产的方式包括：协议分割和判决分割。协议分割是夫妻双方离婚时，就共同财产的处理平等协商，达成一致意见的分割方式。判决分割是夫妻双方就共同财产的分割不能达成一致意见时，由人民法院依法作出裁决的分割方式。人民法院判决分割夫妻共同财产，应当遵循的原则包括：男女平等原则，照顾子女和女方权益原则，照顾无过错方原则，有利生产、方便生活原则，不损害国家、集体或他人利益原则。

离婚过程中，妨害公平分割夫妻共同财产的行为如隐藏、转移、变卖、毁损等较为常见，为了保护双方当事人的合法权益，我国《民法典》婚姻家庭编第1092条规定了此类问题的法律对策：①夫妻一方隐藏、转移、变卖、毁损、挥霍夫妻共同财产，或者伪造夫妻共同债务企图侵占另一方财产的，在离婚分割夫妻共同财产时，对该方可以少分或者不分。②离婚后，另一方发现有前述行为的，可以向人民法院提起诉讼，请求再次分割夫妻共同财产。

（2）夫妻共同债务的清偿。

夫妻共同债务指为夫妻共同生活或者共同生产、经营所负的债务。《民法典》婚姻家庭编第1089条规定，离婚时，夫妻共同债务应当共同偿还。《婚姻家庭编解释（一）》第35条规定，即使离婚协议或者人民法院的判决书、裁定书、调解书已经对夫妻财产分割问题作出了处理，债权人仍有权就夫妻共同债务向男女双方主张权利。一方就夫妻共同债务承担清偿责任后，基于离婚协议或者人民法院的法律文书可向另一方主张追偿。

司法实践中对夫妻共同债务的认定一直争议较大，2018年1月16日公布的《最高人民法院关于审理涉及夫妻债务纠纷案件适用法律有关问题的解释》作出如下规定：第一，夫妻双方共同签字或者夫妻一方事后追认等共同意思表示所负的债务，应当认定为夫妻共同债务。第二，夫妻一方在婚姻关系存续期间以个人名义为家庭日常生活需要所负的债务,债权人以属于夫妻共同债务为由主张权利的,人民法院应予支持。第三,夫妻一方在婚姻关系存续期间以个人名义超出家庭日常生活需要所负的债务,债权人以属于夫妻共同债务为由主张权利的,人民法院不予支持,但债权人能够证明该债务用于夫妻共同生活、共同生产经营或者基于夫妻双方共同意思表示的除外。该司法解释的内容被吸收进入《民法典》婚姻家庭编第 1064 条。

确认婚姻关系存续期间的债务属于夫妻个人债务还是夫妻共同债务,通常应当注意两个标准:其一,夫妻有无共同举债的合意。如果夫妻有共同举债的合意,则不论该债务所带来的利益是否为夫妻共享,该债务均应视为共同债务。其二,夫妻是否分享了债务所带来的利益。夫妻事先或事后没有共同举债的合意,但该债务发生后,夫妻双方共同分享了该债务所带来的利益的,应视其为共同债务。

对于日常家事范畴内的债务,是为了夫妻共同的利益所负的,原则上推定为夫妻共同债务,债权人无需举证共同意思表示的存在。对于超出日常家事范畴的债务,原则上不作为共同债务,债权人主张属于夫妻共同债务的,需要举证证明。如果债权人不能证明夫妻一方超出家庭日常生活需要所负的债务用于夫妻共同生活、共同生产经营,或者基于夫妻双方共同意思表示,则不能认定其为夫妻共同债务。

一般来说,夫妻共同债务包括如下类型:①夫妻为家庭共同生活所负的债务。如购置共同生活用品所负的债务;购买、装修共同居住的住房所负的债务;为支付一方医疗费用所负的债务。②夫妻一方或双方履行法定抚养义务或者法定赡养义务所负的债务。③为支付夫妻一方或双方的教育、培训费用所负的债务。夫妻从事正当的文化、教育、娱乐活动,从事体育活动等所负的债务,属于夫妻共同债务。④为支付正当必要的社会交往费用所负的债务。⑤夫妻共同从事生产、经营活动所负的债务。⑥夫妻协议约定为共同债务的债务等。

3. 离婚时的经济帮助

《民法典》婚姻家庭编第 1090 条规定:"离婚时,如果一方生活困难,有负担能力的另一方应当给予适当帮助。具体办法由双方协议;协议不成的,由人民法院判决。"

离婚时,一方请求另一方给予经济帮助的,应符合以下条件:(1)在时间上，一方生活困难必须是在离婚当时存在困难，而不是离婚后任何时间所发生困难都可以要求另一方帮助。（2）生活困难指夫妻一方依凭离婚时分得的财产和个人财产不足以维持其在当地的基本生活水平。（3）提供帮助的一方应具有负担能力。当事人一方以个人财产中的住房对生活困难者进行帮助的形式，可以是房屋的居住权。

如果受帮助的一方另行结婚，对方的帮助行为可立即终止；经济帮助执行完毕后，又要求继续给予帮助的，不予支持。

4. 离婚损害赔偿

《民法典》婚姻家庭编第 1091 条规定，有下列情形之一，导致离婚的，无过错方有权请求损害赔偿：（1）重婚；（2）与他人同居；（3）实施家庭暴力；（4）虐待、遗弃家庭成员；（5）有其他重大过错。有以上几种情形之一的，无过错方可以在起诉时请求离婚损害赔偿。当事人请求离婚损害赔偿的，须以自己无法定过错为前提。当夫妻双方均存在法定过错行为时，一方或双方向对方提出离婚损害赔偿的，人民法院不予支持。

当事人在婚姻登记机关办理离婚登记后，以《民法典》第 1091 条规定为由向人民法院提出离婚损害赔偿请求的，人民法院应当受理。但当事人在协议离婚时已经明确表示放弃该请求的，不予支持。

5. 离婚时的经济补偿

《民法典》婚姻家庭编第 1088 条规定："夫妻一方因抚育子女、照料老年人、协助另一方工作等负担较多义务的，离婚时有权向另一方请求补偿，另一方应当给予补偿。具体办法由双方协议；协议不成的，由人民法院判决。"夫妻一方因抚育子女、照料老年人、协助另一方工作等付出较多义务而享有补偿请求权是对夫妻所从事的家务劳动的正确评价。在现有社会劳动分工模式下，家务劳动虽然不能直接创造经济价值，但可以节约家庭的支出，从而间接增加家庭财富。而且，人的精力是有限的，夫妻一方抚育子女、照料老年人较多时，往往会使自己的工作、学习、晋升等受到影响甚至在激烈的市场竞争中被淘汰。如果不对承担较多家务劳动方予以补偿，就等于否定了家务劳动的价值，使得一方无偿占有了另一方的劳动。2020 年 5 月 28 日通过的《民法典》将离婚经济补偿从实行约定分别财产制的夫妻扩大适用到实行法定共同财产制的夫妻，更好地保护了家务劳动方（主要是女方）的合法权益。

五、抚养子女与赡养老人的法律责任

（一）父母抚养子女的法律责任

《民法典》婚姻家庭编第 1067 条第 1 款规定："父母不履行抚养义务的，未成年子女或者不能独立生活的成年子女，有要求父母给付抚养费的权利。"第 1068 条规定，父母有教育、保护未成年子女的权利和义务。根据《婚姻家庭编解释（一）》第 41 条、第 42 条的解释，"抚养费"是子女生活费、教育费、医疗费等费用的总称；所谓"不能独立生活的成年子女"，是指尚在校接受高中及其以下学历教育，或者丧失、部分丧失劳动能力等非因主观原因而无法维持正常生活的成年子女。

《民法典》婚姻家庭编第 1084 条规定，父母与子女间的关系，不因父母离婚而消除。离婚后，子女无论由父或者母直接抚养，仍是父母双方的子女。离婚后，父母对于子女仍有抚养、教育、保护的权利和义务。

离婚后，不满 2 周岁的子女，以由母亲直接抚养为原则。已满 2 周岁的子女，父母双方对抚养问题协议不成的，由人民法院根据双方的具体情况，按照最有利于未成年子女的原则判决。

《民法典》婚姻家庭编第 1085 条第 1 款规定，离婚后，子女由一方直接抚养的，另一方应当负担部分或者全部抚养费，负担费用的多少和期限的长短，由双方协议；协议不成的，由人民法院判决。

《民法典》婚姻家庭编第 1086 条第 1、2 款规定："离婚后，不直接抚养子女的父或者母，有探望子女的权利，另一方有协助的义务。行使探望权利的方式、时间由当事人协议；协议不成的，由人民法院判决。"探望的方式既包括直接见面或者短期共同生活，也包括互通书信、电话等。探望子女是父母基于身份关系的一种派生权利，离婚后，父母对子女依然享有权利义务，如果不直接抚养子女一方不能定期探望子女，其权利义务就不可能实现。而且，探望是未成年人获得父爱、母爱的重要方式，有利于保护未成年子女的身心健康。非有法定理由不能限制或剥夺父或母的探望权。父或母探望子女，不利于子女身心健康的，由人民法院依法中止探望；中止的事由消失后，可恢复其探望的权利。与子女共同生活的一方应当帮助另一方实现探望权，设置障碍或者教唆子女拒绝探望都是违法的，应承担相应的法律责任。

（二）成年子女对父母的赡养

《民法典》婚姻家庭编第 1067 条第 2 款规定："成年子女不履行赡养义务的，缺乏劳动能力或者生活困难的父母，有要求成年子女给付赡养费的权利。"在我国，老年人的养老仍然以家庭养老为主，以社会养老为辅。家庭成员是老年人养老的主力。不仅仅是《民法典》，我国现行的《宪法》和《老年人权益保障法》都规定了成年子女对老人的赡养扶助义务。所谓赡养，是指成年子女对父母的经济供养，即提供必要的生活费。

子女赡养扶助父母既是无期限的，也不得基于放弃继承权或者其他理由，拒绝履行赡养义务。例如，成年子女不得将丧偶的老年的父或母不再婚作为履行赡养义务的附加条件。

有多个子女的，应根据每个子女的经济状况，共同承担对父母的经济供养责任。赡养费的数额，既要根据赡养人的经济负担能力，又要照顾父母的实际生活需要。通常来说，不应低于子女本人或者当地的平均生活水平，以确保老人的生活需要。

（三）家庭成员间的扶养义务

扶养是指特定亲属间的一方对他方承担生活供养义务的法律关系。提供扶养的人为义务人（称为扶养人），享受扶养的人为权利人（称为受抚养人）。扶养的概念有广义和狭义之分。广义的扶养，是指一定范围的亲属之间相互供养和扶助的法定义务，没有身份、辈分的区别，包括长辈亲属对晚辈亲属的抚养，晚辈亲属对长辈亲属的赡养，以及平辈亲属之间的扶养。

依据我国《民法典》婚姻家庭编相关司法解释以及其他相关法律法规的规定，家庭成员间的扶养义务包括夫妻间的互相扶养义务，父母对子女的抚养教育义务，子女对父母的赡养扶助义务。此外，《民法典》婚姻家庭编第 1074 条规定："有负担能力的祖父母、外祖父母，对于父母已经死亡或者父母无力抚养的未成年孙子女、外孙子女，有抚养的义务。有负担能力的孙子女、外孙子女，对于子女已经死亡或者子女无力赡养的祖父母、外祖父母，有赡养的义务。"《民法典》婚姻家庭编第 1075 条规定："有负担能力的兄、姐，对于父母已经死亡或者父母无力抚养的未成年弟、妹，有扶养的义务。由兄、姐扶养长大的有负担能力的弟、妹，对于缺乏劳动能力又缺乏生活来源的兄、姐，有扶养的义务。"

依据扶养的程度的不同，可以将这一义务分为生活保持义务和一般生活扶助义务。这种分类旨在区分不同类型的亲属之间的扶养条件和程度，以便义务人履行义务。所谓生活保持义务，主要指夫妻之间的扶养以及父母对子女的扶养，是无条件的义务人必须履行的义务，所进行的扶养与自己的生活水平相当，即便因此会降低与自己地位相当的生活水平，也应予以维持。所谓一般生活扶助义务，是指除夫妻之间以及父母对子女的扶养外，其他法定的亲属之间的扶养，如祖孙之间、兄弟姐妹之间的扶养是有条件的，即只有在一方未独立生活，他方有负担能力时才履行。扶养义务人仅在不降低与自己地位相当的生活水平限度内给予扶养，扶养人与被扶养人之间无须保持同一生活水平。

■【教育案例】

案例1：恶意串通损害第三人利益的合同无效[1]

张某黎大学毕业后到外地工作，后回北京看望母亲时发现，家里的一套140平方米的房屋已经被母亲陈女士出售给自己的哥哥张某平，张某平没有支付任何价款，该房屋已经过户到张某平名下。张某黎认为，该房屋是其父亲单位分配的住房，其父亲去世后，母亲用自己的工龄和父亲的工龄补交了10万元购房款，购买了该房屋，该房屋应该属于其父母共同共有财产，在父亲去世后，应作为遗产由其母亲、她本人以及她的哥哥共同继承。张某黎的母亲认为，该房屋是自己花钱购买的，购买时即登记在其名下，房屋归其所有，其有权将该房屋转让给张某平。张某平提出，房屋过户已经完成，房屋已经归其所有。且张某黎大学毕业后到外地工作，只是过年才回家探望父母，并未尽到对父母的赡养义务，即使按继承规则，其也没有权利继承。张某黎因此到法院提起诉讼，请求确认该转让行为无效。

分析：第一，该房屋应当属于夫妻共同财产。涉案房屋虽然是陈女士购买的，但实际上是其按照优惠价购买的张某黎父亲的单位福利房，由其工龄加上原告父亲的工龄，再补交10万元购房款后才取得了所有权。涉案房屋虽然登记在陈女士名下，但仍属于夫妻共同财产，陈女士无偿将属于夫妻共有

---

〔1〕　王利明：《合同法案例研习》，中国人民大学出版社2019年版，第78～80页。

的房屋转让给其儿子张某平的行为构成无权处分，转让无效。第二，《继承法》第26条（现为《民法典》继承编第1153条）规定，夫妻共同所有的财产，除有约定的外，遗产分割时，应当先将共同所有的财产的一半分出为配偶所有，其余的为被继承人的遗产。在原告父亲去世后，原告与其家人应当对该房屋的价值进行分割，房屋的一半价值属于陈女士，另一半应当作为遗产由继承人继承。依据《继承法》第10条（现为《民法典》继承编第1127条）的规定，遗产应当由第一顺序继承人继承，在该案中，第一顺序继承人包括陈女士、张某黎、张某平，3人原则上应当等额分割该遗产。因此，对房屋的一半价值，3人原则上应当分别享有1/3的权利。第三，张某黎并未丧失法定继承权。我国《继承法》第7条（现为《民法典》继承编第1125条）对继承权丧失的原因作出了规定，即只有出现了继承人"故意杀害被继承人""遗弃被继承人或者虐待被继承人情节严重"等严重危害被继承人或者其他继承人的情形时，才能认定继承人丧失继承权。本案中，张某黎只是因为长期在外地工作而未能尽到对父母的赡养扶助义务，不能因此认定其丧失继承权。

案例2：夫妻离婚协议书中关于子女上大学学费、生活费、结婚费用的约定有效[1]

原告李某某系被告李乙之子，被告李乙与母亲李甲于2008年9月协议离婚，离婚协议书约定：李某某由男方抚养，女方暂代养孩子4年，男方不需支付抚养费，但是孩子上大学和结婚的费用全部由男方承担。在父母离婚时，原告李某某刚满14岁，此后一直由其母亲李甲抚养。自2012年9月，原告李某某进入武汉科技大学学习，除每年需要交纳学费、校内住宿费、职业培训费等，还需要一大笔生活费，原告李某某多次向被告要钱支付上述费用，但被告作为父亲一直拒不支付。原告李某某诉至法院，请求法院依法判令被告支付其上大学期间的学费27 840元、生活费60 000元、培训费4770元、购买电脑费用6600元，购买羽绒服费用859元，共计99 469元。

分析：《婚姻法》第37条（现为《民法典》婚姻家庭编第1085条）规

---

[1] 案例参见最高人民法院案例指导与参考丛书编选组编：《最高人民法院婚姻家庭、继承案例指导与参考》，人民法院出版社2018年版，第159~162页。

定，离婚后，子女由一方直接抚养的，另一方应负担部分或全部抚养费，负担费用的多少和期限的长短，由双方协议；协议不成的，由人民法院判决。依照该规定，子女的生活费及教育费等抚养费由一方部分承担或全部承担均可。本案李甲与李乙就共同子女李某某的抚养及抚养费的承担方式、承担时间的约定不违反该条法律规定，且该约定系李甲与李乙的真实意思表示，内容并不违反其他法律的禁止性规定。被告李乙应当按照约定承担向原告李某某支付大学期间必要的生活费及教育费的民事责任。

《婚姻法》第21条（现为《民法典》婚姻家庭编第1067条、第1068条）规定，父母有教育、保护未成年子女的义务，父母不履行抚养义务的，未成年子女或不能独立生活的成年子女，有要求父母给付抚养费的权利。而《婚姻家庭编解释（一）》第41条关于"'不能独立生活的成年子女'，是指尚在校接受高中及其以下学历教育，或者丧失、部分丧失劳动能力等非因主观原因而无法维持正常生活的成年子女"的规定，是对"不能独立生活的成年子女"范围的界定。上述法律及司法解释是就父母对"不能独立生活的成年子女"承担抚养义务属法定义务作出的规定，但并不禁止父母对不属于"不能独立生活的成年子女"之外时的子女自愿或通过约定的方式承担抚养义务。因此，被告李乙不能依据上述法律及司法解释拒绝履行离婚时与李甲所约定的对原告李某某的抚养义务。

原告李某某上大学期间的学费可根据其就读学校出具的收款收据予以确定，对于原告李某某的生活费，法院综合考虑原告李某某就读学校所在地的消费水平以及被告李乙的收入等情况，酌情确定原告李某某上大学期间，被告每年给付生活费6000元。原告李某某未提供证据证明购买电脑和参加校外培训属于上大学期间的必要开支，被告可以不承担。原告李某某购买衣服的花费应从生活费中列支。故此，法院判决：被告李乙给付原告李某某上大学期间的学费27 840元，生活费24 000元；驳回原告李某某的其他诉讼请求。

■ 思考题：

1. 简述民法基本原则的含义。

2. 简述违约损害赔偿应当受到哪些限制。

3. 如何理解一般侵权责任的构成要件。

4. 讨论《民法典》规定的夫妻法定财产制内容。

5. 讨论《民法典》对离婚后子女抚养费负担的规定。

6. 简述《民法典》关于离婚时经济帮助的适用条件和具体方式。

7. 简述《民法典》关于离婚时经济补偿的适用条件。

第三章

公民道德教育

2019 年 10 月，我国《新时代公民道德建设实施纲要》颁布实施，明确指出新时代社会主义公民应当认真学习和践行社会公德、职业道德、家庭美德、个人品德，在日常生活中养成好品行，在家庭中做一个好成员，在社会上做一个好公民，在工作中做一个好建设者。

劳动创造了人类的同时也创造了基于劳动分工与协作所形成的社会关系。原始的劳动分工与协作，使人与人在相互依赖、相互扶持中建立最自然、最朴实的道德生活状态。当人类在社会劳动实践中充分认识到自己在社会关系中的角色与地位，意识到自己与他人、与集体的利益关系，并由此产生规范、调节或制约利益冲突的迫切需要，道德便得以产生，并为适应社会关系调节的需要而不断发展。道德"是以善恶为评价方式，主要依靠社会舆论、传统习俗和内心信念发挥作用的社会行为规范的总和"。[1] 道德是立身兴国之本，对个人、社会都具有基础性意义。公民自觉加强品德修养，锤炼道德品质，努力做到向上向善，方能缔造美好生活，方可立足于天地之间。全社会实施道德建设，方能提高整个社会的文明程度。

《新时代公民道德建设实施纲要》强调的社会主义道德，是以坚持为人民服务为核心，以集体主义为原则，从社会生活、职业生活、家庭生活和个人生活这四个生活领域建设的社会公德、职业道德、家庭美德、个人品德。这"四德"有着理论上和实践中的互通属性：其一，个人品德构成现代公民道德培育的逻辑起点。个体是从懂得自爱开始理解和领会到爱的本质，从而推至爱家庭、社会和世界的道德责任。其二，家庭美德是现代公民道德培育产生有效性的原初空间。中国传统社会道德的精神寄托根植于"家"，个体在家庭或者家族的血缘和情感联系中，培育和发展出父母子女间、兄弟姐妹间、其

---

〔1〕 本书编写组：《思想道德与法治》，高等教育出版社 2023 年版，第 139 页。

他亲戚间乃至邻里间的品德。其三，职业道德是主要面向社会劳动者与劳动服务对象的行为准则，是从家庭生活进入职业生活后，从家人间的亲密关系切换到直接面向他者的道德责任。其四，社会公德是现代公民道德培育的现实指向。公民道德培育旨在从亲密性的特殊道德发展出面向社会的普遍道德，以自我为中心，推及家庭关系和邻里关系，延至社会关系和国家关系，从"一己"的"小我"提升至"一国"乃至"世界"的"大我"。社会主义核心价值观、中华传统美德和理想信念作为新时代中国立根正本之"大德"，统领和指引着"四德"，使得它们"形散而神不散"，具有共同的根本指向和价值旨归。

第一节　社会公德

一、社会公德的含义

社会公德，是指全体社会成员在公共生活中应该遵循的行为准则，具有全民性。社会公德与公共生活密切相关，公共生活是相对于私人生活而言的。私人生活以家庭内部活动和个人活动为主要领域，私人空间里人们的行为是相对独立的，因而具有一定的封闭性和隐秘性。公共生活是由社会成员在公共空间里发生相互联系、相互影响的共同生活，具有鲜明的开放性。建立在现代大工业基础上的生产生活方式，使人与人之间的交往越来越普遍和频繁，公共生活的领域更加广阔，公共生活的重要性更加凸显，对公共秩序的要求也越来越高。公共秩序是由一定规范维系的人们公共生活的一种有序化状态，如工作秩序、教学秩序、交通秩序、娱乐秩序、网络秩序等。公共生活以道德规范约束和协调所形成的有序公共生活，是社会生产活动的重要基础，是提高社会成员生活质量的基本保障，更是社会文明的重要标志。

当今世界，随着科学技术的飞速发展、人类公共生活空间的不断扩展、交往对象的日益复杂，公共生活需要更高水平的社会道德规范来维护公共利益和公共秩序。一个国家、一个民族或者一个群体，在漫长的社会实践活动中积淀下来的道德准则、文化观念和思想传统，在维系社会公共生活和调整人与人之间的关系、实现社会稳定等方面发挥着重要作用。

二、社会公德的主要内容

公共生活中的道德规范即社会公德。这里的"公德"是指与国家、组织、集体、民族、社会等有关的道德。《新时代公民道德建设实施纲要》明确我国社会公德的主要内容为：文明礼貌、助人为乐、爱护公物、保护环境、遵纪守法。

（一）文明礼貌

文明礼貌，是人与人在社会交往中所应当遵循的言语行为准则，与每个人的日常生活密切相关，自觉地讲文明、懂礼貌、守礼仪，可以塑造真诚待人的良好形象。文明礼貌是与人相处时的尊重，是与人沟通的言谈文明，是人际交往中的礼节得体。对一个人来讲，文明礼貌反映着一个人的精神面貌、文化涵养和文明素质，是一个人心灵美、语言美和行为美的和谐统一。对一个社会来讲，文明礼貌是一个国家社会文明程度、道德风尚和生活习惯的直接体现，文明的社会表现为社会安定、文化繁荣、科技发达和政治昌明。

中国自古以来就有礼仪之邦的美誉。古人云"国尚礼则国昌，家尚礼则家大，身尚礼则身修，心尚礼则心泰"。"礼"能使国家昌盛，家庭兴旺，自身行为美好，心绪安宁。讲文明、懂礼貌作为中华民族的传统美德，在当今的社会仍值得我们继承与发扬。人与人的社会交往首先是建立在以相互尊重为思想内核存在，并以文明礼貌的言谈举止为外在形式体现的基础之上的。

第一，要用文明的言语表达。我国提倡的日常礼貌用语是"您好""请""谢谢""对不起""再见"10个字，我们要养成使用敬语的习惯。语言表达时还应当态度诚恳、亲切，声音大小适宜，语调平和沉稳。

第二，要有文明的举止仪态。谈话姿势礼貌，站姿、坐姿与走姿端庄，仪表整洁大方，正确行见面礼等。

第三，要学习掌握公共场所礼仪、公务礼仪和日常交际礼仪的常识。例如，在图书馆等公共学习场所，走动时脚步要轻，不高声谈话，不吃有声或带有果壳的食物；乘坐高铁等公共交通工具，广大旅客要遵守有序排队上下车、对号入座规则，讲究公共卫生、不食用异味食品，不大声接打电话和说笑等。在单位接待的公务礼仪中，工作人员要走在客人左前方数步远的位置，忌把背影留给客人；在陪同客人去见领导的这段时间内，不要只顾闷头走路，可以随机进行得体的交流。在公关交往的宴请活动中，赴宴要准时，客人要听从主人安排座位等。

文明礼貌是现代社会公民所必须具备的基本素质，每一位公民都要自觉养成讲文明、懂礼貌的习惯，增强礼仪、礼节意识，共同创造公共生活的美好环境和良好秩序。

（二）助人为乐

助人为乐，是指主动帮助需要帮助的人，并在帮扶他人的过程中感受到幸福和快乐。简而言之，以帮助他人为快乐。助人为乐的内在精神是爱他人。我们今天倡导助人为乐，既是对"仁者爱人"中华传统美德的历史传承，也是对革命年代淬炼的奉献精神的赓续发展。助人为乐与社会主义核心价值观中"友善"的要义深度契合，更与中国共产党为人民服务的根本宗旨相融相通，在新时代绽放出温暖人心的道德光芒。

首先，每个人都需要他人的帮助。个人的能力是有限的，可能面临危难、陷入困境或者处于弱势，总有需要他人帮助和关心的时候。对处于困境中的人施以援手，能让受助者感受到来自他人的、社会的关爱和温暖，并引发更多人的自觉行动，从而促使我们的社会变得更加温馨与美好。

其次，帮助别人能使自己达到完美。马克思在对职业选择的哲学思考中指出，"人们只有为同时代人的完美、为他们的幸福而工作，才能使自己也达到完美"。"经验赞美那些为大多数人带来幸福的人是最幸福的人。"一个人的价值，不在于他从社会中取得了什么，而在于他为社会付出了什么。以为他人谋幸福作为自己的责任，并为此而感到幸福快乐，是道德高尚者的人生追求。为人类的共同幸福作出贡献的人，将获得个人的最大的幸福，将达致自身的完美。

最后，助人为乐应付诸实践。"助人"既包括成人之美，帮助别人实现美好愿望；也包括济人之难，及时伸出援助之手，鼎力相助；还包括劝人从善，在他人做恶事时坚决劝阻，使其改过从善。每个公民在做好本职工作的同时，应该力所能及地参与扶危救困的善举。实践证明，只有社会上的每一个人都乐于助人，勇于承担自己对社会、对他人的道德义务，为社会群体的共同利益而努力，才能最终获取个人的幸福。社会成员通过共同承担道德义务，助人为乐，创造出安全和谐的社会环境，既能使他人的幸福得到保障，也能使自身的幸福得以实现。

助人为乐是中华民族的传统美德，也是社会主义道德建设的核心和原则在公共生活领域的具体体现。一大批全国"助人为乐道德模范"，用他们的伟大善举践行"雷锋精神",引领了崇德向善的社会风尚。国家将社会主义核心价值观的要求融入法治建设,《民法典》设置"好人条款"保护和支持见义勇为行为,让"扶不扶"不再成为困扰民众的两难选择〔1〕;《民法典》还设置"好意同乘"规则,减轻"好意"搭载他人的司机对无偿搭乘人的赔偿责任〔2〕,旨在传承互帮互助的传统美德。

（三）爱护公物

公物,即公共财物,为满足公共目的需要,供公众使用或受益之物,并由国家或者集体所有与支配。我国《刑法》列举的公共财产包括"国有财产、劳动群众集体所有的财产、用于扶贫和其他公益事业的社会捐助或者专项基金的财产","同时,在国家机关、国有公司、企业、集体企业和人民团体管理、使用或者运输中的私人财产,以公共财产论"。爱护公物是指对社会公共财物的珍惜和爱护,也指对社会共同劳动成果的珍惜和爱护,是每个公民应该承担的责任义务,既显示出个人的道德修养水平,也是社会文明水平的重要标志。

爱护公物的重要意义在于:第一,在社会主义国家,公物是社会全体成员或集体成员共有的财产,是公民享有社会权利的物质条件,是建设社会主义现代化强国的物质基础,为广大民众生活、工作和实现共同富裕提供了物质保障。在社会主义国家,公共财物是物化了的集体利益。爱护公物就是爱护集体利益,是集体主义原则在社会公德领域的体现和要求。因此,每一位公民都要自觉地爱护公共服务设施,爱护国家的自然资源,爱护文物古迹,

---

〔1〕 受助人将救助人告上法庭、救助人被判承担赔偿责任的事件,不时成为社会热点新闻,引发"老人倒地扶不扶、遇见小偷追不追、碰到抢劫管不管、人掉水里救不救"的社会热议,不仅让人们对是否要见义勇为产生了种种担忧和顾虑,也考验着公众的良知和法度。《民法典》设置专门条款保护和支持见义勇为行为。《民法典》第183条规定:"因保护他人民事权益使自己受到损害的,由侵权人承担民事责任,受益人可以给予适当补偿。没有侵权人、侵权人逃逸或者无力承担民事责任,受害人请求补偿的,受益人应当给予适当补偿。"第184条规定:"因自愿实施紧急救助行为造成受助人损害的,救助人不承担民事责任。"《民法典》关于见义勇为的规定,让英雄无须再因自己的热心施救行为而担惊受怕,做好事再无后顾之忧。当然,人们在见义勇为尤其是实施紧急救助行为时,还是应该注意救助的方式方法,尽量给自己和他人减少伤害。

〔2〕 "好意同乘"也称搭便车,是指驾驶人出于好意,无偿地邀请或允许他人搭乘自己车辆的非运营行为。生活中的"好意同乘"无处不在,比如顺路捎带朋友、同事,应陌生人请求搭载陌生人等。可是,一旦搭便车的过程中,发生了交通事故,造成了搭载人的伤亡,责任应该怎么划分呢?好心搭载他人的司机要不要承担赔偿责任?"好意同乘"是一种善意施惠、助人为乐的行为,属于互帮互助的传统美德范畴,发生交通事故后让好心搭载他人的司机承担全部责任,不利于传统美德的弘扬。《民法典》第1217条规定:"非营运机动车发生交通事故造成无偿搭乘人损害,属于该机动车一方责任的,应当减轻其赔偿责任,但是机动车使用人有故意或者重大过失的除外。"

爱护珍贵动物。第二，爱护公物体现了对社会共同劳动成果的珍惜和爱护，体现了对劳动人民的尊重。在社会主义公有制的条件下，公共财产都凝结着劳动人民的智慧和汗水。珍惜、爱护公物就是对劳动人民及其劳动成果的尊重，体现了对劳动人民付出的肯定和维护。第三，对公物的珍惜和爱护是对包括我们自己在内的全体社会成员利益的维护。公共财物为所有社会成员共享，从这一意义上来说，广大公民也是公共财物的主人，爱护公物是每个公民应尽的社会责任。第四，爱护公物是我国公民应当承担的法律义务。《宪法》第12条明确规定："社会主义的公共财产神圣不可侵犯。国家保护社会主义的公共财产。禁止任何组织或者个人用任何手段侵占或者破坏国家的和集体的财产。"依据我国相关法律的规定，故意毁坏公共设施，属于故意毁坏财物的行为，数额较大或者有其他严重情节的，要承担刑事责任，损失达不到5000元的，给予治安管理处罚[1]。

社会成员要牢固树立公共财产神圣不可侵犯的道德观念，要自觉形成爱护公物是每个公民义不容辞的社会责任和法律义务的意识，要以主人翁的精神自觉爱护公物，在全社会形成"爱护公物光荣，破坏公物可耻"的良好氛围。

（四）保护环境

作为社会公德内容的"保护环境"，主要是指人类有意识地保护自然资源并使其得到合理的利用，对受到污染和破坏的环境做好综合的治理，让人类与自然和谐共生。《环境保护法》第2条规定："本法所称环境，是指影响人类生存和发展的各种天然的和经过人工改造的自然因素的总体，包括大气、水、海洋、土地、矿藏、森林、草原、湿地、野生动物、自然遗迹、人文遗迹、自然保护区、风景名胜区、城市和乡村等。"人类只有一个地球，各国共处一个世界。人类的繁衍发展与存续消亡，皆与环境休戚相关。全人类都应当有保护全球环境的责任意识与担当，携起手来、共同构建人类命运共同体、人与自然生命共同体，推动全球环境治理和生态文明建设，创造生态绿色的美好未来。

人与自然是生命共同体，一荣俱荣，一损俱损。有人说："天堂和地狱大

---

[1]《治安管理处罚法》第49条规定："盗窃、诈骗、哄抢、抢夺、敲诈勒索或者故意损毁公私财物的，处五日以上十日以下拘留，可以并处五百元以下罚款；情节较重的，处十日以上十五日以下拘留，可以处一千元以下罚款。"

门的钥匙就捏在人类自己的手中，保护好环境，地球就是人类的天堂；破坏了环境，地球就是人类的地狱。"人类社会的工业发展导致全球性生态危机[1]日趋严重，地球生态系统被肆意改变，环境状况持续恶化，人类对大自然的伤害最终会伤及人类自身。从根本上说，尊重自然、保护环境，是对全人类生存发展利益的维护，也是对子孙后代应尽的责任，体现了我们处理个体利益与整体利益、当前利益与长远利益关系的智慧。世界湿地日（2月2日）、世界水日（3月22日）、世界地球日（4月22日）、世界环境日（6月5日）、世界臭氧层保护日（9月16日）、世界动物日（10月4日）等国际纪念日的设立，反映了世界各国人民对环境问题的认识和态度，表达了人类对美好环境的向往和追求，旨在促进全球环境意识、提高各国政府对环境问题的重视并采取行动。

习近平总书记在党的十九大报告中指出："建设生态文明是中华民族永续发展的千年大计。必须树立和践行绿水青山就是金山银山的理念，坚持节约资源和保护环境的基本国策，像对待生命一样对待生态环境，统筹山水林田湖草系统治理，实行最严格的生态环境保护制度，形成绿色发展方式和生活方式，坚定走生产发展、生活富裕、生态良好的文明发展道路，建设美丽中国，为人民创造良好生产生活环境，为全球生态安全作出贡献。"

第一，树立环境保护的道德观念。在全球和区域环境问题已成为人类生存和发展的重大威胁的今天，每一位公民都要充分认识到保护环境的紧迫性，牢固树立环境保护意识，要把尊重自然、保护自然，维护人类永续生存以及其他物种生存作为人类社会的基本道德。

第二，恪守环境保护法治准则。我国自1974年成立国务院环境保护领导小组以来，逐步构建起环境"1+N"法律框架：以《环境保护法》为基础，配套《海洋环境保护法》《大气污染防治法》《森林法》《土壤污染防治法》等专项立法，形成了完整的环境治理法律体系。《环境保护法》规定，一切单位和个人都有保护环境的义务。每个单位和个人都应当严格遵守法律的规定，积极履行环境保护义务，共同维护环境法治的严肃性和权威性。

第三，在具体行动中践行环境保护。在生活中，每一位公民都要身体力

---

[1]　全球性生态危机包括：气候变暖、臭氧层破坏、生物多样性减少、酸雨蔓延、森林锐减、土地荒漠化、大气污染、水体污染、海洋污染、固体废物污染等。

行简约适度、绿色低碳的生活方式，反对奢侈浪费和不合理消费，带头宣传和践行环境伦理要求，做一个自觉保护环境的好公民。在生产活动中，特别是在发展经济时，要把经济发展与合理开发自然资源、保护自然环境结合起来，避免对自然只开发不保护，防止由建设和开发活动引起的环境破坏和影响。防止工农业生产排放的废水、废气、废渣、粉尘、放射性物质以及产生的噪声、振动、恶臭和电磁波辐射等污染；防止大型工程建设、森林和矿产资源的开发、新工业区和新城镇建设等对环境的破坏和污染；保护野生动植物、保护土地资源、保护河道和湖泊、保护特殊的自然发展历史遗迹、地质现象、地貌景观等有特殊价值的自然资源。环境保护是功在当代、利在千秋的事业，保护环境就是保护生产力。全体社会成员应当合理利用资源，保护生态平衡，促进经济持续发展，为建设美丽中国作出自己应有的贡献。

（五）遵纪守法

孟子曰："不以规矩，不能成方圆。"如果一个社会没有纪律、法律的规范，没有道德的约束，人们将会随心所欲、为所欲为，社会也必将陷入混乱。遵纪守法是全体公民必须遵循的基本行为准则，是维护公共利益和公共生活秩序的重要条件。遵纪守法要求每一位公民牢固树立法治观念和规则意识，自觉学习遵守法律法规与纪律规范，以遵纪守法为荣、违法乱纪为耻。

第一，纪律是维护集体利益、实现工作顺利进行的必要保证。纪律是要求人们在集体生活、工作、学习中遵守秩序、执行命令和履行自己职责的一种行为规则。没有纪律或者纪律松弛，高效的工作秩序就无从谈起。中国共产党在革命战争年代提出了"三大纪律八项注意"[1]作为军人的日常行为准则；在改革开放新时期，邓小平把"有纪律"纳入培养"四有"新人任务之中；在中国特色社会主义新时代，习近平总书记强调"把纪律和规矩挺在前面"，"使纪律真正成为带电的高压线"，从而震慑党员领导干部。每个社会成员自觉遵守纪律、规章、制度，是对集体组织中大多数成员意志的尊重，是对包括个人利益在内的集体利益的维护，是一个人公德修养的体现，也是一个社会文明水平的反映。

---

〔1〕"三大纪律八项注意"产生于革命战争年代，是由毛泽东同志亲自起草，经大家集体研究讨论通过，并于1947年10月10日被党中央以命令的形式正式固定下来的军人的日常行为准则。它作为全军的统一纪律，无论是在革命战争年代还是现在，对加强部队的思想作风建设都发挥了巨大的作用，我们的人民解放军能打仗，能打硬仗，能打胜仗，与纪律严明是密不可分的。

第二，法律以国家强制力为社会公德保驾护航。一方面，国家通过科学立法和民主立法，把最基本的道德规范纳入法律的范畴，把社会主义核心价值观融入法治建设，让法律更多体现道德理念和人文关怀。另一方面，国家通过法律划定违法行为边界，并通过强制力来规范人们的行为、惩罚违法行为，让人们认同法律、敬畏法律，在行动上自觉遵守法律。违法行为基本上都是道德所谴责的行为，遵守法律能确保每个人都坚守道德底线。

遵纪守法贵在自觉践行。其一，广大公民要注意培养自己遵纪守法的自觉性，包括自觉地尊法纪、学法纪、知法纪、守法纪，不因不知法纪而走上违法违纪乃至犯罪的道路。其二，广大公民要养成遵纪守法的习惯。既要学习和掌握基本的法律知识，更要增强遵守规则的意识，坚持从具体事情做起，提高用法的能力。处理问题、作出决定时，首先要考虑是否合法合规，并通过运用法律提高解决问题的能力，包括掌握维护权利的途径和手段，擅于留存法律证据，依法依规理性维权。

三、网络生活中的社会公德

网络生活中的道德要求是人们在网络生活中为维护正常的网络公共秩序需要共同遵守的基本道德准则。截至 2024 年 6 月，我国网民规模接近 11 亿人，互联网普及率达到 78%，网络空间已经成为我们生活中越来越重要的活动场域。网络空间的不断发展，一方面带来的是经济发展、技术跃升、生活便利、治理高效和文化思想的交融；另一方面随之而来的还有社会矛盾的激化和舆情的复杂多变等“衍生物”。[1]在网络空间里，网民可以伪造虚假身份“隐藏”在虚拟的符号之后，这就导致其会出现一些不负责的言行举止。在网络上，针对个人肆意发布谩骂侮辱、造谣诽谤、侵犯隐私等信息的网络暴力行为，贬损他人人格，损害他人名誉，有的造成了他人“社会性死亡”甚至精神失常、自杀等严重后果，网络空间戾气横行，严重影响社会公众安全感；而侵犯个人信息、电信网络诈骗、敲诈勒索等一系列犯罪也蔓延滋生，严重损害网络空间的诚信道德环境，使我们成为潜在的受害者，导致人人自危。网络空间是虚拟的但不是虚无的，是自由的但不是无底线的。网络空间虽然具

---

〔1〕 张彦等：《涵养好品德——〈新时代公民道德建设实施纲要〉十讲》，人民出版社 2020 年版，第 171 页。

有"匿名"的特点,但是"匿名"不等于"无名",更不等于可以肆意妄为。

网络空间是基于现代信息网络技术而架构的新型社会交往空间,虽然同现实社会相比,网络空间是"虚拟存在"的环境,但是从本质上说,网络空间是社会物理空间的一种延伸,网络空间中的社交仍然是人与人的交往,那么网络生活中的道德要求也应当是社会公德在网络空间的运用和扩展。而伴随着大数据、云计算等技术的蓬勃发展,每个人在现实生活和网络空间中的一言一行都会被记录和备份,这就在道德层面上对人们的素质、素养也提出了更高的要求。在网络空间中活动的每个人都需要得到道德维护,也相应地负有道德责任和义务。

网络行为主体的文明自律是网络共建道德建设的基础,根据《新时代公民道德建设实施纲要》的规定,培养社会公民文明自律的网络行为需要从如下方面做出努力:

第一,全社会"建立和完善网络行为规范,明确网络是非观念,培育符合互联网发展规律、体现社会主义精神文明建设要求的网络伦理、网络道德"。对有违社会善良风俗和社会主义核心价值观要求的网络行为予以明确界定,划清底线、红线。加强互联网领域立法执法,强化网络综合治理,加强社交平台、各类公共账号管理,重视个人信息安全,积极开展网络空间的道德建设,构建合理有序、清朗明净的网络空间。

随着网络违法犯罪行为日渐凸显,国家开展网络治理专项行动加大对网上突出问题的整治力度。2023年11月17日,中央网信办发文,明确在全国范围内启动"清朗·网络戾气整治"专项行动。围绕社交、短视频、直播等重点平台类型,集中整治七类突出问题:"网络厕所""开盒挂人"行为;借社会热点事件恶意诋毁、造谣攻击;污名化特定群体、煽动地域对立;斗狠PK等低俗不良直播行为;有组织地恶意辱骂举报他人;编造网络黑话、恶意造梗;煽动网上极端情绪。以政府为主导的网络空间治理逐步展开并取得一定成效,网络空间日渐风清气正。

第二,"倡导文明办网,推动互联网企业自觉履行主体责任、主动承担社会责任,依法依规经营,加强网络从业人员教育培训,坚决打击网上有害信息传播行为,依法规范管理传播渠道。"办网站、做平台不能一味追求点击率和流量,发布有违社会伦理、公序良俗的内容。要发展积极向上的网络文化,引导互联网企业和网民创作、生产、传播健康向上的网络作品和资源。《新时代公民道德建设实施纲要》提出:"网络信息内容广泛影响着人们的思想观念和道德行为。要深入实施网络内容建设工程，弘扬主旋律，激发正能量，让科学理论、正确舆论、优秀文化充盈网络空间。"

第三，"倡导文明上网，广泛开展争做中国好网民活动，推进网民网络素养教育，引导广大网民遵德守法、文明互动、理性表达，远离不良网站，防止网络沉迷，自觉维护良好网络秩序。"网络空间同现实社会一样，既要提倡自由，也要保持秩序，享受互联网的自由是网民的权利，加强道德自律也应该成为网民的义务。自媒体和网络个人主体在发展和运营中应当坚守道德原则和底线，在网络上发表言论必须遵守法律法规，不能凌驾于法律之上。广大网民应当在网络生活中树立自我保护意识、培养网络自律精神，自觉抵制网络欺诈、造谣、诽谤、谩骂、歧视、色情、低俗等内容，反对网络暴力行为，维护网络道德秩序；带头引导网络舆论，对模糊认识要及时廓清，对怨气怨言要及时化解，对错误看法要及时纠正，促进网络空间日益清朗。社会成员应当知悉网络空间的规范标准，加强网络文明自律，抵制网络道德失范行为，共同营造清朗的网络空间。

第四，培育和引导互联网公益力量。互联网技术拓展了公益和慈善空间，激发了全社会热心公益、参与慈善的热情，给整个公益界带来了积极变化。互联网牵手公益，让公益变得人人可参与、日日可进行，更多普通人拥有参与感和成就感。根据人民网公布的统计数据，2021年，我国有超过100亿人次点击、关注和参与互联网慈善，通过互联网募集的善款接近100亿元。[1]加强网络公益宣传，构建"需求精准匹配—善念即时转化—善行可视化反馈"的公益闭环机制，形成"人人愿为，时时可为，处处能达"的公益生态，为互助型社会建设注入持久动能。

■ 【教育案例】

案例1：吴某某网上随意诽谤他人，社会影响恶劣，判定诽谤罪

被告人吴某某在网络平台上以个人账号"飞哥在东莞"编发故事，为进行地产销售吸引粉丝、增加流量。2021年11月19日，吴某某在网上浏览到

---

〔1〕《人民财评：互联网公益成慈善领域生力军》，载 https://china.zjol.com.cn/pinglun/202209/t202209 10_24782683.shtml，最后访问日期：2023年1月31日。

被害人沈某某发布的"与外公的日常"帖文，遂下载并利用帖文图片在上述网络账号上发布帖文，捏造"73岁东莞清溪企业家豪娶29岁广西大美女，赠送礼金、公寓、豪车"。上述帖文信息在网络上被大量转载、讨论，引发网民对沈某某的肆意谩骂、诋毁，相关网络平台上对上述帖文信息的讨论量为75 608条、转发量为31 485次、阅读量为4.7亿余次，造成极恶劣社会影响。此外，被告人吴某某还针对闵某捏造并在网上发布了诽谤信息。广东省东莞市第一市区人民检察院以诽谤罪对吴某某提起公诉。

[**裁判结果**] 广东省东莞市第一市区人民法院判决认为：被告人吴某某在网络上捏造事实诽谤他人，情节严重，且严重危害社会秩序。综合被告人犯罪情节和认罪认罚情况，以诽谤罪判处被告人吴某某有期徒刑1年。该判决已发生法律效力。

[**典型意义**] 传统侮辱、诽谤多发生在熟人之间。为了更好地保护当事人的隐私，最大限度修复社会关系，《刑法》将此类案件规定为告诉才处理，并设置了"严重危害社会秩序和国家利益"的例外情形。随着网络时代的到来，侮辱、诽谤的行为对象发生重大变化。以网络暴力为例，所涉侮辱、诽谤行为往往针对素不相识的陌生人实施，受害人在确认侵害人、收集证据等方面存在现实困难，维权成本极高。对此，要准确把握侮辱罪、诽谤罪的公诉条件，依法对严重危害社会秩序的网络侮辱、诽谤案件提起公诉。需要注意的是，随意选择对象的网络侮辱、诽谤行为，可以使相关信息在线上以"网速"传播，迅速引发大规模负面评论，不仅严重侵害被害人的人格权益，还会产生"人人自危"的群体恐慌，严重影响社会公众的安全感，应当作为"严重危害社会秩序"的重要判断因素。

本案即随意以普通公众为侵害对象的网络暴力案件，行为人为博取网络流量，随意以普通公众为侵害对象，捏造低俗信息诽谤素不相识的被害人，相关信息在网络上大范围传播，引发大量负面评论，累计阅读量超过4亿次，社会影响恶劣。基于此，办案机关认为本案属于"严重危害社会秩序"情形，依法适用公诉程序，以诽谤罪对被告人定罪判刑。

案例2：喜憨儿洗车中心：为心智障碍者创造就业机会

"喜憨儿"是对心智障碍者的通称，更是心智障碍者的家长对其子女的爱称。"喜憨儿"包括因患脑瘫、孤独症、唐氏综合征等而导致发育迟缓、智力障碍的人群，他们终其一生都无法如正常人一样在社会中生存。

曹军作为一名喜憨儿的家长，从 2014 年开始为这个特殊人群探索各种就业机会，想为他们建立一个属于自己的"梦想家园"。2015 年，曹军联合 9 位喜憨儿的家长首先在深圳创办了喜憨儿洗车中心。经过多年的经营，喜憨儿洗车中心受到了社会的广泛认可，还为解决喜憨儿的就业问题提供了很好的借鉴模式。更可喜的是，在曹军开办的洗车中心里，喜憨儿经过磨合与培训，沟通能力和肢体协调能力都有了很大进步。国内已经有部分城市到曹军的洗车中心学习经验，并在当地创办"喜憨儿"洗车中心。

曹军更远大的理想是建立一个属于喜憨儿的"梦想家园"，不仅让心智障碍者可以得到良好的照顾，还让他们可以接受生活上的训练。以帮助残疾人为目的创办企业，收益也回馈给残疾人，这是一项助人为乐的伟大的慈善事业。

第二节　职业道德

职业是人们由于社会分工所从事的具有专门业务和特定职责，并以此作为主要生活来源的社会活动。职业生活则是人们参与社会分工，利用专业的知识和技能，为社会创造物质财富或精神财富，获取合理报酬，满足社会物质生活或精神生活需要的生活方式。[1]职业岗位是社会分工的产物，某一具体行业、具体岗位可能是极其平凡的，也可能是非常艰苦的，但都是社会所需要的，是不可缺少的。在职业生活中，我们要牢固树立"劳动最光荣、劳动最崇高、劳动最伟大、劳动最美丽"[2]的正确劳动观念。劳动没有高低贵贱之分，任何职业岗位都很光荣。只要勤勉敬业，在平凡岗位上也能干出不平凡的业绩。社会主义现代化事业是千千万万个劳动者的伟大事业，没有广大劳动者的诚实劳动和敬业奉献精神，社会主义现代化就不会成功。

一、职业道德的含义

职业具有规范性，包含两层含义：一是指不同的职业在其劳动过程中都

---

〔1〕　本书编写组：《思想道德与法治》，高等教育出版社 2023 年版，第 171 页。
〔2〕　《习近平谈治国理政》（第 1 卷·第 2 版），外文出版社 2018 年版，第 46 页。

有一定的操作规范性，这是保证职业活动的专业性要求。二是指不同职业在对外展现其服务时，还存在一个伦理范畴的规范性，即职业道德。任何职业都对从业人员提出相应的职业综合素质要求，主要包括思想道德、文化基础、专业理论、操作技能、身体素质、心理素质、智力能力、知法守法等方面。思想道德素质主要是职业道德素质，它在从业人员需要具备的综合素质中处于首要地位。

职业道德是从业人员在职业活动中应该遵循的符合职业特点的行为准则。职业道德具有职业性、普遍性、自律性、他律性、鲜明的行业性和多样性、继承性和相对稳定性、很强的实践性的特点。（1）职业性，是指职业道德必须通过从业人员在职业活动中体现。（2）普遍性，是指职业道德是全体从业人员都必须共同遵守的基本行为规范。（3）自律性，是指职业道德具有自我约束、控制的特征，其区别于法律，是通过强制方式来实现对公民的行为约束。（4）他律性，是指从业人员随时都受到所从事职业领域的职业道德舆论的影响。（5）行业性和多样性，是指各行各业都有适合自身行业特点的职业道德规范，如教师有教无类、医生救死扶伤、商人诚实守信、工人保证质量与安全等。（6）继承性和相对稳定性，是指职业道德是跨越历史作为人类职业精神文明文化进行传承的。我们今天传承的中华传统职业道德包括志向坚定的积极进取精神、忠诚和奉献精神、勤俭节约和艰苦奋斗精神等。从古代道德文明中汲取这些精神营养，有利于弘扬人们的爱国主义精神，提高民族的凝聚力，增进民族自豪感，促进社会主义精神文明建设。（7）实践性，是指从业人员必须通过职业的实践活动表现出职业道德的知识、情感、觉悟等，学习职业道德就是为了更好地践行职业道德。[1]

每位从业者都应恪守职业责任，主动学习职业道德，在理性认识的基础上提高自身的职业道德素质，保持对本职工作的信念并追求岗位的社会价值，处理好与服务对象、其他从业人员、企业等的关系，形成良好的工作氛围，做好本职工作。社会由各种行业组成，每个行业中包含许多企业，每个企业中又有许多员工。每个企业、每个行业的职业道德建设搞好了，一个职业群体的道德素养提升了，整个社会的和谐进步就会实现。

---

〔1〕 人力资源社会保障部教材办公室组织编写：《职业道德》（第4版），中国劳动社会保障出版社2018年版，第8页。

二、社会主义职业道德的基本规范

《公民道德建设实施纲要》要求："推动践行以爱岗敬业、诚实守信、办事公道、热情服务、奉献社会为主要内容的职业道德。"在社会主义职业道德的基本规范中，奉献社会作为社会主义职业道德中最高层次的要求，体现了社会主义职业道德的最高目标指向；而爱岗敬业、诚实守信、办事公道与热情服务，既是对从业人员的职业行为的基准要求，又共同构筑了奉献社会的实践基石。

（一）爱岗敬业

爱岗敬业体现的是从业人员热爱工作岗位、对工作极端负责、敬重自己所从事职业的道德操守，是从业人员对工作勤奋努力、恪尽职守的行为表现。[1]"爱岗"重在倾情投入，"敬业"强调恪尽职守。爱岗和敬业是统一的，只有爱岗才能敬业，敬业又会促进爱岗。爱岗和敬业互为前提，相互支持，相辅相成。爱岗敬业作为社会主义职业道德的精神内核，既是职业行为的基本坐标，亦是每个人创造人生价值、成就出彩人生的阶梯，还是创造美好生活的奋进支点。

爱岗敬业要求我们做到礼敬职业、热爱岗位；勤奋努力、尽职尽责；精益求精、恪尽职守。

（1）礼敬职业、热爱岗位。爱岗敬业体现的是从业人员树立正确的择业观和创业观，热爱自己的工作岗位、敬重自己所从事职业的道德操守。爱岗敬业是从业人员对待自己职业的一种态度，也是一种内在的道德需要。只有内心敬业才会真心爱岗，才会由内到外地牢固树立礼敬职业的态度。

敬业乐业是中华民族的优良传统，也是中国伦理思想的精华。一个推崇敬业乐业的民族，必定是令人起敬的民族；一个弘扬职业理想的社会，必定是一个活力涌流、文明进步的社会。要做到爱岗敬业、忠于职守，必须培养不怕吃苦、不怕吃亏的精神。

在新时代的征程中，爱岗敬业并不是强求一个人必须殚精竭虑、死而后已，而是要求每个职业人心怀敬畏之心，在主观感情、本心意愿里，做到真诚爱其岗、热忱敬其业。一个人的能力有大小，职务有高低，唯有敬业乐业，

---

〔1〕　本书编写组：《思想道德与法治》，高等教育出版社2023年版，第173页。

才能收获精彩的人生，开拓美好的人生境界。

（2）勤奋努力，尽职尽责。敬业本身就是一种责任和美德。人开始从事某项工作，就意味着承担起一份责任，要对工作极端负责，对工作中的失误更要勇于负责，而不随意推卸责任，这样才能赢得社会的认可和他人的尊重。敬业者以其强烈的责任心、高度的荣誉感、高尚的职业尊严，点亮了自己，也照亮了他人。

一方面，把实现人民美好生活作为职业发展的新航标、新动能，把人民利益视为职业价值创造的衡量标准。坚定职业追求，矢志不移，为理想而拼搏、奋斗，创造出无愧于时代的优良业绩，进而实现以业载道、业以济事的社会理想。

另一方面，筑牢职业信仰之基石。坚守职业信仰，树立平凡但不平庸的观念，无论处于顺境还是逆境，都不随波逐流，做到在平凡中坚守，在坚守中实现职业理想和提升职业获得感。

（3）精益求精、恪尽职守。党的十九大报告提出："建设知识型、技能型、创新型劳动者大军，弘扬劳模精神和工匠精神，营造劳动光荣的社会风尚和精益求精的敬业风气。"新时代的建设者以孜孜以求的精神来淬炼技艺、磨砺意志，成为行家里手、能工巧匠和大国工匠。一方面，坚持不懈提升业务能力、精雕细琢。每一个人要做好工作，就要干一行、爱一行、钻一行、精一行。"把简单的事情重复做，把重复的事情用心做"，以技术水平进步的硬核实力激发职业自豪感、荣誉感。我国技能人才多次站在世界技能大赛的领奖台上，展示了中国技能的国际水平，诠释了追求极致和完美的敬业精神。另一方面，坚持不懈、久久为功。久久为功精神的敬业，是美好的德行，守得住寂寞、经得起诱惑，持之以恒、锲而不舍，并且要有"功成不必在我"的境界和"功成必定有我"的使命担当。

敬业的追求与价值还在于敢为人先，勇于打破常规，敢于攻坚克难，发现新事物、探索新领域，实现超越和发展；尊重规律、讲求科学、运用新理念、新模式。让更多的"国字号"成果展现爱岗敬业者眼光高远、视野开阔、敢闯敢试、实业兴国的创新品质。

新职业从小众走向大众、从不为人关注到受人瞩目，新职业者主动适应变革，大胆拥抱新职业，以其敬业新实践引领时代风尚。

从培育敬业精神、劳动观点、合作意识、规则理念、清廉形象等入手开展教育，倡导"幸福源自奋斗""成功在于奉献""平凡孕育伟大"的理念，弘扬劳动精神、劳模精神、工匠精神、优秀企业家精神、科学家精神等，将职业道德教育落细落小落实。

（二）诚实守信

诚实守信既是中华民族的传统美德，也是我国公民道德建设的重点，还是社会主义核心价值观的重要准则，在我国思想道德建设中具有重要的作用。诚实，强调说老实话，办老实事，做老实人；守信，强调重诺言，讲信誉，守信用，言行统一。诚实与守信是相辅相成的，守信是诚实的外在表现；诚实是守信的思想基础。诚实与守信是相互联系又相互统一的优良品德，是思想和行为高度一致的具体表现。在市场经济条件下，诚实守信是不可缺少的道德要求，是社会秩序的基本保证，是国家良好的国际形象，是个人高尚的人格力量。诚实守信作为职业道德的重要精髓，要求从业人员在职业活动中诚实劳动、合法经营、信守承诺、讲求信誉。诚实守信体现着从业人员的道德操守和人格力量，也是其在行业中扎根立足的基础。[1]

诚实守信作为职业生活的基本规范，要求处理好两个层面的关系：

第一，处理好从业人员与职业的关系。诚实守信体现为从业人员的诚实劳动与忠诚履职的统一。社会主义实行"各尽所能、按劳取酬"原则。从业者通过诚实劳动创造的物质财富或者精神财富成果越多，社会给予其的回报就越充分，这正是"多劳多得"规则的实质体现。而忠诚履职不仅要求劳动者脚踏实地地完成岗位工作，更要求其直面困难挑战时敢于担当作为。秉持真诚之心开展工作，既为个人树立良好的职业信誉，更为长远的发展奠定坚实基础。

第二，处理好从业人员与服务对象的关系。诚实守信要求从业人员讲究质量、童叟无欺，信守合同、维护职业信誉、集体形象。诚实守信者将获得良好的社会信誉评价。信誉，既有个人的信誉，也有集体的信誉，还有国家的信誉。一个劳动者在具体职业活动中的表现，既涉及维护个人信誉形象，也涉及维护集体信誉形象，甚至还涉及维护国家信誉形象。信誉是市场经济主体立足之根本，谁的信誉高，谁就能在激烈的市场竞争中立于不败之地。无论是个体工商户还是企业，如果不重视产品和服务质量，不信守合同约定，

---

〔1〕 本书编写组：《思想道德与法治》，高等教育出版社 2023 年版，第 173 页。

不建立良好的信用关系，只是一味地追求利润，必然很快就信誉扫地，被市场淘汰出局。

在现代职场中，诚实守信要从一点一滴做起，时时、事事、处处实事求是，不因善小而不为，不断积累信誉；要精心维护诚信口碑，不因恶小而为之，慎重承诺、诚实履职、敢于担当作为。

与诚实守信相反的是欺诈、奸诈、坑蒙拐骗，在商品经营中掺杂、掺假等。如果任不讲诚信的现象泛滥，和谐社会将会受到极大破坏。国家从制度保障与社会治理方面强化诚信建设，不断提升全社会的诚信水平，致力于建设讲诚信、尊诚信、爱诚信、护诚信的信用大国。国家采取法律手段为诚信社会的实现保驾护航，运用法律的武器对失信行为予以坚决惩罚，坚决遏制不诚信行为。在社会生活的方方面面设置不讲诚信者的障碍和门槛，通过大数据网络建立个人诚信"档案"，使失信者在社会上寸步难行。

（三）办事公道

办事公道属于职业操守层面的要求。操守是指人的品德和气节，强调执持善行，固守志节。职业操守是指公正有德，不为个人或小团体之利而损害他人、集体、国家的利益。在职业活动中，办事公道要求从业人员做到公平、公正，不损公肥私、不以权谋私、不假公济私，无论对人对己都出于公心，遵循道德和法律规范来处事待人。[1]

办事公道的具体做法包括：坚持原则、明辨是非、排除私心、平等待人。

（1）坚持原则，是指从业人员应该按照国家法律法规、党的方针政策、职业纪律和工作规范行使职权、履行职务。只有遵循国家法律、严守职业纪律，才能树立正气，顶住各种歪风邪气，自觉维护行业正常的秩序。特别是公职人员要坚持原则、照章办事、一视同仁，该解决的就解决，该怎么办就怎么办，不能以关系远近来违规违纪处理事情。

（2）明辨是非，是指要分辨清楚真善美与假恶丑，只有具有良知和良心，办事才能不偏不倚。在职业活动中，不侵犯公共财物，不损害公共利益、不贪图便宜、不假公济私，说话办事都出于公心，不以个人好恶处事，做到公私分明、办事公道、廉洁奉公、不徇私情。

（3）排除私心，是指应当做到公私分明、不谋私利、不徇私情、不计得

---

[1] 本书编写组：《思想道德与法治》，高等教育出版社 2023 年版，第 173 页。

失、不畏权势。如果办事时因为是熟人、同乡、亲属、老同事、老部下，就对不合理要求容忍、迁就，就没有做到办事公道。如果办事时把个人利益放到第一位，利用自己的岗位权力和职务之便谋取个人利益，甚至违法行贿受贿，就没有做到廉洁奉公，而是损公肥私。从业人员如果有不怕牺牲个人利益的正义感，就会坚持原则而不惧权势的打压，能够坚持秉公办事。

（4）平等待人，在社会主义社会，从业人员之间以及从业人员与服务对象之间都是平等的。从业人员之间只有能力与分工的差异，应当互相尊重、平等相待。孔子云"上交不谄，下交不渎"，说的是与地位高于自己的人交往，不要低声下气；与地位低于自己的人交往，不要傲慢无礼。从事服务性行业的人员，要做到不以貌取人，一视同仁，周到服务。在职业活动中，无论职务高低，每个人在工作期间都有自己的职业权力，无论办理的事情是大事、小事，都要做到秉公办理。

（四）热情服务

在社会主义社会，我们所从事的各项正当职业都是为人民群众服务的。每个从业人员都自觉地遵循服务群众的要求，社会就会形成人人都是服务者、人人又都是服务对象的良好秩序与和谐状态。社会全体从业人员将通过互相服务，促进社会发展、实现共同幸福。

服务群众的具体要求就是要热情服务，热情服务是为人民服务的道德要求在职业道德中的具体体现。职业道德建设中的"服务"要求，是指从业人员无论从事什么工作、能力如何，都应当致力于做好为人民服务的本职工作；而"热情"要求，是指从业人员对服务对象的职业情感和态度应当是满腔热情。

践行热情服务要树立以人为本的观念，要把群众的需要作为工作的出发点，把群众最迫切需要解决的问题作为工作的着力点，把群众最关心的问题作为工作的突破点。每个岗位上的工作人员都应该通过干好本职工作，关心群众疾苦，为群众谋利益，尽可能多地创造物质财富和精神财富回报社会，为群众服务。

践行热情服务还应当做到优质服务。为群众提供优质服务，必须树立服务质量第一的观念，具备高度的职业责任感和牢固全心全意为人民服务的思想。要重视服务质量管理的作用，只有服务质量标准、服务人员组织和服务环境条件综合发挥作用，才能真正提高服务质量。

以某养老机构的护理员的职业道德规范为例。该养老机构要求护理员做到：（1）热爱养老事业，热爱本职工作。（2）时刻为老人着想，做到细心、全面服务。（3）尊重老人的人格和权利，对待老人一视同仁。（4）坚守岗位，尽职尽责，上班时间不干私活，不串门，全心全意干好工作，确保安全工作。（5）文明礼貌服务，举止端庄稳重、态度和蔼，同情、关心和体贴老人。（6）遵纪守法，廉洁公正，不利用工作之便私，不接受老人的礼物，不接受红包。做到自尊、自重、自爱、自强。（7）遵守社会公德，严守劳动纪律及本部门的各项规章制度。（8）服从分配，护理员之间相互尊重，团结协作，正确处理同行同事之间的关系，勇于批评和自我批评，共同做好工作。（9）严谨求实，奋发进取、精益求精。不断更新知识，提高服务水平和自身素养。（10）与老人家属保持经常联系，主动与家属密切配合，共同照顾好每一位老人。

在我国各行各业的职业活动中，涌现出许许多多坚持服务群众的现实模范人物，他们是我们学习的榜样。

（五）奉献社会

习近平总书记在2018年新年贺词中指出："广大人民群众坚持爱国奉献，无怨无悔，让我感到千千万万普通人最伟大，同时让我感到幸福都是奋斗出来的。"奉献社会是社会主义职业道德的本质特征，是对从业人员的最高要求，也是为人民服务实际行动的集中体现。诚如周恩来同志所说："为人民服务也就是为我们的国家，为我们的民族，为我们美好的将来，为全人类光明的前途服务。"奉献精神是社会责任感的集中体现，有责任就意味着要奉献。选择奉献就选择了高尚。[1]

第一，尽职尽责就是奉献。社会的良性发展需要社会成员对其承担起责任，而责任的履行需要奉献精神的支撑。具体而言，这种奉献体现在从业人员立足本职岗位，以敬业态度为社会创造价值，通过个人劳动实现集体利益。奉献精神作为社会责任意识的高度凝练，本质是对社会责任的主动担当。无论从事什么工作，只要爱岗敬业、努力工作，就是在为社会作贡献。如果在工作过程中不求名、不求利，只奉献、不索取，则体现出宝贵的无私奉献精神，这是社会主义职业道德的最高境界。在新时代，我们更要增强做好本职

---

〔1〕 本书编写组：《思想道德与法治》，高等教育出版社2023年版，第186页。

工作的社会责任感，努力为形成"我为人人，人人为我"的良好社会道德风尚作出贡献。

第二，人生的幸福在于奉献。践行以奉献社会为主要内容的职业道德并不意味着不要个人的正当利益，不要个人的幸福。恰恰是只有自觉奉献社会的人才真正找到了个人幸福的支撑点。奉献社会是人生价值的具体体现，奉献和个人利益是辩证统一的。奉献社会是从业人员实现人生价值的必由之路。人生价值主要体现为社会价值，从业人员将为人民服务的思想融入职业活动中，对所从事的职业倾注强烈的情感，投入大量的时间、精力，并自觉对三者进行优质组合且达到了常人所不及的程度。奉献社会不仅为社会作出了贡献，也充实了人的精神世界，这无疑是获取幸福的源泉。法国著名文学家雨果在《莎士比亚论》中说："献身的人是伟大的！即使他处境艰困，但也能平静处之，并且，他的不幸也是幸福的。"苏联著名教育家苏霍姆林斯基在《给儿子的信》中也说："如果一个人热爱自己所从事的劳动，他一定会竭尽全力使其劳动过程或劳动成果充满美好的东西，生活的伟大、幸福就寓于这种劳动之中。"爱因斯坦说过："人只有献身于社会，才能找出那实际上是短暂而有风险的生命的意义。"马克思说过："人只有为自己同时代人的完善，为他们的幸福而工作，他才能达到自身的完善。"

三、争做敬业奉献道德模范

我们身边的不少人在平凡的岗位上做出了不平凡的事迹，涌现出了一大批文明示范行业和敬业乐业的模范典型，"最美教师""最美护士""最美司机"等"最美人物"，展现了优秀的职业品质，标注了无私奉献的职业道德高度。这些榜样、楷模影响着一批人、鼓舞着一批人。在疫情汹涌袭来的时候，"80后"顺丰快递员汪勇不顾个人安危，在非常时期主动延伸快递服务，送武汉市金银潭医院医护人员上下班，给医护人员送各种后勤保障物资。汪勇感召了更多人一同加入这支特殊的"快递"队伍，想方设法解决医护人员的后顾之忧。快递小哥汪勇被称为"生命摆渡人"，用76天守护了一座城。汪勇是快递行业敬业奉献的"勇士"，是"最美快递员"，获得了"中国青年五四奖章"。

榜样发挥主流价值观念引领作用，以榜样的道德行为和道德力量直接地感染人、引导人、鼓舞人。中央电视台打造的《感动中国》《榜样》等品牌节目展现了新时代一批批各行各业、不同群体的先进模范、先进榜样，让不同行业、不同群体都能学有榜样、行有示范。这些先进典型有的是国之重士，有的是普通百姓，他们的奉献、敬业精神都令人感动，他们的责任担当都令人敬佩，彰显着为中国梦不断奋斗的大爱。

平凡岗位上的普通人，勇于担当、积极有为，用毅力和智慧甚至生命诠释普通人的责任，这些"普通"榜样同样引领一个群体、一个时代的道德精神。我们不能全盘将先进榜样神圣化，人为造成"牺牲感"，构成一种"榜样难学"的刻板印象，要让榜样更"接地气"、更"聚人气"，实事求是地宣传榜样事迹，让榜样精神更易于为人们理解、接受和学习。

在向榜样学习之时，我们也可能陷入一个误区，认为只有为社会作出巨大贡献、创造惊天动地业绩的人才有资格成为榜样。榜样不是不食人间烟火、没有七情六欲的"神仙"。党的十八大以来，越来越多的榜样来自我们身边的普通岗位劳动者，现实中涌现出的活生生的榜样同样富有感召力。例如，在北京市东城区环境卫生服务中心从事粪便清运工作的"环卫天使"李萌，传承了"工作无贵贱，行业无尊卑，宁愿一人脏，换来万家净"的精神。新时代劳动者的担当作为应当体现在把满足群众的需要当作职业的价值、意义，做就要做好，干就要干得出色。全国道德模范张黎明（国家电网天津市电力公司滨海供电分公司配电抢修班班长）扎根电力抢修一线，累计巡查线路 8 万多公里，绘制线路地图 1500 多张，完成技术革新数百项，被誉为点亮万家的"蓝领工匠"、坚守初心的"光明使者"。张黎明的手机号被印在社区敬老助残服务卡上、街道市民服务手册上、便民爱心卡上，成了群众需要时触手可及的号码。张黎明带领团队不断攻关创新，从一名基层电力工人成长为新时期"学习型、知识型、创新型"产业工人的优秀代表。张黎明的座右铭是，"工作是快乐的，创新让工作更快乐"。

典型、榜样的感人事迹各不相同，但都聚集着来自同一本源的精神力量：甘于奉献、大公无私，在为他人、为社会作贡献的过程中提高精神境界、培育道德风尚。

■ 【教育案例】

菜农"大树哥"：网络直播实现"爱心接力"　众筹 10 多万斤蔬菜支援抗疫

2020 年的春节，因为突如其来的新冠疫情让焦灼的情绪在全国蔓延。在这个特殊时期，疫情防控成为攻坚工作，而湖北武汉作为疫情重灾区，时刻牵动着全国人民的心。2020 年 1 月 30 日，4 辆川 F 牌照的红色大货车，开下沪蓉高速，在湖北武汉汪集收费站出口集合。车上密匝匝，是共计 14 万斤的蔬菜。这些蔬菜在四川什加装车，经过 20 个小时，直接送达被新冠疫情笼罩的武汉。而这些蔬菜的捐赠，得从这名来自四川什加的网红菜农"大树哥"说起。

"大树哥"本名潘大树，是四川什师古镇的一名新型职业农民，2020 年他种植了 50 余亩的上海青、萝卜等时令蔬菜。作为一个 1988 年出生的新农人，他平日里爱好直播，经常会以拍摄直播视频的方式更新生活状态。黑色风衣、大背头配上挺拔的身形，镜头中的"大树哥"算得上英俊，拥有一批自己的粉丝，俨然是当地的一名"网红农人"。1 月 28 日，"大树哥"在直播间和网友聊天时，了解到武汉在疫情防控期间非常缺乏新鲜的蔬菜，于是他在网上发布信息，承诺给武汉人民捐献 10 万斤蔬菜。对于为何选择向武汉捐菜，"大树哥"这样表达自己的初心，也代表和他同行的无数四川人始终未忘的感恩之心："汶川大地震的时候，我们吃的穿的还有房子，都是外地人帮忙的。现在，我也该为别人做点什么。"

为了证明自己不是吹牛，"大树哥"想方设法寻找蔬菜运输、接收渠道。然而，凭他一己之力，很难跨越 1200 公里，将蔬菜送到武汉。于是，"大树哥"开始在直播中求助，并找到封面新闻公益平台帮忙。在网络传播的帮助下，捐菜事宜被进一步推进，当地村民、物流公司陆续向他伸出援助之手来表达对武汉的支持，大大提高了蔬菜收割效率，缓解了运输难题。此外，"大树哥"的捐菜行动也引起两地政府部门的关注，鉴于目前什加本地蔬菜供应充足，当地农业部门呼吁更多专业合作社加入爱心行动，同时对相关物资进行协调。武汉市政府部门也主动与他联系，表示可以接收、发放蔬菜，对其行为表示支持。与此同时，"大树哥"也将跟进信息同步更新到网上，新疆、苏州、上海、重庆……越来越多的人被这场爱心接力赛打动，加入助力和关注的行列。这批 10 多万斤新鲜蔬菜通过"采收一批，装运一批"的方式抵达武汉，交由当地相关部门统一调配，之后"大树哥"也继续着他的直播，和诸多爱心人士一同继续关注武汉，守护人间大爱。

第三节　家庭美德

社区矫正对象因为违法行为对社会和他人造成伤害，可能存在一定时间内无法获得家人谅解、邻居理解的情况。但是应该坚信，只要在未来的生活中以诚相待，一定能够获得他们的支持。学习家庭美德有助于重新建立良好的家庭关系和邻里关系。

一、家庭美德的含义

家庭美德是规范家庭生活、调节家庭关系、鼓励或约束家庭成员行为的道德准则。社会主义的家庭美德是社会主义道德在家庭生活中的具体体现。家庭美德既是调节家庭成员关系、邻里关系以及家庭与国家、社会、集体间的行为准则，也是评价人们在婚姻、家庭、邻里之间交往中的行为是非、善恶的标准。

二、家庭美德的作用

家庭美德有助于家庭成员树立正确的人生观、价值观和婚姻家庭观，家庭美德是美满幸福生活的力量源泉，也是推进社会道德文明前行的力量，对于家庭的幸福和谐，以及社会的安定团结具有极其重要的意义。

第一，加强家庭美德建设对个体的人生意义重大。当家庭成员注重家庭美德的培育时，夫妻之间能够相互尊重，子女懂得感恩，兄弟姐妹会彼此扶持。在这样的家庭氛围中，每个成员都潜移默化地学习着如何关爱他人、如何担当责任，从而完成生命教育的重要一课。这种无声的品德熏陶，不仅塑造了个人的道德修养和处世智慧，更将优良的家风转化为代代相传的精神纽带，绵延不绝。

第二，加强家庭美德建设对于社会的稳定与发展具有重要意义。家庭作为社会的细胞，其稳定与幸福是社会和谐与安定的基础。因此，提升家庭成员的文明素养，让每一家庭的文明之石共同筑就社会文明的巍峨大厦，显得尤为重要。此外，家庭生活与社会生活紧密相连，通过传承优良家风，共同培育和发展夫妻爱情、长幼亲情以及邻里友情，最终将构建一个家家幸福、人人安康的和谐社会。

三、家庭美德的内容

《新时代公民道德建设实施纲要》要求新时代的家庭美德要"以尊老爱幼、男女平等、夫妻和睦、勤俭持家、邻里互助为主要内容"，并提出要"用良好家教家风涵育道德品行"。家庭是社会的基本细胞，是道德养成的起点。让美德在家庭中生根、在亲情中升华，培养和发展夫妻爱情、长幼亲情、邻里友情；创造和维持尊尊亲亲的和谐家庭关系，使父母尊长获得孝养，使夫妻相濡以沫，使孩子身心健康成长，使每一个家庭成员都能通过家庭生活获得人生的发展、圆满、幸福与快乐。推动形成爱国爱家、相亲相爱、向上向善、共建共享的家庭文明新风尚。

（一）尊老爱幼

尊老爱幼是中华民族延续千年的传统美德。晚辈要孝老爱亲、尊老敬贤，对长辈依法尽到赡养义务，不仅满足他们的物质生活需要，更重要的是不能忽视他们的精神需要，让他们老有所依、老有所乐、安享晚年。长辈则要依法对晚辈尽到抚养、教育、保护的义务，呵护他们健康成长、成才。尊老爱幼是新时代公民道德建设对每个公民的要求，赡养父母、抚养子女是每个公民应尽的法律义务，更是每个公民所应担负的感情上、道义上的责任。

1. 尊敬和赡养老人

父母养育照顾子女 10 余年甚至更长时间，他们付出了情感、心血和财富；当父母年老体衰的时候，子女照顾他们的生活是天经地义的，这种反哺的内在精神即为"孝"，孝是一种感恩回报的爱，是爱与责任的体现。在中国人的思想观念中，一个人如果对生养自己的父母都不怀感恩、不思回报，那就会被视为彻头彻尾的自私自利者。古人甚至把这种人列为禽兽，认为其不配称作人。《孝经·开宗明义》云："夫孝，德之本也，教之所由生也。"在儒家思想中，"孝"是德的根本，品行教化由此而产生。一个人只有先爱自己的亲人，才能将这种爱推及他人；由爱父母、兄弟姐妹、朋友，推广到爱一切人。中国传统文化中的"孝"不是单纯的"养亲敬亲"情感，而是将人与人的关爱之情、责任之心，推及于整个社会、天下和国家。将属于父子之亲、母子之情的伦常关系，与上下等级、朋友交谊、君臣之道、夫妻关系等结合起来，起到端正人心、纯化情感，改善关系，达到和谐的作用。纵使时代在变迁，文化在进步，"孝"作为中国传统道德准则虽历经千年仍深植于中国人的骨髓，被中国人奉为人之本、国之本。但是古代的孝悌也包含一些封建的糟粕，比如愚忠愚孝、强烈的等级观念、绝对服从的奴性、个人权利与自由意识的淡薄等。在当今时代，对于"孝"应当有新的理解，例如，现代的孝应当是建立在人与人之间平等关系上的孝敬与尊重。今天子女尽孝应当注意两个具体问题：

第一，注重对长辈的精神赡养。"孝"这一观念不仅要求子女对父母尽奉养义务，更重要的是子女对父母有敬爱之心。孝敬父母既要提供物质保障，还应当满足精神需求。所谓精神赡养，是指在家庭生活中，赡养人理解、尊重、关心、体贴老人的精神生活，在精神上给予其慰藉，满足其精神生活的需要，使其愉悦、开心。对老人的精神赡养有道德和法律两个层面。在道德层面，其内涵广泛且要求甚高，总体而言，应尽力实现对老人无微不至的关怀，让老人时常感受到心灵的慰藉与满足。在法律层面，对老人进行必要的探视或看望等，是不可或缺的。然而，在现代社会，由于种种原因，不少人对老年人的精神赡养有所忽视，老人与子女相见机会越来越少，倍感孤独。《老年人权益保障法》第18条规定了"常回家看看"条款。2013年江苏无锡某法院对一起精神赡养案件进行了审理并当庭宣判，判决子女至少每两个月看望一次老人，重大传统节假日2次，这是我国首例判决子女履行常回家看看精神赡养义务的案件。

老有所养、老有所乐，是老年人最基本的愿望。作为子女应当履行对老人经济上供养、生活上照料和精神上慰藉的义务，照顾老人的特殊需要。子女赡养老人是一项法定义务，不得以任何理由，拒绝履行赡养义务。

第二，丧祭礼仪遵循绿色原则。在我国传统"孝"文化中，"孝"除了要求子女在父母生前尽心侍奉，还包括在父母离世后尽心治丧和祭祀以表达孝心。《礼记·祭统》曰："孝子之事亲也，有三道焉：生则养，没则丧，丧毕则祭……尽此三道者，孝子之行也。"但是，我国某些地区存在奢侈丧葬祭祀陋习，如修建豪华墓园，举办奢侈丧仪，大摆丧宴收钱，以丧祭先人之名行攀比炫耀、聚财敛财之实。《左传》有云："俭，德之共也；侈，恶之大也。"古代圣贤莫不强调厚养薄葬。新时代的公民应当践行绿色殡葬、低碳祭祀理念，节约资源、保护生态环境。例如，采用生态殡葬形式中的树葬，以树代碑象征生命常绿、精神永存，契合中国人入土为安的传统观念；来于自然归于自然，既能节约土地资源又能造福子孙后代。并非大操大办的丧祭支出才能代表孝道，用心祭扫、用行祭祖即为"孝"。中国古代礼数备至的祭祀活动是仪式化的家风家教的训导与家族文明的传承，有利于增强家族内部的向心力、凝聚力，让家族之气延续长存。

儒家学派的重要代表人物曾子将丧亲之孝概括为"慎终追远"，慎终是父母去世时的丧葬行为，追远是父母死后的祭祀礼仪。子女表达丧亲之孝的形式就是丧葬和祭祀，也就是说，父母或长辈去世后要举行葬礼和祭礼。曾子曰："慎终追远，民德归厚矣。"（《论语》）意思是"谨慎地对待父母的丧事，恭敬地祭祀远代祖先，就能使民心归向淳厚了"。慎终追远是传统孝道文化的一项重要内容，它通过对父母的崇敬、进而对先祖的崇拜，使中国传统家风得以延续，是中华民族智慧的结晶。古代的丧葬和祭祀礼仪不仅培育了农耕文明所需要的温柔敦厚的人格，也从制度上凝聚了全体国民的向心力，促使中华民族从"祖先认同"慢慢走向"民族认同"；尤为重要的是，它让国人通过血脉链的延续找到了精神的归宿，并通过子孙的香火祭祀使家族信仰获得了传承，不仅为农耕文明需要的道德教化找到了一条捷径，也为中华民族向心力的形成和大一统体制的形成奠定了基础，还为个体生命留存了温馨而永久的精神寄托。可以说，无论是在中华文化还是世界文化的背景下，没有任何一种文化理念有如此广泛而持久的影响力。[1]

2. 爱护和抚育子女

父母抚养子女反映了人类个体的生命成长和人类社会延续的基本规律要求。在全世界范围内，抚养、教育、保护未成年子女都是父母的法定义务。抚养是指父母从物质上供养子女和在日常生活中照料子女。在我国现实生活中，父母因外出务工或者基于其他正当理由不能直接抚养教育未成年子女的，应当委托具有照护能力的亲朋好友代为抚养。

抚养子女应当注意这样一个问题：抚养子女是父母的义务而非祖辈老人

---

〔1〕　陈仲庚：《慎终追远与国人之灵魂归宿》，载《武汉大学学报（哲学社会科学版）》2014年第5期，第123页。

的责任。在今天民众的生活中，老人帮助年轻人带孩子成为一种普遍现象，然而，这样的事情多了，一些年轻人就认为，老人带孙辈是理所当然的事。而根据《民法典》第1074条的规定，祖父母、外祖父母仅在有负担能力，且未成年孙子女、外孙子女的父母已经死亡时有抚养义务。孙子女、外孙子女也仅在有负担能力，祖父母、外祖父母的子女已经死亡时有赡养义务。可见，在法律上，祖父母、外祖父母只有在特定条件下才承担抚养孙子女、外孙子女的义务。

我国现行法律没有明文规定儿媳对公婆、女婿对岳父母有法定赡养义务，但儿媳、女婿对各自的父母的赡养义务则是有明文规定的。夫妻任何一方对自己父母的赡养可与另一方协力履行，包括夫妻双方以夫妻共同财产承担赡养的经济支出，共同承担照顾老人的家务劳动。儿媳和公婆在抚养与赡养上的矛盾的真正根源在于，对老人、孩子进行生活照顾的重担往往是落在女方身上的，而男方没有合理承担家庭义务，这对女方而言确实是不公平的。我国《民法典》在编撰时对家务劳动补偿问题进行了新的明确，其第1088条规定，夫妻一方因抚育子女、照料老年人等负担较多义务的，离婚时有权向另一方请求补偿，另一方应当给予补偿。这是法律对承担较多扶养义务女方的底线性保护，也是法律对夫妻公平分担照顾子女、老人等家务劳动的规范性指引。

父母对未成年子女的保护要求父母为未成年子女提供生活、健康、安全等方面的保障，对未成年子女的人身利益和财产利益予以维护。预防、排除来自外部的各种侵害，并在子女利益受到侵害时请求救济，维护未成年子女的合法权益。父母应当创造良好的家庭环境，关注未成年子女的生理、心理状况和情感需求，保障未成年子女休息、娱乐和体育锻炼的时间，引导未成年子女进行有益身心健康的活动。

父母对未成年子女的教育主要是管教，父母要按照国家法律和道德要求，对未成年子女加以必要的教导、管理和约束。包括教育和引导未成年子女遵纪守法、勤俭节约，养成良好的思想品德和行为习惯；对未成年子女进行安全教育，提高未成年子女的自我保护意识和能力；对未成年子女进行预防犯罪教育、对其不良行为及时予以制止并加强管教。

中国人素以重视家庭教育而著称于世，在五千年的历史发展过程中，中华民族积累了丰富的家庭教育经验，这也成为我国历史文化宝库中的重要组成部分。儒家认为人的道德素质首先是在家庭中形成的。一个人只有在家庭中受到正确的教育、养成良好的素质，才能成为社会的好成员。在中国的传统家教中，主要注重三个方面：其一，将德育置于教育的首位，以德立身成人。其二，秉承家和万事兴，勤俭持家的治家理念，因为齐家是治国平天下的基础。其三，教育子女爱国。传承中华文化的家国情怀，将小家与大家相通，把对父母的孝心转化为对国家的忠心，把对家的责任感转化为对国的责任感，将个人价值融入国家发展，将个人的命运与国家的荣辱兴衰直接联结。"家是最小国，国是千万家"，"家"是"家庭"的家，也是"国家"的家。

　　3. 兄友弟恭和手足相助

　　"孝悌也者，其为仁之本与。"（《论语·学而》）孝，是指报答父母的养育之恩，悌是指兄弟姐妹之间的友爱。一个美好的家庭除了有孝顺的子女，慈爱的父母，相亲相爱的兄弟姐妹也是极为重要的组成部分，从古至今，我国家庭文化中都十分看重兄弟之情。兄友弟恭、同气连枝的身份认同，是家族繁衍生息不竭的能量源泉。历史上并称"二苏"的苏轼、苏辙两兄弟情义深厚的故事流传至今，并留下了"与君世世为兄弟，更结来生未了因"的千古绝唱。

　　在编撰《民法典》的过程中，在养老育幼、亲亲相护的价值导向下，立法者在原本代位继承制度中，赋予兄弟姐妹的子女代位继承的权利，若被继承人的兄弟姐妹先于被继承人死亡，并且继承开始时没有第一顺位继承人存在，则侄子女、外甥子女可以代已经亡故的父母继承伯叔姑舅的遗产。这样的制度设计使得兄弟姐妹之间的情谊得以向下延伸，让兄弟姐妹之情不仅仅停留在一辈人之间。正如《颜氏家训·兄弟篇》所言："兄弟不睦，则子侄不爱；子侄不爱，则群从疏薄。"兄弟姐妹是一个家的中气，兄弟姐妹和睦，上可共孝父母，下可庇护侄子外甥，家族得以兴旺，亲情也得以绵延。

　　我国《民法典》第 1045 条对亲属范围作出规定，认定兄弟姐妹为近亲属。《民法典》将兄弟姐妹纳入近亲属范围就是要提倡兄友弟恭、同气连枝的家庭团结精神。兄弟姐妹之间相互关爱、相互帮助，享有法律规定的权利，承担法律规定的义务。法律明确规定了在一定条件下兄弟姐妹之间有相互照顾的权利与义务：若父母亡故或者没有监护能力，有监护能力的兄、姐则需要承担起家庭重任，照顾保护年幼的弟、妹。长姐如母、长兄如父一直是我国文化提倡的手足关系，兄、姐保护弟、妹是亲缘、血缘带来的本能行为，法律只是加以确认并规范化。虽说兄弟姐妹相互照顾看起来天经地义，但这种照顾更应当是亲亲相护的良性互动。获得回报，虽不是兄弟姐妹相互照顾的目的，但确实是兄友弟恭、姐妹情深的应有之义。如果一方一味受照顾而从不想着回报，也就不配被称为骨肉手足了。

需要注意生活中被人们热议的"扶弟魔"现象。现在某些家庭还有严重的重男轻女恶习，让姐姐无条件地负担弟弟的学费，甚至是结婚成家的一切费用，最终将姐姐变成了人见人厌的"扶弟魔"。生活中还有一些兄、姐，在扶养弟、妹时尽心尽力，付出了金钱、青春与心血，放弃了升学求职的机会，甚至耽误了美好姻缘，但弟、妹长大以后却没有回报的想法，当兄、姐有难时则躲得远远的。法律对这种冲击底线的忘恩负义行为没有袖手旁观，《民法典》第 1075 条第 2 款规定："由兄、姐扶养长大的有负担能力的弟、妹，对于缺乏劳动能力又缺乏生活来源的兄、姐，有扶养的义务。"当我们的社会出现道德严重失灵的时候，应当由法律来惩治、矫正不堪的人性，用法律的形式让他们明白手足一场必须懂得感恩。

在多孩儿的政策下，可能会涌现各种各样的有关兄弟姐妹关系的社会问题、法律问题，但无论如何，我们都不应该让金钱、利益冲断了手足之情，以致孤苦伶仃时追悔莫及。

4. 及人之老与及人之幼

在中华文化中，"尊老"不仅指孝敬自己家里的长辈，同时也要尊敬别人家里的长辈；"爱幼"不仅包括爱护自己家里的儿女，同时也要爱护别人家的儿女。孟子说："古之人所以大过人者，无他焉，善推其所为而已矣。"又说："老吾老以及人之老，幼吾幼以及人之幼。"其意思就是人与人在相处中，应当推己及人，推恩及人，使孝道得以升华。人类社会是代代相传、不断繁衍发展的。没有上一代对下一代的哺育，人类社会就不会繁衍生息；没有老一代对社会的贡献，人类社会就不会蓬勃发展。老人理应受到全社会的孝敬。而下一代是社会主义现代化强国建设的接班人，是国家的未来、民族的希望，他们代表着人类发展的前途。儿童也应受到爱护。每一个公民都应当对全社会的老人、儿童予以尊重，体谅和善待老人、儿童。每个人也曾经是儿童，也必将会年老，自爱而后爱人，此为"人不独亲其亲、不独子其子，使老有所终、壮有所用、幼有所长、矜寡孤独废疾者皆有所养"的大道。

（二）男女平等

《宪法》第 48 条第 1 款规定："中华人民共和国妇女在政治的、经济的、文化的、社会的和家庭的生活等各方面享有同男子平等的权利。"男女平等是促进我国社会发展的一项基本国策。我国《民法典》将男女平等原则全面规定在婚姻家庭关系中，明确我国实行婚姻自由、一夫一妻、男女平等的婚姻制度，夫妻在婚姻家庭中地位平等，继承权男女平等，使男女平等有了可靠的法律保障。

第一，正确认识婚姻家庭关系中的男女平等内容。从社会关系的角度看，包括婚姻关系中的男女平等和家庭关系中的男女平等；从内容的性质角度看，包括人身关系中的男女平等和财产关系中的男女平等。

在结婚、离婚问题上，男女双方有平等的缔结婚姻的权利和解除婚姻的权利。根据《民法典》的规定，缔结婚姻后，双方都有各自使用自己姓名的权利，双方都有参加生产、工作、学习和社会活动的自由，夫妻双方对共同所有的财产享有平等的处理权，夫妻双方有相互扶养的义务，有平等的相互继承遗产的权利等。

除夫妻关系外，家庭关系还存在父母子女关系、兄弟姐妹关系等。在这些家庭成员中，不同性别家庭成员的权利和义务亦是平等的。例如，在人身关系上体现为子女可以随父姓，可以随母姓的平等；在财产关系上，父和母抚养子女的权利和义务是平等的，子和女对父母赡养的权利和义务是平等的，子和女对父母的财产的继承权是平等的。

第二，正确认识保护妇女合法权益原则。虽然我国法律明确赋予男女两性平等的法律地位，但事实上的男女平等与法律上的男女平等之间还有一定的差距。在婚姻家庭领域贯彻与执行保护妇女合法权益原则，有利于切实保护妇女在婚姻家庭中的合法权利，促进男女双方从法律上的平等向实质上的平等迈进。

《民法典》中关于保护妇女合法权益原则的规定为：在离婚程序方面，女方在怀孕期间、分娩后 1 年内或者终止妊娠后 6 个月内，男方不得提出离婚，对男方离婚请求权的限制性规定是为保护妇女、胎儿和婴儿的身心健康。在诉讼离婚案件中，法院判决分割夫妻共同财产按照照顾子女、女方和无过错方权益的原则判决，以保障处于经济弱势地位的女方离婚后的基本生活需要，保证妇女不会因经济问题的顾虑而放弃离婚自由的权利行使。

第三，男女双方平等承担家务劳动。家务的分配不能以收入水平作为标准。社会工作是对家庭的贡献，家庭事务的打理也是对家庭的贡献，二者的价值是平等的。任何一方的婚后收入原则上都是夫妻共同财产，家务的分配不能简单地用收入来划分。

倡导平等分担家务劳动建立新型的家庭关系，有利于夫妻理解彼此的付出。相互扶持就是最好的相处方式，夫妻感情也会因此越来越深。"平等"分担家务劳动并非"平均"分担，而是提倡夫妻协力合作。可以根据各自工作的特点、忙碌程度来统筹合理分配家务，工作相对轻松或者时间相对灵活的，多多体谅另一半，多做一些家务，形成家庭外事内务的平衡。夫妻双方应该具备的心态是，家务并非固定由某一个人去完成，家庭分工更非一成不变，而是需要两个人协力付出来保障家庭生活的顺利进行。夫妻之间相互理解、相互包容，不要把时间浪费在琐碎家务的争吵上，不要让家务成为伤害夫妻感情的利器。在家庭教育方面，父母要教导孩子学习清扫、洗衣、烹饪等家务，培养孩子的生活能力和家庭责任感。随着家务劳动社会化程度的提高，家庭物品电器化的普及，家务劳动的强度在逐渐减轻，平等分担家务劳动将更好地建立文明和谐的新型家庭关系。

(三) 夫妻和睦

夫妻关系是家庭关系的起源，也是家庭关系的核心。在一定程度上，夫妻关系比亲子关系、父母关系更加重要，只有先把夫妻关系处理好、维护好，才能在此基础上形成良好的亲子关系，才能处理好婆媳矛盾等较难处理的家庭关系。

第一，要有正确的婚恋观念。正确的婚恋观是婚姻幸福的基础，婚姻幸福美满、家庭和谐温馨是每个人的期盼，更是天下父母的共同心愿。近年来，各地的彩礼水涨船高，以至于超出一般家庭的财力所能承受的限度，极有可能让一个家庭陷入财力危机，出现因婚致贫、因婚返贫的现象。对此我们必须正本清源，正确理解彩礼的真正含义，正确把握彩礼的初心。

为了限制天价彩礼这样的陈规陋习，《民法典》第 1042 条第 1 款规定，禁止借婚姻索取财物。中共中央、国务院发布的《关于全面推进乡村振兴加快农业农村现代化的意见》专门指出：加强新时代农村精神文明建设，持续推进农村移风易俗，加大高价彩礼、人情攀比、厚葬薄养、铺张浪费等不良风气治理，推动形成文明乡风、良好家风、淳朴民风。我们不能让广大适龄青年因彩礼问题止步于婚姻殿堂外，更不能让珍贵的爱情败给无情的现实。正确看待彩礼习俗，杜绝天价彩礼，让彩礼忠于初心，才能让有情人终成眷属，成就美好姻缘。

第二，共同努力建立和睦的夫妻关系。根据《民法典》的规定：夫妻应当相互忠实、相互尊重、相互关爱。

相互忠实。夫妻间的忠实主要是指夫妻在共同生活中应当保持性生活的专一性，不得有婚外性行为；不得恶意遗弃配偶以及为第三人的利益而牺牲、损害配偶的利益。夫妻之间相互忠实是社会道德和婚姻本质的基本要求。违背夫妻忠实义务的行为对婚姻的杀伤力最大，严重伤害夫妻的感情，损害一夫一妻制的法律尊严。我国立法已经在民事、行政和刑事法律责任等层面设计了对夫妻忠实关系侵害人的法律责任以及被侵害人权利救济的途径。夫妻间违反忠实义务的严重行为，如重婚或与他人同居导致离婚的，要承担相应的民事法律责任；构成犯罪的，依法追究刑事责任。

在生活中，夫妻要处理好和异性交往的关系。在异性朋友关系的处理上要有理、有节、有度，要时刻在心中提醒自己什么该做，什么不该做。当前司法实践中，存在这样一种现象：夫或妻一方沉迷"网络婚姻"，对虚拟家庭投入大量时间、情感，却对现实世界的伴侣和子女不闻不问，严重损害夫妻感情，造成家庭危机。此类虚拟婚姻已对传统婚姻构成挑战，并且已经出现了因为"网络婚姻"而导致离婚的案例。有数据显示，我国目前已有10多万人在网上"结为夫妻"。[1]婚姻的忠实不仅指身体上的，亦指精神上的。一些自控能力差的人，对于从"网络婚姻"发展到现实生活中的婚外恋以致重婚，很可能只差一步。"网络婚姻"对现实婚姻的冲击，对家庭美德的破坏是实实在在的。这种对现实恋人精神上的背叛比身体上的背叛更为彻底，需要特别警醒。

相互尊重。这是保持夫妻关系和谐、促进家庭幸福美满的秘诀。第一，夫妻之间的相互尊重首先体现在尊重对方的人格和劳动，特别是应当尊重家务劳动方的辛勤付出。一方不能因为对家庭的经济贡献大就有特权想法，要求对方为自己服务，更不能歧视对方。第二，夫妻之间要尊重对方的意愿，

---

〔1〕《"网婚"：虚拟生活伤害现实感情》，载 http://www.shszx.gov.cn/node2/node22/pjzh/node1285/node1288/userobject1ai7349.html，最后访问日期：2022年8月27日。

不把自己的想法强加给对方。家庭生活中的重要事务应当由双方共同商量后作出决定，不能由某一方独断决定。第三，婚后所得财产要做到公开，不隐瞒、不私藏、转移。根据我国现行法律的规定，除非夫妻双方约定实行分别财产制，夫妻婚后所得收入原则上属于夫妻共同所有，夫妻对家庭财产具有平等的管理处分权。此外，夫妻之间的相互尊重还体现在如下方面：第一，与配偶说话的语气要体现出尊重。第二，在孩子面前应当尊重配偶。第三，在外人面前应当尊重配偶。第四，尊重配偶的正当娱乐、爱好。第五，夫妻双方是两个不同的个体，都有自己的性格特点，要懂得尊重对方。

相互关爱。在家庭里面，夫妻是一个整体，按俗话说就是"唇亡齿寒"的关系，因此夫妻间要多为对方着想，关心对方的生活、身体和思想等。夫妻相互关爱从遏制家庭暴力做起。我国制定和实施了《反家庭暴力法》，但是对女性的家庭暴力仍然存在，面对丈夫的拳头，女性应该勇敢地说"不"，不沉默，不忍受，敢于运用法律维护自己的安全和权利。丈夫亦应该增强法律意识，打骂妻子不属于家庭私事，轻则要承担民事法律责任，重则要承担刑事法律责任。

此外，夫妻双方要想真正把婚姻经营好，还需要相互理解、相互包容和悉心沟通。理解需要换位思考，体察彼此的性格差异；包容要避免为生活琐事争执，多看对方优点；沟通贵在定期坦诚交流，学会倾听。三者形成良性循环——理解奠定基础，包容化解摩擦，沟通消除隔阂，共同维系婚姻的持久稳定。真正的长久姻缘，从来都是两人以理解共情、用包容守护、借沟通联结的共生成长。

（四）勤俭持家

勤俭是中国优良家风的重要内容，曾国藩留给后代子孙的家风家训十六字箴言即"家俭则兴，人勤则健；能勤能俭，永不贫贱"。勤、俭作为持家之道密不可分，勤以生财，俭以养德；勤则百事不殆，俭则百善汇聚。勤俭持家强调既要勤劳致富，又要量入为出。

我国民间流传这样一则故事：中原伏牛山下有一农民，一生勤俭持家，日子过得十分美满。临终前，他告诫两个儿子务必秉承"勤俭"家风，并将写有"勤俭"二字的牌匾交给了他们。不料兄弟俩分家时忘却父亲遗愿，他们将匾一分为二，老大独得了个"勤"字，老二独得一个"俭"字。老大把"勤"字高悬家中，每天"日出而作，日落而息"，年年五谷丰登。然而其家人却丝毫不俭省，衣服没有穿旧就束之高阁，饭菜没有吃完就扔掉。因此，老大家即使岁岁丰收，仓库却依旧没有余粮。老二也把"俭"字供放中堂，但却把"勤"字抛到九霄云外。他不在农田里精耕细作，导致粮食产量很低，尽管一家几口节衣缩食、省吃俭用，日子仍然非常清苦。有一年发生旱灾，老大、老二家中都早早没有了钱粮。他俩情急之下扯下字匾将"勤""俭"二字踩碎在地。这时候村主任走了进来，了解了情况后，说出了老人的真正意思：只勤不俭，再多的财富也填不满奢侈浪费的"洞"；只俭不勤，坐吃山空，一定会挨饿受穷。勤俭不分家，缺一不可。兄弟俩恍然大悟，于是将"勤俭持家"四个字贴在自家门上，提醒自己，告诫儿女，此后日子过得一天比一天好。这则故事诠释了勤能开源，俭可节流，勤俭持家才能福泽绵长的道理。崇尚节俭意味着对辛勤劳作所创造财富的珍惜，本身体现着对劳动的尊崇，既勤且俭，方能不断地创造和积累财富。要做到勤俭持家，一方面需要通过勤奋工作增加收入积累财富，同时需要在家庭生活中量入为出、简朴节约，不搞奢侈攀比和铺张浪费；要保障家庭成员合理的物质消费支出，着力提升家庭成员的精神文明水平；还要树立勤俭这一优良家风，世代传承勤俭这一家庭美德。此外，在绿色地球、美丽中国的背景下，勤俭持家也是低碳环保、绿色生活的重要途径。

（五）邻里互助

邻里关系在日常生活中扮演着重要的角色，良好的邻里关系不仅能够提升居住环境的舒适度，还能增强社区的和谐与稳定。邻里关系的核心在于相互尊重——尊重彼此的人格尊严、民族习俗与生活方式，以互谅互让化解矛盾，用互帮互助增进情谊，这种中国传统文化中的处世智慧，在"六尺巷"的典故里得到了完美诠释。

中国"六尺巷"的典故源于张家与邻里之间的土地纠纷，却成就一段历史佳话。清康熙年间，张英担任文华殿大学士兼礼部尚书。他老家桐城的官邸与吴家为邻，两家院落之间有条巷子，供双方出入使用。后来吴家要建新房，想占这条路，张家人不同意。双方争执不下，将官司打到当地县衙。县官考虑到两家人都是名门望族，不敢轻易了断。这时，张家人一气之下写封加急信送给张英，要求他出面解决。张英看了信后，认为应该谦让邻里，他在给家里的回信中写了四句话："千里来书只为墙，让他三尺又何妨？万里长城今犹在，不见当年秦始皇。"家人阅罢，明白其中含义，主动让出三尺空地。吴家见状，深受感动，也主动让出三尺房基地，"六尺巷"由此得名。该典故所包含的谦和礼让精神是中华传统文化的精神，它的"宽"不是宽在"六尺"上，而是"宽"在人们的心灵境界与和谐礼让精神上。"六尺巷"是一把人生的尺子，值得我们经常拿出来量一量，修行正己，从而走出人生天地宽。

中国百姓一贯重视邻里关系，邻里团结体现了中华民族讲友谊、重情感、安居乐业的人文情怀和传统美德。好的邻里关系对人们的生活、工作、学习各个方面都大有益处。中国民间一直流传着"远亲不如近邻"的俗语。但是在快节奏的现代化城市生活中，邻里之间出现了各种各样的问题。为维护邻里团结，建立良好关系，需要遵循一定的原则。

第一，相互尊重。邻居的职业有不同，年龄有长幼，文化有深浅，应该一律以平等的态度去对待。邻里之间的尊重要发自内心，尊重邻居的人格、生活方式和生活习惯，尊重邻居的合法权益，不搬弄是非。

第二，宽容谦让。邻里之间在面对矛盾和冲突时，应以理解和包容的态度对待彼此，通过沟通和协商解决问题，而不是采取对抗或激烈的行为。体谅别人的困难，不因别人给自己带来的一点干扰就不满。不擅自占用公共空间，不滥用公共设施，共同防火防盗。宽容谦让所得到的回报，必然也是宽容谦让。斤斤计较的后果，往往是造成邻里关系紧张、难以调和。

第三，相互关心。邻里相处时间较长，少则几年，多则十几年，甚至几十年，建立深厚的友谊和感情才是相处之道。从小事做起，主动方便邻居；邻居有了困难，积极提供帮助，热情予以关照。发现邻居家有安全隐患，及时提醒或者帮助解决。只有这样，邻里之情才能胜过"远亲"。

■【教育案例】

俞永慧："你照顾我小，我照顾你老"

俞永慧出生在一个大杂院，其从出生起就与王凤琴老人同住在一个院子里。"我还记得在我小时候，父母都忙，家里就委托姑姑帮忙照看我，就这样一直照顾我到上学懂事，我和姑姑的感情也是从那时候开始，变得越来越亲密。"俞永慧口中的"姑姑"就是王凤琴。年轻时的王凤琴，每当有空时就去帮忙照看儿时的俞永慧，随着儿时的情感慢慢累积，在俞永慧的心里早就把王凤琴当成了"亲人"。

20 世纪 90 年代末，他们居住的大杂院进行拆迁，俞永慧与王凤琴老人面临着分离。王凤琴老人积蓄不多，加上分得的拆迁款，仍然难以购买合适的房子。王凤琴老人没有可以依靠的亲人，生活面临困境。俞永慧夫妻二人经过再三考量做了一个大胆的决定，带着老人一起搬新家，过日子。

这个大胆的决定也让王凤琴老人感到十分意外，老人觉得自己与俞永慧三口生活就是拖累了他们，自己年事已高，并且什么也没有，如果今后有什么大病，对于俞永慧一家就是"灾难"，而且俞永慧的孩子还小，今后用钱的地方还很多，这样对他们一家人来说十分不公平。了解到老人的想法后，俞永慧耐心地跟王凤琴沟通。一句"你照顾我小，我照顾你老"，让王凤琴潸然泪下。后来他们一起搬到了新家，用超越血缘的亲情，组成了一个崭新的四口之家。

随着时间的流逝，俞永慧的儿子彭涛也到了成家的年龄，为了改善住房拥挤的状况，同时也考虑到王凤琴老人行动不便，俞永慧的儿子儿媳也用孝心回报父母，贷款买了一套一楼的房子，方便长辈们的居住。到 2019 年时，王凤琴已经是患有脑血栓且生活无法自理的 92 岁的高龄老人，俞永慧仍然精心照顾着老人，每天为她翻身、按摩、活动手脚，按照老人口味准备食物。

与王凤琴老人共同生活的这二十多年里，俞永慧也常常遭到别人的猜测与质疑，身边的人也总是会问她，她与老人非亲非故，老人也没有什么遗产，这么做到底是为了什么。面对这些疑问，朴实的俞永慧表示："也许，这就是人跟人之间的缘分吧！"

现在俞永慧和爱人两人别无所求，只是希望老人健康长寿。俞永慧的故事并不轰轰烈烈，却如春风化雨般滋润人心。"老吾老以及人之老，幼吾幼以及人之幼"，俞永慧一家人用实际行动生动诠释了中华民族孝亲尊老的传统美德。

第四节　个人品德

个人品德在社会道德建设中具有基础性作用。在现实生活中，社会公德、职业道德和家庭美德的状况，最终都是以每个社会成员的道德品质为基础，都要落实到个人品德的养成上。[1]正如著名教育家陶行知先生认为："私德不讲究的人，每每就是成为妨碍公德的人，所以一个人的私德更是要紧，私德更是公德的要本。"

一、个人品德的含义

个人品德是指个人依据一定的道德行为准则在行动时所表现出来的稳定心理特征及价值趋向。它是个体对某种道德要求的认同和实践结果。

"人"是道德的唯一主体，所有道德问题的逻辑起点与最终归宿都在于人，只有人的行为或与人相关的现象才具有道德属性。基于善恶标准的道德评价，只适用于人的行为或与人相关的道德现象。在公民道德建设中，个人品德是使得公民道德建设最终得以可能的基础，因为所有的公民道德建设只有落实到个体的道德认知与道德实践才可能得以完成其现实性。个人品德与公德绝非二元对立的概念，公民道德建设既为个人品德培育提供实践场域，又构成其价值标尺。正如马克思主义哲学揭示的：人的主体身份和主体性不是天生的、先验的存在，而是在人的实践和认识活动中生成的本质。人的实践与认识活动无疑都是在特定共同体中进行的，在道德的维度上，个人在共同体中的实践与认识活动就是在公民道德的参与中获得个人品德认知与实践标准。

二、个人品德的作用

个人品德对于个人和社会都具有重要作用，可以归纳为如下方面：

第一，个人品德的提升对于个人的自我完善和成长具有重要意义。个人品德的提升直接关系到个人在实际生活和社会实践中的行为选择，以及对各种关系的协调和处理，直接显示出个人境界和素质的高低。个人品德的提升为自我整体素质的修养、锻炼和完善规划目标指明方向，为个人成长提供指引和调控。

第二，个人品德是道德和法律发挥作用的推动力量。个人品德的提升意味着社会道德和法律要求内化为个人的行为准则，这种内化过程使得个体能够自觉遵守道德规范和法律法规，从而成为现实的规范力量。而个人品德提

---

〔1〕 本书编写组：《思想道德与法治》，高等教育出版社 2023 年版，第 186 页。

升的过程亦能动地为社会道德和法律进步创造条件、提供动力，促使其不断完善和发展。

第三，个人品德是经济社会发展进程中重要的主体精神力量。个人品德的提升有助于促进社会和谐、增强社会责任感和实现公共利益。社会道德状况是由相互影响的每个社会成员的个人品德体现出来的，个体思想观念和道德素质普遍得到提高，是全面建成小康社会、实现中华民族伟大复兴中国梦的前提和保障。

第四，个人品德还关系到国家形象和文化软实力的提升。良好的个体道德修养能够展现出积极正面的国家形象，体现国家文化底蕴和大国风范。每个公民都是国家形象的代言人，其在各种场合表现出的道德行为，既是个人道德修养水平的体现，也是中华民族传统美德和国家形象的展现。

综上所述，个人品德不仅有助于个人的自我完善和社会道德进步，而且对于形成良好的社会风尚、提升国家形象和文化软实力都具有不可替代的作用。

三、个人品德的内容

《新时代公民道德建设实施纲要》明确了个人品德建设具体的内容要求："推动践行以爱国奉献、明礼遵规、勤劳善良、宽厚正直、自强自律为主要内容的个人品德，鼓励人们在日常生活中养成好品行。"

（一）爱国奉献

爱国奉献作为个人对祖国的深厚情感与责任承载，既是调节个体与祖国之间关系的道德要求、政治原则，也是法律层面的规范要求。穿越历史长河，置身不同的社会背景，人们对爱国奉献的诠释虽各有千秋，但不变的是，爱国主义始终屹立于民族精神之巅，激发着每一位国民对国家的自豪之情、责任之心与荣誉之感。

弘扬爱国奉献精神，应当从以下两个维度着力推进：

第一，全面认识祖国的历史与现状，增强心中的祖国意识。爱国主义是中华民族的精神基因，维系着华夏大地上各个民族的团结统一，激励着一代又一代中华儿女心忧天下、抵御外敌、自强不息。当国家遭到帝国主义列强的疯狂侵略，出现了亡国灭种的危机时，中华儿女的爱国主义精神更是愈发强烈而不可动摇，并愈发显示出它的战斗锋芒和精神力量。无论是资产阶级革命家还是无产阶级革命家，都传承了"以天下为己任"的爱国主义传统，将振兴中华的责任置于肩上。中国人民抗日战争胜利是以爱国主义为核心的民族精神的伟大胜利。在抗美援朝战争中，中国人民在爱国主义旗帜感召下同仇敌忾，让世界见证了中国人民的磅礴力量。在新中国七十余年的建设、改革的伟大历程中，在中国共产党的领导下，全国各族人民团结一致共克时艰、同心同德，为实现中华民族的伟大复兴而努力，铸就着新时代的辉煌。全面认识祖国历史，既要深入了解五千年的璀璨文化，更要铭记饱受战乱的苦难历程。全面认识祖国现状，既要关注祖国取得的改革开放的辉煌成就，又要理解新发展阶段面临的战略机遇与风险挑战。在中国共产党的领导下，中华民族迎来了从站起来、富起来到强起来的伟大飞跃，每个人更要增强对国家发展的信心和历史担当。

第二，将爱国奉献精神追求转化为实践动能，既要有关键时刻的挺身而出，更需日常岗位的恪尽职守。践行爱国奉献精神，体现在国家和民族危亡、人民受难时刻的奋不顾身。海外科学家放弃优渥待遇及科研条件，义无反顾回国攻克尖端科技难题，打破外国技术垄断；消防救援人员在无情的大火面前，不畏牺牲保护人民群众的生命财产安全；边防哨兵在海拔最高的哨所、在孤悬沧海的小岛，不畏恶劣环境坚守每一寸国土保护国家安全；医护工作人员面对重大疫情，挺身而出、舍小家为大家、众志成城抗击疫情。

践行爱国奉献精神，同样离不开立足岗位、忠于职守，以高度的责任心和使命感履行好职责使命。每个人应从身边的小事做起，把爱国之心、报国之志转化为具体、实在的行动，在工作、生活中彰显爱国奉献情怀。一个人一生做好一件事，就很不简单了。全中国人民每个人做好一件事情，拼起来就是伟大的民族、繁荣的国家。

家是最小国，国是千万家。天下兴亡，匹夫有责。我们要把家国情怀当作立身养德之根，在责任与担当中建设美好家庭、建功伟大国家。同时要牢固树立爱国奉献精神，把爱国奉献作为新时代的价值追求，做新时代中国特色社会主义伟大事业的开拓者和奋斗者。

(二) 明礼遵规

明礼遵规，意味着在外举止合乎礼仪，在内坚守规矩准则。当每个人都将礼仪的熏陶内化为自己的精神品格，将规矩的约束转化为自觉的价值认同，必将有力促进人与人之间的相互尊重与理解，使人际关系更加和谐融洽。整个社会也将呈现出人人遵纪守法、治理井然有序的良好风貌，共同营造一个秩序井然、文明进步的社会环境。

第一，明礼。中华民族在五千年的历史长河中创造了灿烂的文化，形成了高尚的道德准则、完整的礼仪规范和优秀的传统美德。我国自古以来就有礼仪之邦的美誉，"曾子避席"〔1〕"程门立雪"〔2〕"将相和"〔3〕等中华礼仪故事所阐释的尊师重道、尊老敬贤、求学心诚意坚、待人胸怀宽阔等广为流传。古人高度评价"礼"的作用，将"礼"置于安邦立国的高度。时至今日，现代的"礼"与古代的"礼"已有明显差别，今天我们对"礼"的要求，重在社交领域的礼貌、礼节与礼仪，是对言谈举止、坐立行走、待人接物等方面的基本要求。我们应该养成礼貌言行的习惯，增强礼仪、礼节意识，既展现社交场域的礼节分寸，又体现现代公民的礼貌修养。

第二，遵规。遵规即通过规范个体行为实现社会协作的有序化，是维护社会秩序、保障公共利益的重要基础。这种行为准则体系涵盖法律法规、组织纪律、制度规范及公序良俗。遵规不仅是对外部规范的遵守，更是一种内在的自我约束和道德修养的体现。

公民应当系统学习和掌握社会活动的基本规范，理解规则背后的价值逻辑，并养成遵规守纪的行为自觉。规矩不是枷锁，而是文明进步的阶梯。当每个人做到共享单车有序停放、公共场合轻声交谈、商业合作严守契约，日常自觉的文明合力终将汇成推动社会向善的洪流。守规矩的本质，是对他人权益的尊重，也是对共同家园的守护。

公民践行遵规守矩时，应秉持规则刚性与人文温度的平衡，既要通过手机录像，寻求见证等"证据自护"方式履行法治要求，又要以主动搀扶、呼

---

〔1〕　曾子是孔子的弟子，有一次他在孔子身边侍坐，孔子就问他："以前的圣贤之王有至高无上的德行、精要奥妙的理论，用来教导天下之人，使得人们能和睦相处，君王和臣下之间也没有不满，你知道它们是什么吗？"曾子听了，明白老师孔子是要指点他最深刻的道理，于是立刻从坐着的席子上站起来，走到席子外面，恭恭敬敬地回答道："我不够聪明，哪里能知道，还请老师把这些道理教给我。"在这里，"避席"是一种非常礼貌的行为，当曾子听到老师孔子要向他传授时，他站起身来，走到席子外向老师请教，表示出他对老师的尊重。曾子懂礼貌的故事被后人传诵，很多人都向他学习。

〔2〕　相传，有一日，宋代学者杨时和游酢来到嵩阳书院拜见程颐，但是正遇上程老先生闭目养神，坐着假睡。这时候，外面开始下雪。这两人求师心切，便恭恭敬敬侍立一旁，不言不动，如此等了大半天，程颐才慢慢睁开眼睛，见杨时、游酢站在面前，吃了一惊，说道："两位还在这里没走？"这时候，门外的雪已经积了一尺多厚了，而杨时和游酢并没有一丝疲倦和不耐烦的神情。这个故事，在宋代读书人中广为流传。后来人们常用"程门立雪"的成语表示求学者尊敬师长和求学心诚意坚。

〔3〕　"将相和"出自司马迁的《史记·廉颇蔺相如列传》，由"完璧归赵""渑池之会""负荆请罪"三个小故事组成，宣扬的是：海纳百川，有容乃大；将相和，天下平。

叫救援等"善意输出"彰显道德担当。这种既恪守规则底线又释放人性温度的双向实践。正是现代公民素养的具象化呈现。我们要注意学习规矩，增强法治意识、树立纪律观念。悖礼犯义将受到道德的谴责，而违规违法将受到强制惩罚。

以"霸座"现象为例，其一方面被社会舆论谴责，另一方面由国家制定法规予以规制。2018年国家发展和改革委员会联合多部门发布的《关于在一定期限内适当限制特定严重失信人乘坐民用航空器推动社会信用体系建设的意见》将"强占座位、行李架"等扰乱客舱秩序的行为列入"失信黑名单"。《民法典》第815条规定，旅客应当按照座位号乘坐，那么霸占属于他人座位的行为就是对该条法律的违反。同时，旅客霸占他人座位，他人就无座可坐，公共交通工具上的秩序因而会被扰乱。扰乱公共秩序的行为是受到《刑法》和《治安管理处罚法》制裁的一类违法行为。《治安管理处罚法》第2条明确规定："扰乱公共秩序，妨害公共安全，侵犯人身权利、财产权利，妨害社会管理，具有社会危害性，依照《中华人民共和国刑法》的规定构成犯罪的，依法追究刑事责任；尚不够刑事处罚的，由公安机关依照本法给予治安管理处罚。"《治安管理处罚法》第23条规定了对霸座行为的处罚：扰乱公共汽车、电车、火车、船舶、航空器或者其他公共交通工具上的秩序的，处警告或者200元以下罚款；情节较重的，处5日以上10日以下拘留，可以并处500元以下罚款。

（三）勤劳善良

勤劳善良是中华民族的传统美德，也是人类社会的一种普遍美德。

第一，勤劳。中国人素以"勤劳"著称，勤劳是中国人的品性和美德。"天道酬勤""业精于勤""勤能补拙"都是中国文化对勤奋者的肯定和赞美。

"勤劳"是劳动者的基本品质。劳动者无论从事何种职业或事业，都需要以"勤劳"为基础，勤劳是劳动者首要且可贵的品质。勤劳俭朴的人受到人们的尊重，勤劳致富的人受到人们的推崇，勤劳知足的人受到人们的敬重。勤劳的人往往更加珍惜时间、持之以恒、好学不倦、精益求精、吃苦耐劳，故此，勤劳的人更能创造美好生活、成就一番事业、实现伟大梦想。勤劳是优秀的品质，但是盲目的付出也不可取。在辛勤劳作前一定要进行慎重思考、选准目标、找对方法，这样成功才会离我们越来越近。

在社会主义新时代，个人品德规范所倡导的"勤劳"不仅包括劳动者为个体事业成就和家庭的幸福生活所做的辛勤付出，还在于鼓励劳动者为了他人乃至千家万户之幸福、社会之进步而辛勤劳动。实际上，每一位劳动者通过辛勤劳动创造的个人之幸福与人民之幸福是相互统一的。《周易·系辞》有云："举而措之天下之民，谓之事业。"能使天下民众安定的作为，能施惠于天下民众的作为，称为事业。新时代的劳动者要以主人翁的态度，自觉、积极、主动地参加劳动。个人不仅仅把劳动看作谋生的手段，而是把劳动当作对国家、对社会、对人民应尽的责任和义务，这样就会在劳动中充分发挥自己的聪明才智，充分激发自己的劳动热情，充分显示自己的劳动能力，为社会创造更多更好的物质财富和精神财富。勤劳是新时代中国人民接续奋斗的重要品格和精神力量。建成社会主义现代化强国，实现中华民族伟大复兴的中国梦，需要我们继续弘扬勤劳美德，为创造幸福生活而不懈奋斗。

第二，善良。中国传统文化历来追求"善"：待人处世，强调心存善良，向善之美；与人交往，讲究与人为善、乐善好施；对己要求，讲究善心常驻，择善而行。"善良"作为个人品德规范提出，旨在推动个体从"良知"或"本心"出发，实现人与自身同一之"本善"、人与人交往的"友善"，乃至人与自然共处的"大善"。同时，"善良"作为重要的道德规范，也要求公民践行善心与良行相统一，反对空有善心而缺乏实际的良行，反对仅有良知判断却坚持"与我无关"的"非善"。[1]

善良没有统一标准。倾尽财物捐助是善，舍生忘死救人是善。除了轰轰烈烈的壮举，很多不起眼的小事也是善。雷锋精神，人人可学；奉献爱心，处处可为，正所谓"积小善为大善，善莫大焉"。平日多行善事，从身边小事做起，从一点一滴做起，日积月累也就成了大善，再没有比这更好的事情了。例如，公交车上，一位年轻妈妈背着一个宝宝，后座的姑娘担心宝宝头磕到座椅，便伸手轻轻托住了宝宝的头。她并没有提醒年轻妈妈，而是选择默默托了一路，直到年轻妈妈抱着孩子下车。

善能生善，善能促善。善良如随风而散的蒲公英，每一个微小的善意，都会在人们的心里生根发芽，继续循环下去。生活中的每一份善意，都会生出更多的善。例如，温州乡村医生王珏，一直在海岛上艰苦工作，自 2002 年

---

[1]　陈志兴、余金燕：《新时代个人品德建设的价值意蕴与实现路径》，载《北京教育（德育）》2021 年第 Z1 期，第 67 页。

开始每年以"兰小草"的名义匿名捐款2万元，直到2017年去世，十几年间没有中断。直至他去世以后，家人才揭晓其真容。安庆石化88岁的老工人许惠春，以"李记"的化名捐款近40年，直到因病去世，子女们在整理老人的遗物时发现厚厚的汇款单才揭晓了这一善举。近年来，中国慈善捐款的数额持续增长，而且匿名捐款的爱心人士也越来越多。"隐身慈善家"们向全社会传递着人间大爱。

在苏州，有一对80多岁的老夫妻，他们一直悄悄资助着一位大学生。受助者从未见过他们，只知道他们曾是苏州一所大学的教授。这位大学生毕业那年，其学校组织了一场"困难生毕业见面会"，邀请两位老人前去参加。那天，两位老人并没有出现。代替他们来到他面前的，是一封祝福信："孩子，不见面，是不愿你思想上有负担。唯一希望你健康成长，做个善良的人。"真正的善良，从不是刻意作秀给别人看，而是自然而然发自内心，考虑到他人内心感受。

（四）宽厚正直

宽厚体现了宽容大度、仁慈厚道的品质，而正直则彰显了公正无私、刚正不阿的精神。"正直为人""宽厚待人"是中国作家丰子恺所列家训的主要内容。丰子恺一直教导子女要先学做人，后才方可谈学问、艺术。为人要正直、坦率，绝不可弄虚作假，投机取巧。丰子恺待人宽厚、温和，凡亲近、接触过他的人都深有感受。在这样的家风影响和家教培养下，丰子恺的7个子女都成了有用之才。

第一，宽厚。"宽厚"往往是相对于"对己"而言的，它体现了一种"对他"所表现的道德规范。其核心要义是宽厚待人与严于律己的统一。

面对现代社会的价值观念多元化，思维方式和行为习惯多样化，"己"与"他"在交往过程中，应当以宽容、厚道的心态进行平等对话，尊重、容纳与自己志趣不投，抑或格格不入的人或事，避免陷入自我中心的思维陷阱。人与人之间相处产生意见和矛盾是不可避免的，正确处理好这些意见和矛盾，需要做到宽容与诚恳。如果心胸狭隘，就会听不进不同的意见，更容不得他人批评，结果就是自我封闭和脱离集体。

宽容是一种非凡的气度与智慧，宽容背后蕴含着宽阔的心胸、成熟的精神。具有宽容品格的人，有容人容物之量。宽容之人的表现往往是能够解人之难、谅人之过、记人之长、忘人之短，而且宽容之人不嫉人才能、不妒人财富、不责人之误。从这个意义上讲,宽容之人具有强烈的凝聚力和亲和力,能更好地与人沟通、和平相处,从而更好地开展合作与共同发展。厚道,强调待人诚恳、实在。厚道之人的表现往往是不刻薄人、不算计人、不欺瞒人、不出卖人。厚道之人在人前也不夸夸其谈说奉承话,人前人后一个样。厚道之人让人信赖,让人感到踏实。厚道之人作为朋友,可交;作为同事,可信;作为师长,可敬;作为领导,可从;作为下属,可用。

宽厚应当有限度。面对大是大非的原则问题,或是伤天害理的暴行,忍让就是放纵,沉默就是姑息,"大恶"应受到道德或法纪的惩罚。生而为人,我们都应该有做人的原则、行事的标准,都应该坚持遵规守纪的底线。同时,更应严于律己,以高标准要求自己的言行,不断提升自我修养。无论身处何种境地,都不随波逐流,不苟且将就。用自己的一身正气、一腔骨气,来坚守自己的底线,才能绽放出自己人格的魅力!

第二,正直。"正直"作为道德标杆,要求我们做到:在认知上能明辨是非曲直,在意志上能坚守道义准则,在行动上能恪守言行一致,以及在利益诱惑与压力胁迫面前,始终保持道德的清醒与坚定。在法治社会,当公平正义得到真正而普遍的实现,人们才会在民生福祉的持续增进中,逐渐培育出崇尚正直、追求公平的坚定信念。而这一社会愿景的实现,离不开每一位公民对正直品格的坚守和对公义价值的崇尚。

在社会生活中,要成为正直之人,首先需秉持公正刚直的原则,行事光明磊落。正直之人应胸怀坦荡,保持正大光明。面对是非曲直,要坚守原则,不随波逐流;处理事情时,要恪守规矩,不越雷池一步。说话办事,更要出自公心,摒弃个人好恶的干扰。在大是大非面前,正直之人应能旗帜鲜明地表明自己的态度,不畏权贵,不惧压力。在任何复杂多变的环境中,都坚守真理,不看风使舵,不做墙头草。始终顺道而行、顺理而言,做到公平无私。只有这样,我们才能成为真正的正直之人,为社会注入更多的道德力量。

(五)自强自律

养成自强自律的品德是个人成长和成功的关键。自律是自我完善、行稳致远、收获成功的宝贵品质。自强是自律的延伸和升华,代表了一种积极向上的人生态度和永不停止的进取精神。自强自律不仅是一种个人修养,更是一种生活态度和人生哲学。自律和自强互相促进,共同构成了个人成功的基石。

第一，自律。"律"即规范，约束人的举止行为不超越某种既定的尺度和范围。"自律"与"他律"相对，是一种内在的自我管理、自我规范，强调在认知、意志、情感中自主认同规范的合理性而在行为上自觉执行。

"自律"是在无人监督的情况下，仍能坚持道德信念，自我监督、自我约束、自我管理，自觉地遵纪守法，按照道德准则行事。学习成才和干好事业都需要自律，因为只有通过自律，个人才能持之以恒地学习、工作，最终实现目标。遵规守纪同样需要自律，因为纪律规矩是对个人的最好保护，而修身养性也需要自律，通过自律能涵养浩然正气。

自律要求具有高度的自觉性。《新时代公民道德建设实施纲要》对个人提出"自律"的道德要求，是充分认识到道德人格建构从"他律"转向"自律"的内在必要性。"自律"相对于"他律"而言，是一种合乎道德法则、更具意志理性的道德人格建构方式，旨在依据个人意志自由来达到外在约束和自我规范的内在统一。人们通过自主判断、自觉认同和自我内化，将"必须或应当做"的律令法则转化为内在自觉的"要去做"的义务责任，化外在的被动规则为内在的自动自觉。因而，以"自律"塑造的道德人格更具有稳定性和全面性，[1]能使人真正做到表里如一，人前人后一样。

"自律"往往需要"自省"。自古以来成大事者，未有不重自省自律者。《论语·学而》中讲到，曾子在回答孔子的提问时说："吾日三省吾身。"曾子每天都会多次自觉省察自己，看为别人做事是否尽心竭力，与朋友交往是否诚心诚意，对老师传授的学业是否温习。北宋名臣范仲淹在每晚睡觉前，一定要回顾一下当天所做的事，看是不是对得起当天所领的俸禄，如果对得起，就能安稳熟睡；如果对不起，就整夜都睡不好，第二天一定要补足欠缺的部分，这样才能安心。

自省是一件严谨的事，要做到时时自省是非常困难的。认识到错误不难，但要用坦诚的心去面对它却不是人人都能做到的。懂得自省是大智，敢于自省则是大勇。一方面，应注意从小事和细微处陶冶情操，常念"紧箍咒"，真正做到防微杜渐。另一方面，要做到"慎独"，始终保持戒惧心态，无论是人前还是人后，在公共场所还是独处，都应坚守正确道德信念，自觉做品行高

---

〔1〕 陈志兴、余金燕：《新时代个人品德建设的价值意蕴与实现路径》，载《北京教育（德育）》2021 年第 Z1 期，第 68 页。

尚的楷模。

第二，自强。所谓自强，意思是自我勉励，奋发图强。自强，是成功道路的阶梯。一个民族有了这种精神，就会昌盛；一个国家有了这种态度，就会富强；一个人有了这种态度，就会进步。自强不息是一个人进步的内驱力。成功的人必然经历更多的艰辛和苦难，尝试常人没有勇气尝试的事情，忍受常人无法忍受的苦难，自强不息是克服艰辛和苦难的力量。

德国诗人歌德在他的不朽名著《浮士德》中说："凡是自强不息者，终能得救！"世上真正的救世主不是别人，而是自己。面对生活的各种考验，甚或是面对自身的不足，都不要退缩和消沉，而是应当充分信任自己，依靠自己坚定永不言弃的信念，依靠自己突破阻碍、抓住生命的机遇、挖掘自身的潜能，从而创造新的命运之路。

要增强自信心，认识到自己的优点和长处，并积极展示自己的才能和特长，保持积极向上的心态。要敢于面对困难，面对生活的各种考验，决不退缩和消沉，积极寻找解决问题的方法和途径。要勇于战胜自我，自强的关键在于勇于并善于战胜自己的弱点。这包括战胜自己的欲望、惰性和孤独等，通过严格的自律和坚持不懈的努力，不断突破自我，实现自我超越。要注意扬长避短，根据自己的长处、天赋、兴趣以及社会需要来确定自己努力的方向。发扬自己的长处，避开自己的短处，这是自强的捷径。要培养坚强的意志和进取的精神，自强需要靠坚强的意志、进取的精神和持久的坚持。通过磨砺坚强意志，积极进取，坚持不懈，不断克服自己的弱点，战胜自己、超越自己。

■ 【教育案例】

案例 1：社区矫正对象见义勇为正面案例[1]

任某，因故意伤害罪被判处有期徒刑 3 年，宣告缓刑 4 年。在接受社区矫正的某日凌晨 1 时 12 分左右，任某刚下晚班，乘车回家途中，发现河边一年轻女子正在翻越防护栏，他立即意识到该女子有可能要轻生，便下车迅速跑到该女子身后。这时该女子已经站在了护栏的最顶端，只剩一只手拉着桥上的路灯杆，在这千钧一发之际，任某奋不顾身地冲上去，死死地抱住该女

---

〔1〕 本案例分析来源于四川省广元市司法局。

子的腰，将其从栏杆上拽了下来，并立刻报警。他竭尽全力将该女子控制在安全范围，生怕她再次挣脱后继续轻生，但该女子似乎一心求死，拼命挣脱，嘴里还一直念叨着"求求你放开我，让我死了算了"。时值寒冷的冬天，凌晨愈加寒冷，任某因急于救人没穿厚外套就冲下了车，这时已经被冻得手脚冰凉全身发抖，但他仍然耐心劝解女子不要轻生，与她聊家常，聊家人，渐渐地，该女子的情绪也慢慢地缓和了下来，随后110民警也赶到了现场，任某将该女子交到民警手中后悄然离开。次日，任某深夜救助他人生命的消息在当地迅速传开，大家纷纷为他的英雄事迹点赞，司法所在辖区内通报表扬了任某的见义勇为行为，并将其作为社区矫正对象集中教育学习的正面典型，当地党委政府还给任某颁发了"见义勇为先进个人"荣誉证书，奖励500元。

启示：高尚的思想品德是我们每一个公民应当致力于终身追求的目标，一个品德高尚、见义勇为的人，不仅能帮助受困的人，更能温暖身边的人、影响社会更多的人。对社区矫正对象在矫正过程中的进步和积极表现给予肯定和鼓励，不仅能帮助其更加积极地接受矫正，同时也能为其他社区矫正对象树立学习的榜样，对于培养社区矫正对象积极阳光的生活态度有较好的作用，应当肯定和广泛宣传。

案例2：纵身火海救群众重大立功获减刑[1]

李某，因非法持有枪支罪被四川省广元市剑阁县人民法院依法判处有期徒刑3年，宣告缓刑3年。李某到某司法所报到接受社区矫正，在接受社区矫正期间，在邻居魏某家中做客的李某闻到一股浓浓的焦味儿，立即跑到院中，发现魏某家的二楼着火了，他不顾个人安危，从侧边房檐边爬上去破窗而入，奋力救火，在随后赶到的群众的帮助下，大火得以及时扑灭，把邻居家中的损失降到了最低，邻居万分感激，村民委员会也对其进行表扬并颁发了奖状。剑阁县司法局按程序给予李某记功，广元市司法局认真审核并现场调查后提请广元市中级人民法院减刑。广元市中级人民法院作出裁定：减去李某有期徒刑10个月，缩短缓刑考验期10个月。

启示：社区矫正对象李某不顾个人安危，挺身而出抢救他人家庭财产，

---

[1] 本案例分析来源于四川省广元市司法局。

扑灭的不仅是现实世界的火，更战胜了自己内心的黑暗，不仅给其他社区矫正对象树立了榜样，也用自己的行动为社会传递了正能量。

案例3：社区矫正对象知罪悔罪获表扬[1]

白某某，因强奸罪被人民法院判处有期徒刑3年，宣告缓刑4年。白某某到某司法所报到接受社区矫正。司法所工作人员经过入矫风险评估认定其危险等级较低，确定其为普管对象，并在入矫教育中通过走访亲属、邻居、座谈村组干部、给本人诫勉谈话等方式，让白某某深刻认识到自己犯罪给家庭、亲人和自身带来的不良影响，白某某表示非常后悔，愿意服从监督管理，积极接受社区矫正，希望能改善自己在群众中的不好印象。在接受社区矫正期间，白某某每个月按时到司法所报到，按时打电话报告近况，按时参加集中教育学习，积极参加每月的社区服务，认真开展自学，学习法律知识，书写学习笔记2万字，并为其邻居提供法律方面的咨询，引导邻居运用法律武器维护自己的合法权益并受到领导的好评。对此，司法所按程度给予其表扬一次，并将其调整为宽管对象。

启示：在社区矫正中，对于表现良好的社区矫正对象给予表扬的奖励，既可以激励社区矫正对象继续保持良好的表现，又能正面引导和影响其他社区矫正对象，起到示范带动的作用。

■ 思考题：

你认为有哪些方式有利于社区矫正对象践行社会主义道德？

---

[1] 本案例分析来源于四川省广元市司法局。

第四章

创业培训

第一节 认识创业

一、创业的概念

在社会生活中，人们从不同的角度对"创业"进行定义。从经济学的角度定义，创业是指探寻机会，整合不同的资源，然后开发和使用机会，实现价值创造的过程。该视角的创业强调，经济个体在动态的经济环境中通过寻找和把握机会，整合周边资源，为社会提供产品或服务，创造企业和社会经济价值。从管理学的角度定义，创业有狭义和广义之分。狭义的创业是指创办新的企业，而广义的创业则泛指有进取心的人通过整合资源、把握机会，创建新组织，创造新业务的活动或者进行的创新行为。从创新与风险的角度定义，创业是指具有风险的创新活动，需要进行风险管理。[1]

综上，创业是指承担风险的创业者通过寻找和把握机会，投入已有的技能知识，配置相关资源，为消费者提供产品和服务，实现为个人和社会创造价值和财富的过程。[2]这个概念包括以下几个层次：（1）创业是一个复杂的创造过程，涉及发现和捕捉商业机会、创造出新产品或服务、实现其潜在价值，其本质在于机会的商业价值发掘与利用。（2）创业过程中面对非常大的不确定性和挑战，需要创业者付出极大的努力和代价，并承担相应的财务、精神和社会的风险。（3）创业的潜在价值需要通过市场来实现，产品或服务的市场需求和竞争状况直接影响到创业项目的成功与否。（4）创业以追求回报为目的，包括个人价值的满足与实现，知识与财富的积累等。创业活动的目标不仅仅是经济收益，还包括个人成长、社会影响和个人成就感的获得。

---

〔1〕 王强、陈姚编著：《创新创业基础：案例教学与情境模拟》，中国人民大学出版社 2021 年版，第 4~5 页。

〔2〕 刘延、高万里主编：《大学生创新创业基础》，华中科技大学出版社 2023 年版，第 5~6 页。

二、创业的要素

创业是一个高度动态的过程，需要充分发挥机会、团队、资源等关键驱动要素的作用。创业者是通过非凡的创造力、领导力来确认创业机会，吸引并管理创业资源，领导和指挥创业组织，使要素相互匹配，从而实现创业目标的。

（1）机会。创业的本质在于机会的商业价值发掘与利用。创业从识别和评估市场机会这一重要节点出发。创业者的首要责任就是发现尚未被开发的机会，描绘企业的前景。

（2）资源。创业资源是创业成功的必要保障，如果没有必要的资源，创业机会也就难以被开发和实现。创业的资源通常包括资金、设备以及拥有知识与技能的人，还包括无形资产，如专利、知识产权等，所有这些要素都能够在创业过程中用于投资。为企业吸引投资并运用投资创造资产是创业者的关键职能。

（3）团队。由创业者所组成的团队是管理和推动整个创业活动的主导者与领导核心。创业者的职责的内在要求是处理好机会、资源、组织之间的关系，保证各要素相互匹配、动态平衡。

三、创业的阶段

创业一般经历四个阶段：第一阶段，机会搜寻与识别，涉及提出创业设想，进行市场调研分析，制定初步的经营方案等。这一过程要求创业者具备敏锐的市场洞察力，需要创业者不断地调整和优化自己的创业设想和经营方案，以确保能够适应市场的变化和需求。

第二阶段，资源整合及新企业创办，涉及组建团队、财务融资、企业筹建等。这是一个复杂而关键的过程，需要精心策划和执行。组建高效、专业的，能够进行有效沟通和协作的团队是核心步骤之一；选择合适的融资方式、制作详细的商业计划书（其中包括财务预测）是不可或缺的一环；选择合适的经营地点、注册公司、申请必要的营业执照和许可、购买或租赁必要的设备和场地等，需要认真规划执行每一个步骤。

第三阶段，新企业生存，包括创业初期的市场营销、产品设计和规划、财务和售后服务体系的建立等。制定和实施正确的市场营销策略对于新企业的生存和发展具有决定性影响，同时也要注意诚信经营，这是确保企业生存和发展的关键因素。

第四阶段，企业成长，包括产品创新、市场拓展、品牌建设、制度完善、股权融资等。企业成长是一个综合性的过程，这些方面的协同作用是企业持续健康发展的关键。

四、创业与创新的关系

虽然创新与创业是两个不同的概念，但这两个概念的内在含义有彼此包容之处，又能够在实践过程中交互联动、共同发展。正确理解创新与创业的联系能够提高创业成功的可能性。

创新也叫创造，创造是个体根据一定的目的和任务，运用一切已知的条件，产生出新颖有价值的成果的认知和行为活动。[1]创新通常有三个层次：更新、创造新的东西、改变。换句话讲，并不是说只有重大的发明创造才是创新。创新的形式多种多样，既包括全新产品的创新，也包括改进产品的创新；既包括开发新技术，也包括将已有技术进行应用性改进；还包括组织与制度创新、管理创新、营销创新、商业模式创新等。

创新是创业的基础和源泉。从某种程度上讲，创新的价值在于将潜在的知识技术和市场机会转变为现实生产力、增长社会财富，而实现这个转化的根本途径就是创业。总体而言，科技思想观念的创新促进了人类物质生产的变革和生活方式的变化，进而为整个社会不断提供新的消费需求，这正是创业活动源源不断的根本动因。

创业推动并深化着创新。创业活动本质上是主体的一种能动的开创性的实践活动，而主体在创业实践中的这种主观能动性恰恰体现了创新性特征。[2]随着我国大众创业、万众创新的推进，激发了全社会的创新潜力，鼓励了商业模式的创新，涌现了新一代的通用技术，培育了新的经济发展增长点。

---

〔1〕 张丽君、曾建：《贵州省属重点高校科研团队文化建设研究》，载《教育文化论坛》2011 年第 3 期，第 49 页。

〔2〕 贺腾飞、康苗苗：《"创新与创业"概念与关系之辩》，载《民族高等教育研究》2016 年第 4 期，第 10 页。

■ 【教育案例】

案例 1：社区矫正对象创业致富案例[1]

王某，男，生于 1975 年，四川省苍溪县人。2014 年因贪污罪被苍溪县人民法院判处有期徒刑 3 年，宣告缓刑 4 年，矫正期限自 2014 年 12 月 16 日至 2018 年 12 月 15 日。

在接受社区矫正期间，王某发现网购已成为一种大趋势，决定将家电网购和家电安装作为谋生职业。于是他起早摸黑，风吹日晒，摸爬滚打，逐门逐户入户走访，终于用诚心感动了大家，生意渐渐有了起色。由于王某一直坚持诚信经营，经过几年时间发展，他的公司不断壮大，其也成了方圆百里的名人。王某 2016 年、2017 年连续两年被评为苏宁帮客全国"十佳分销商"，解决当地就业 40 余人。

启示：机会总是留给有准备的人。平时多学习，多积累知识，多关注形势、政策，就会把握住机会。

案例 2：产品故事——农产品网上超市

张某是一名计算机专业的大学生，其毕业后与朋友们商议准备尝试开"网上超市"。张某做了小型的市场调查，发现当时的电子商务平台上，新鲜的农产品销售的网上购物还是空白点。考虑到家庭日常蔬菜肉蛋多由老年人采购，而老年人不是网络购物的主要消费群体，于是张某就把产品范围缩小至有机蔬菜、绿色禽蛋等，主要服务于白领家庭。张某投资 30 万元创办了"绿悠悠"农产品网上超市。张某将店铺里几十种商品进行归类，从网上搜集了从产地到用途等的各种信息，编成一个个"产品故事"，教消费者怎样从颜色、大小、形状等细节分辨农产品的好坏，并把一些有机农作物和各项身体健康指标"对号"，比如东北某个品牌的黑木耳吃了可以软化血管等，方便消费者挑选适合自己的种类。赋予商品故事和文化后，消费者的认可度马上提高了不少，两个月后张某的农产品网上超市的销售额就突破了 40 万元。

---

[1] 本案例分析来源于广元市司法局。

■ 思考题：

在案例中，学习计算机专业的张某去开农产品网上超市，是不是"不务正业"？与他本人大学所学专业有关吗？

第二节　创业的要素

一、创业者与创业团队

（一）认识创业者

广义上的创业者，包括参与创业活动的全部人员，如创业活动的发起者，领导者、创业活动的跟随者。而狭义的创业者通常指愿意承担创业过程中的所有不确定性和风险，并有激情和勇气克服创业中的各种困难，持之以恒地为实现自己的创业目标努力奋斗的人。创业者是创业活动的推动者，是活跃在企业创立和新创企业成长阶段的企业经营者。创业者一般是企业的创始人。创业者不是神话，一个人通过适当的学习、实践以及经验的积累，完全可以成为创业者，每个人都具备成为创业者的潜力。本书采用狭义的创业者概念来聚焦阐释。

在企业创建初期，创建者的知识技术和经验是企业最有价值的资源。投资者常常通过评估企业创建者和最初管理团队来判断企业未来的发展前景，特别是创建者的水平和能力非常关键，这是企业创建者取得成功的重要保证。一个成功的创业者一般需要具备创业意识、创业精神、创业知识、创业能力四个方面的素质。创业意识包括强烈的创业欲望、坚定的创业信念、积极的创业心态。创业精神融合了远大理想、坚强意志、勤奋诚信、专注实干、善于合作、承担责任和敢为人先的气魄，这些要素相辅相成，共同铸就了创业者的精神内核。创业知识包括通用性知识、经验性知识、专业性知识。创业能力包括创新能力、决策能力、经营管理能力、人际协调能力和可持续学习能力。[1]创业者并不等于企业家，因为大多数创业者并不具备企业家的眼界

---

〔1〕 翁士增：《基于"五项能力"的"三阶段"创新创业教育模式研究》，载《科技创业月刊》2020 年第 4 期，第 88~94 页。

格局和个人品质，从创业者转变为企业家，需要一个逐渐成长和完善的过程。

开拓创新是创业的灵魂和赢得竞争优势的关键，一个优秀的创业者必须敢于、善于和乐于创新。创业者只有通过将创新思维和意识转变为充满创意的构想和设计，不断探索新的模式，才能获得创业最终的成功。

（二）认识创业团队

创业团队并不是一群人的简单组合，是为进行创业而形成的集体，由一群才能互补、责任共担、愿为共同的创业目标而奋斗的人所组成。这些成员通常包括技术专家、市场人员、管理人员等，他们共同承担创建新企业的责任和风险，并共享创业的收益。创业团队的组成不仅包括直接的创业搭档，还包括与创业过程有关的各种利益相关者，如风险投资者、供应商、专家顾问等。创业团队的目的是利用各自的专业知识和技能，共同创造新的价值，并在新企业中实现共同的目标。

选择合作伙伴非常重要，当企业面临困境的时候，好的合作伙伴会迎难而上、共克时艰；而一个不合格的合作伙伴却可能让企业贻误良机，甚至带来灾难。对创业者而言，在企业初创的几年时间里其将与创业合伙人休戚与共，共同决定影响企业生存和发展的重大事项，所以其需要选择内在价值观一致、资源能力互补的合作伙伴，并通过制定好的合作规则，做到相互信任自觉合作，积极努力地凝聚在一起，愿意为共同的目标奉献自己，发挥自己最大的潜能，努力打造一个富有战斗力和生命力的共同体。

从创业实践来看，初创企业的人员数量不宜过多，能满足基本需求即可，但是应当保证结构合理。一支优秀的创业团队应当包括的成员有：一是创新意识非常强的人，其在创业团队中扮演着战略决策者的角色，对于公司的长远发展发挥着不可或缺的作用。二是策划能力极强的人，其在制定战略方向、作出关键决策、激励团队成员以及建立良好的团队氛围方面发挥至关重要作用，对于公司的长期稳定发展至关重要。三是执行能力较强的人，其能够将决策迅速地转变为行动，将规划转化为实际成果，具体执行联系客户、接触终端消费者、拓展市场等任务。四是研究能力强的人，其是技术类的创业公司必需的人才。五是其他人才，其掌握必要的财务、法律、审计等方面的专业知识。

（三）组建创业团队的步骤与注意事项

1. 评估人才需求

对任何新创企业而言，创业者必须在对个人的优势和劣势进行分析的基础之上，根据创新项目运营的实际需要，确定团队的人才选拔标准，选择拥有相应资源和能力的人才。组建团队的时候，应当避免一味地根据喜好和认同感吸纳团队成员，这样做会导致团队封闭，其生命力和适应性受限。

新创企业与成熟的大企业不同，新创企业用人不能以态度好为标准，而是要看一个人能否实现价值增值，创业团队中的每一个人都十分重要，如果不能给企业创造价值，就应该令其离开创业团队。创业者面临的一项紧迫的任务，就是要去设法招募到成功经营企业所需要的核心员工。创业团队往往不是一开始就全部组建起来，而是随着企业的成长，不断物色和招募优秀的核心员工，并最终将其吸收到创业团队中来，对不少新创企业来说，其核心员工往往也是创业者的合作伙伴。

2. 寻找合作伙伴

对于创业者而言，选择合作伙伴则意味着未来好几年内将和其休戚与共，共同决定公司未来几年内的走向。

在寻找合作伙伴的过程中，创业者需要考虑合作伙伴的资源和能力的合理搭配与实现互补；必须考虑合作伙伴的人品，这是建立相互信任的基础。创业伙伴应该志同道合，有共同的愿景和价值观，这样才能在遇到困难时保持团队凝聚力，同时也要能够进行坦率而真诚的交流，从而努力打造一个富有战斗力和生命力的团队。

为了使合作伙伴了解创业项目和新创企业的未来发展，创业者应该认真准备周详的创业计划书，这不但有助于吸引合作伙伴，而且能够帮助创业者更好地理清创业思路、个人已有的资源以及急需的资源。

3. 落实合作方式

寻找到有共同创业意愿的伙伴后，双方应当对股权和决策权划分等合作细节进行全面深入的沟通，以确定创业团队成员之间的正式合作方式。具体来说，首先，要对创业团队成员间的利益分配关系进行适当的安排。着重采取与长效绩效有关的利益分配方式，激励创业团队成员为团队的共同目标而持续努力。其次，要构建创业团队的决策机制和冲突处理机制。这些机制不仅要考虑到创业初期团队管理的实际需要，同时也要兼顾未来企业壮大后的情况，应当具有可操作性和前瞻性。创业团队成员在合作过程中要开展良好的沟通，公开且诚实地表达自己的想法，尽量了解和接受别人。

（四）创业团队管理的方法

1. 做高效创业团队的领导者

领导者是创业团队的灵魂，是整个团队力量的协调者和整合者，对创业团队高效运转乃至创业项目的组织实施都有着至关重要的作用。一个团队的绩效如何，关键取决于这个领导者的胸怀和魅力。创业团队中的领导者指引着创业团队的方向。在创业初期，领导者不仅要解决各种矛盾与困难，更重要的是要做团队成员的精神支柱，不断地鼓舞团队的斗志，调整团队的心态。真正的领导者不一定什么业务都精，但是要懂用人、懂放权，团结比自己更强的力量，从而提升个体的价值。

2. 树立正确的团队理念聚人心、谋发展

在充满凝聚力的集体中，成员会拥有强烈的归属感，会自觉自愿地维护团队，愿意共享经验和教训，愿意帮助别人克服困难，自愿自觉地多承担工作。真正有效的管理能够激发人的内在动机，创业者要带领创业团队取得成功，需要建立以团队理念为核心的公司愿景，激发创业团队成员，发挥自身潜能，实现创业目标。拥有共同团队理念的成员才会认同彼此，构成收益共享、风险共担的命运共同体。具有共同理想的团队成员才会有奋斗目标和战胜困难的勇气，为团队的所有支持者和各种利益相关者谋利。

创业过程中充满了创业团队人员情绪的起伏与波动，其中十分强烈积极的一种情绪就是创业激情。人在激情的支配下，常能调动身心的巨大潜力，完成看起来不可能完成的事情。创业激情能够触发创业行为，为创业活动提供支持，并影响创造性想法的形成与选择。把握好团队创业激情的程度，可以发挥其对团队绩效的积极影响。

3. 确立明确的团队发展目标

创业团队在最初就要确定团队成员一致认可的明确的目标。其一，明确的目标可以培育团队精神和改进团队合作。正是因为有目标的存在，团队中的每个人才有可能知道个人的坐标在哪里、团队的坐标在哪里。目标的设置要切合实际，通过充分沟通与评估，这样团队成员对困难和期待也才会更加清晰。其二，明确的目标还能够切实地起到激励的作用，如果团队成员明确了未来的团队发展目标，并意识到实现团队目标带来的个人利益，那么团队的目标就会成为其个人的目标。

4. 建立权责统一的团队管理机制

建立权责统一的团队管理机制是创业团队的核心，这包括制定约束与激励并重的制度体系，作为企业的行为规范。团队需妥善处理权责关系：一是根据能力确定每个人适合从事的工作；二是妥善处理团队内部的利益关系。因成员的价值观不同，有的追求长期收益，有的关注短期收入与职业安全。为此，团队应制定合理规则，解决利润分配权、控制权、股权与劳动关系以及指挥管理等关键问题，确保团队和谐高效运作。

5. 建立合理的企业所有权分配机制

这是创业团队在组建之后必须解决的关键问题。及早把确定的所有权分配方案以公司章程形式写入法律文件，以契约形式明确创业团队成员之间的利益分配机制和退出机制，如此才能够增强创业团队的长期稳定，避免创业后续的争端和纠纷。所有权应该按照团队成员对企业的长期贡献来分配，在现实中按照出资额的多少来分配是常见的做法，但不应该忽略没有出资却有关键技术的成员对企业的贡献，并且应该在分配中对其予以充分考虑。企业在初创时期应实现控制权与决策权的统一，股份占比多的成员在不拥有公司控制权的条件下，其内心可能比其他成员更看重新创企业，更容易去挑战其他成员的决策，甚至是决策者的权威，从而可能引起团队冲突和矛盾。

（五）创业者条件的评估

有资料表明，在新创企业开办后的第二年，约有50%的企业会倒下，到了第三年存活下来的小企业只有30%，到了第八年存活的企业仅有3%。创业成功的大都是意志坚定、不屈不挠、不甘落后、自强不息的人；创业失败的大都对创业过程中出现的困难和坎坷估计不足，在市场变化、家庭变化以及意外事件来临时，不能很好地调整自己的心态，继续创业的决心动摇。创业成功与否取决于创业者的素质，创业者要根据自己的性格、爱好特点，衡量自己是否适合创业，是否适合这个项目。成功的路从来就没有平坦的，创业项目的成功与否，并不完全取决于资金市场，最关键的决定因素往往是创业者的素质。

创业者应当主动培养和提高发现创业机会的能力。其一，要养成良好的社会调查习惯。创业者本人必须亲自到市场实地考察，向目前正在经营同类或类似产品的商家了解经营状况。创业者应该向从事过本行业管理的创业指导专家咨询，或者向本行业自主创业并且成功经营的企业家咨询。在确定创业项目之前，还应当向当地的工商业联合会或者是行业协会了解关于创业和该行业的基本情况。其二，要培养独特的思维，敢于相信自己的独到见解。在创业的道路上，有时需要的恰恰是发现其他人没有看到的机会，或者说做其他人不屑于去做的事情，甚至是把平凡的事做到了不平凡的高度。成功的创业者往往具有一种对未来趋势的直觉，比别人先抓住了市场未来的需求，从而成了高瞻远瞩者。各行各业都有它自己的规律，只有你具有了相当的职业经验，你才会在机遇来临时率先看到，才能在行业发展不利时第一个意识到，这些直觉往往就是依靠经验的积累而产生的。在你最熟悉的领域，你会游刃有余，无往而不胜。

二、创业机会

在我国经济社会的发展进入转型阶段并迅速转变的背景下，众多创业契机涌现，也催生了庞大的创业者队伍。在国家发出"大众创业、万众创新"的号召后，政府陆续发布配套政策，鼓励创业者把握创业机会，促进创业氛围的形成，推动经济社会向前发展。

（一）认识创业机会

1. 创业机会的含义

创业机会是创业者识别和利用市场中的变化和需求，通过创新、发明或弥补市场不足来满足顾客需求，从而实现商业成功的机会。

创业机会具有普遍性、偶然性和消逝性的特征。各式各样的经营活动中都蕴含着创业机会，但是察觉并把握住创业机会有时会有一些"意外"因素的参与，这个过程中的不确定性让人很难把握。但如果没能在特定时空内抓住它，创业机会很可能随着客观条件的变化而消失。

要把握好创意与创业机会的联系。创业者在创业之前往往会有一个很好的创业想法，这个创业想法也被称为创意，创意是具有一定创造性的想法或概念。创意的核心是创造性思维。创造性思维往往带有随机性和突发性，因此又被称为灵感。创意虽重要，但并不是每一个大胆的创意都可以转化成创业机会。创意是否具有商业价值存在不确定性，创业机会比创意更为严肃和正式，创业指向的创意要有现实意义、有实用价值，创业机会是具有商业价值的创意。

2. 创业机会的来源

创业机会从何而来，这个问题很重要，但却难以得到清晰的阐述。创业机会可以来源于创造新产品或服务，对现有产品和服务的品质或等级进行明显改善，引入生产的新工艺，打开新市场创造或获取供应的新来源产业内组织的新形态。创业机会可能来源于个人的兴趣爱好，也可能来源于意外的成功，甚至是意外的失败。

根据创业机会的来源，可以将创业机会分为以下几种：趋势型机会、问题型机会、缝隙市场机会。（1）趋势型机会，是指在变化趋势中蕴含的一种创业机会。我国正处在经济体制改革深化阶段，创业者如果能够识别出适合自己的机会，能够很早地发现并把握机会，就有可能成为未来趋势的先行者和领导者。例如，研发低碳环保产品是当今经济社会发展的趋势。（2）问题型机会，是指由现存的未被解决或未被有效解决的问题所产生的机会。这一类机会可以说是无处不在，比如生活中存在的各种不方便，生产中的高消耗高成本，买卖中大量的退货、顾客的抱怨、消费者的不便、无法买到称心如意的商品、服务质量差等。在解决这些问题的过程中，会产生创业机会，需要人们用心挖掘。（3）缝隙市场机会，是指避开整个市场的竞争而选择一个细分市场进行需求满足的机会。只有实力强大的公司，才有能力在整个市场中进行竞争。小企业的创办者资源有限，应该对市场进行细分，选择一个对自己有利的市场，集中优势资源进入，以有效满足这一细分市场的需求。在缝隙市场中寻找机会，有利于创业者增强主动性，减少盲目性，增加成功的可能性。对后进企业来说，善于寻找市场缝隙是超越先进、实现后来者居上的捷径。精明的经营者都明白市场的缝隙总是存在的，是可以突破的。

（二）机会的搜寻与识别

我们可以从如下方面识别创业机会：

（1）创业机会可能来源于创业者本身所具有的创造性思维和创新意识。从本质上来说，创业机会的识别过程就是不断反复的创造性的思维过程。众多新产品和新业务的形成，往往是缘于具有创新性思维和创新意识的人获得了原创性的分析问题和解决问题的思路。

（2）创业机会可能来源于创业者本身的专业知识背景。对某个领域专业知识了解较多的人，对相关专业领域存在的问题、发展现状较为敏感，会比其他人更容易发现该领域内的商机。

（3）创业机会可能来源于先前从业经验。多数创业者通过复制或改进过往行业想法，凭借对相关产业的深入理解和敏锐洞察力，发掘本产业或关联产业的商机，如上游供应商合作、下游顾客需求、同业竞争者动态及互补厂商协作等，从而实现创业目标。

（4）创业机会可能来源于创业者的社会关系网。拥有良好社交网络资源的人容易得到更多的机会，在长期生活中积累的人脉，往往会为其提供很多重要信息和资源，这有助于其发现创业机会。

此外，创业者可以通过观察经济与社会趋势以及技术进步等重大社会活动，研究可追求的机会，包括基于政府支持性规定发展的产业、政策变化产生新的业务和产品机会等。国家对于某些行业的扶持政策、对于新兴技术的鼓励政策等，不仅为创业者提供了市场准入的机会，还可能通过提供资金支持、税收优惠等方式，降低创业门槛，提高创业成功率。

创业者要懂得把握机会、选对时机以及踩准节拍。在我们身边隐藏着很多创业机会，只是我们缺少善于发现的眼睛。发现创业机会是有规律可循的，如何发现创业机会需要创业者掌握一定的方法。

（三）项目调研与评估

创业不仅仅需要勇气，还需要踏踏实实地做市场调研，掌握第一手市场信息是创业成功的第一步。

1. 项目的市场调研

无论是企业还是个人，作为消费者购买商品或服务时，其决策主要基于需求的满足程度。创业者需主动分析、研究、发掘顾客需求。需求满足程度是作出购买决策的关键。对具有潜在市场需求的产品或服务，创业者更应深入调研，确保精准对接顾客需求，从而赢得市场先机。研究客户需求始终是创业的首要任务。

一次科学的调查可以决定某个项目产品的生或死，也可以决定创业者的成或败。项目调研不仅仅在创业阶段是重要的，在企业开办后也应成为企业生命周期的一部分，简单地说，项目调研要贯穿整个创业过程。当创业者初选了创业项目之后，要做详尽的市场调研分析，进行严格完整的商机评估。创业者需要对创业项目的市场潜力有一个相当程度的了解，创业者必须考量自己的产品或服务能否被市场接受，顾客是否会信赖自己的产品，市场上是不是早已经存在很多强劲的竞争对手，谁在为自己的目标顾客提供同样的产品和服务。创业者要对创业环境、市场需求、顾客情况、竞争对手、市场销售策略等信息展开全面的调查，创业失败很大程度上可以归结为创业者的信息匮乏，对市场中发生的情况了解不多，过于乐观地估计了自己产品和服务的市场需求。

2. 商机评估

商机评估主要包括四个部分：

（1）经营环境。创业者需要深入调研创业活动所在区域的经营环境，包括社会文化、经济科技、政治法律等宏观因素，并掌握相关政策，如人力资源和社会保障、就业指导、中小企业服务等部门发布的政策文件。同时，应咨询当地工商联合会或行业协会，了解创业及行业基本情况，为创业活动提供全面信息支持。

（2）目标客户。企业的产品最终是由顾客来决定的，没有需求就没有市场前途。任何成功的企业都是以市场需求为导向的。创业者要明确目标群体，调查目标客户的购买心理、购买动机、购买能力、购买模式和购买影响因素等，分析目标群体的数量和特点，是否具有稳定性和增长性等。创业者可以按照个人目标、顾客目标、企业目标分别确定调查项目。

（3）竞争对手。创业者要对本领域其他经营者的经营状况进行调查，包括营销策略、渠道策略、价格策略、广告策略、财务状况等，做到知己知彼。创业者要分析自己在该行业的优势和劣势，同时对行业中存在的机会和威胁进行尽可能的详细调查。

（4）商业模式。创业者要掌握、学习和效仿同行业企业的商业模式，并根据自身的情况进行相应的调整。

创业机会与创业风险总是相伴而行的。创业者应尽可能地识别创业机会中可能蕴含的风险，并制定相应的风险防范措施，以实现创业机会的价值最大化，从而实现创业目标。

三、创业资源

（一）认识创业资源

1. 创业资源的定义

创业资源是企业创立以及成长过程中所需要的有形资源和无形资源，诸如资金、人才、技术、场地、信息等都属于创业资源。创业资源是企业创立和运营的必要条件。

2. 创业资源的种类

创业资源可以大致分为两类，一类是要素资源，另一类是环境资源。

所谓要素资源，是指直接参与企业日常生产经营活动的资源，通常包括人力资源、资金资源、物质资源、技术资源、管理资源等。具体而言：（1）人力资源是指一定时期内组织中的人所拥有的能够被组织所用，且对价值创造起贡献作用的教育、能力、技能、经验、体力等的总称。拥有创业所需要的人才是创业的必要条件。（2）资金资源是指应当获取的创业所需要的启动资金，创业转型或发展所需要的再次融资等。资金资源包括银行贷款、风险投资、政策性的低息或无偿贷款、扶助基金、租金等，以及企业自筹资金、股东投资、债券发行、政府补贴、税收优惠等多种形式，涵盖了企业从创立到发展各个阶段所需的多元化资金来源。资金在创业过程中无时无刻不在发挥着重要作用，创业支出需要启动资金，创业过程需要流动资金。创业遇到的最大障碍就是资金问题，现金流断裂是企业倒闭和破产的最主要原因。（3）物质资源包括创业或经营活动所需要的有形资产，如厂房、土地、设备等，物质资源的获取往往依赖于资金资源实现。（4）技术资源包括关键技术、专用生产设备、作业系统等。技术和专业人才决定着新创企业的核心竞争力，拥有先进的技术和专业人才也是创业者创业的技术支撑。（5）管理资源包括企业诊断、市场营销策划、制度化和正规化企业管理的咨询等。企业管理有其自身的规律和方法，不但企业和产品处在不同的生命周期时管理方法应该有所不同，而且即使是在同类企业里，管理创新往往也是企业竞争的法宝。

所谓环境资源，是指未直接参与企业生产，但可以影响企业有效运营的资源，通常包括品牌资源、市场资源、政策资源、信息资源、组织资源等。具体而言：（1）品牌资源包括借助其他优秀企业的品牌，获得社会上有影响力的人士对企业的认可等。（2）市场资源包括经营许可权、销售渠道、顾客关系等。（3）政策资源主要是政府的扶持性政策。（4）信息资源包括财经数据信息、宣传和推介信息、中介合作信息等。（5）组织资源包括企业的战略规划，员工开发评价和报酬系统等。

3. 创业资源在不同阶段的作用

初创企业从一个小团队发展成一个具有成熟产品和占有一定市场的企业，一般需要经过以下四个阶段：

（1）种子期——重要资源是人。创业初期也就是创业的种子期，创业者最需要的创业资源是团队。这时的创业者可能仅仅拥有一个创意或者未经市场验证的半成品，如果没有获得相应的资金资源来启动，可能也会导致这个项目的夭折，一旦得到种子轮投资之后，人力资源就显得尤为重要，因为再好的创意，也需要一个优秀的团队来执行。

（2）A轮投资期——重要资源是市场推广。随着种子轮资金注入和团队逐步壮大，多数公司已经打造出产品原型，此时创业者迫切需要的是市场推广资源。将产品推向消费者市场时，往往需要大量资金支持，随即进入"烧钱"的市场推广阶段。在此阶段，创业者应着重关注竞品分析、目标市场等信息和资源的整合。

（3）B轮投资期——重要资源是用户数。在经历了A轮资金助力下的市场推广之后，创业者要继续发展壮大企业，还需要B轮资金的支持，这个阶段最需要的创业资源就是客户资源，即用户量，对互联网创业企业来说，就是流量。因为只有大量的用户喜欢并使用，才可以说明产品或服务是有一定市场基础的。除用户资源之外，此时创业者应该具有了较为清晰的商业模式。

（4）C轮投资期——重要资源是营利性。当企业发展到C轮时，已经初具规模，开始拥有了市场份额，这个阶段的重要资源是企业的盈利转化，就是利润。在收入和成本之间找到盈利点、资金回报率和回报周期。这个阶段的企业管理也非常重要。

初创团队在各个时期需要不同的创业资源。新创企业只有把拥有的资源加以整合，有效地形成自己的核心竞争力，才能构建创业成功的核心优势。

（二）创业资源的获取与管理

成功的创业活动应当对机会、团队和资源进行整合，并且不断进行动态平衡。创业者抓住创业机会，组建创业团队，搜寻并充分利用需要的资源，才能够将创业计划从纸面落到实处。创业初期能够掌握的资源不多，这就要求创业者能够快速、高效地找到足够的资源来支撑自创企业的发展。

1. 创业资源的获取

创业资源获取途径，包括市场途径和非市场途径。

（1）通过市场途径获取创业资源，包括购买和联盟两种。购买是指通过市场购入的方式获取资源，主要包括购买厂房、设备，购买专利和技术，聘请有经验的员工等；而联盟是指通过联合其他主体共同开发一些自己难以或者无法开发的资源。联盟的前提是双方的资源和能力互补，有共同的利益，而且能够对资源的价值及其使用达成共识。

（2）通过非市场途径获取创业资源，主要包括资源吸引和资源积累。资源吸引指利用商业计划和团队声誉，通过展示创业前景来吸引物质、技术、人力和资金资源。资源积累则指利用现有资源在企业内部培育所需资源，如自建厂房设备、开发新技术等。创业者常借助社会网络获取企业资源，有效降低了交易成本。其人脉圈涵盖血缘、地缘、业缘等联系，以及同乡、校友、同僚、战友等多元关系，能为创业者提供宝贵支持与机遇。

对于新创企业而言，影响其资源获取的因素很多，但关键在于资源所有者对创业者或创业团队的认可，以及对创业项目的商业价值的认可。

2. 创业资源的管理

运用科学的方法优化配置、管理不同来源、不同效用的资源，使有价值的资源发挥 1+1>2 的放大效应。

（1）信息资源管理。创业者在创业过程中要时刻警惕信息不对称带来的经营风险。创业者在创业前必须获得该行业或领域的足够信息，以制定知己知彼的营销策略。要想企业取得长远发展，就要在变化中学会应变，根据外在信息不断地调整企业的经营策略。

分析研究行业信息有助于创业者了解自己要进入的行业所处生命周期的阶段，为产品定位定价推广寻求依据。信息资源获取有两个渠道，一是在市场调研中亲手取得第一手资料。还有一种就是在网络行业协会、企业年报等公开资料中获得信息资料，对二手资料的研究可以节约成本。

（2）人力资源管理。创业中的人力资源管理内容很多，包括人员的选聘和配置、薪酬计划、股东权益、股权分配、期权收益等。但是对一个创业者来说，在创业之初，最重要的人才选聘原则有两项，一是找到可以满足工作要求的人，二是找到值得信任的人，最好是二者兼而有之的人。一旦进入了发展阶段，就必须由具备能力的人才进行规划管理。这就要求创业者做好不同时期人才的选聘和管理，避免人才支持问题对企业项目推进产生的不良影响。

（3）创业资金资源管理。在创业资金资源管理方面，最重要的是创业之初的财务管理。有调查显示，68%的新创企业都是因为财务管理不善导致现金流断裂而失败的。初创企业在成长过程中大都有资金饥渴症，经营者追求筹集尽可能多的资金，而往往忽视融资的风险。创业者最容易犯的错误，就是不注意融资成本问题。不同融资渠道的融资成本不同，资金资源管理不善很可能成为企业负担，所以创业者要尽可能地控制融资规模，尽量不要让资金闲置，也不要造成过高的企业负债。

创业者应当学习与资金管理相关的经济学和财务管理知识，至少应当掌握资金的时间价值、沉没成本、存款准备金率、货币准备金率等概念，同时要学会读懂资产负债表，注意企业的现金流。

资金时间价值的表现形式就是利息和利润。今天的 1 元钱和明天的 1 元钱价值是不相等的，因为这 1 元钱在 24 小时内会产生利润或者是利息。资金周转的快慢以及每次资金循环时间的长短会对资金的时间价值产生重要的影响。熟悉资金时间价值理论能够促使企业资金使用的科学化与合理化。缩减建设时长，提高资金周转速度，能够有效地减少资金的占用数量和占用时间，使得资金的经济效益获得提升。

沉没成本是指不论采取什么方式和方法都不可能挽回已经失去的收益或者付出的代价。由于沉没成本的发生具有延迟性，所以许多创业者在决策进入实施阶段时，才发现以前的判断是错误的，这个时候就不要再去考虑已经无法收回的沉没成本了，撤得越快损失越小。美国经济学家斯蒂格利茨曾这样举例解释：如果你花 7 美元买了一张电影票，又怀疑这个电影是否值 7 美元，看了一会儿你证实了自己的疑虑，这个影片确实很差，在这种情况下你是否选择离开这家影院？在作这个决定时，你就应当忽略那 7 美元，它就是沉没成本，无论你离开影院与否，这 7 美元都不可能被收回了，决策时不要考虑沉没成本。

理解存款准备金率、货币准备金率的概念。创业者只有时刻关注国家宏观经济政策，才能高瞻远瞩作出正确的决策，才有可能有效地规避各种风险。中央银行以存款准备金率的调整作为影响金融机构的信贷扩张能力的手段，间接地调控货币供应量。存款准备金率的提高对贷款总量起到抑制的作用，反之则能够扩张贷款总量。提高存款准备金率是抑制经济过热的措施，预示着下一个阶段的经济增长将放慢步伐。货币准备金率与通货膨胀系数呈反比例关系，简单地说，就是提高货币准备金率会导致物价下降，降低货币准备金率会导致物价上升。对企业来说，当看到国家采取提高货币准备金率这样的经济紧缩的措施时，不宜进行大规模投资；当降低货币准备金率时，是扩张性的宏观经济政策，能够起到刺激经济增长的重要作用，企业在此时进行新一轮的发展或开展新的投资，都属于适时的选择。当国家开始降低货币准备金率时，开始创业的机会便来临了。直白地说，经济增长时加油门，经济衰退时要踩刹车。

注意企业的现金流。现金流一般是用来衡量企业收入的一个指标，是企业经营所得与同期经营支出的差额。企业的经营所得主要是指销售收入，企业支出包括购买原材料的费用，支付劳务工资、税收和利息的费用。企业的现金流反映了企业的偿债能力，是能否获得银行贷款的关键数字。一个企业的盈利好不一定现金流大，因为可能用于购买固定资产或者是存货占用过大，创业的最初阶段应当保证企业有足够的流动资金。

学习读懂资产负债表。资产负债表是企业财务报表的关键部分，反映了企业在特定时期的财务状况，读懂它有助于评估企业的偿债能力、运营效率和盈利能力，为投资决策提供依据。创业者对资产负债表中的一些重要项目，要作进一步分析。

创业者应随时关注应收账款，如果应收账款占总资产的比重过高、增长速度过快，可能表明企业的收款效率较低，资金流转压力大，客户信用管理有待加强。企业应关注这一财务指标，通过加强客户信用评估、完善销售合同条款、建立催收机制等措施，优化应收账款管理，降低财务风险。

财务报表中企业年初或年末的负债较多，可能会增加企业的财务成本、财务风险和偿债压力，降低企业的盈利能力和市场竞争力的，创业者应该合理规划和管理负债，确保财务健康和可持续发展。

损益表也称利润表，是反映公司在一定期间利润实现的财务报表，可用来评价一个企业的经营效率和经营成果，评估投资的价值和报酬，进而衡量一个企业在经营管理上的成功程度。

（三）创业融资

任何企业的生产经营都需要资金的支撑，对于新创企业来说，无论是进行产品研发还是产品的生产和销售，都需要投入大量的资金，如何有效筹集资金是创业者极为关注的问题，创业者通过合理选择融资渠道和融资方式降低资本资金成本，将创业企业的财务风险控制在一定范围内。通过对企业不同发展阶段融资需求特点的分析，创业者能够作出科学的融资决策，确保创业企业实现可持续发展。

1. 创业所需资金的测算

在融资前创业者需要对自己的创业项目进行投资规划，并根据这个初步的规划估算出启动资金需求量，这样做有利于确定筹资数额，降低资金成本。

创业启动资金的用途可以分为两类：固定资产投资和流动资金。固定资产投资是指企业购买价值较高，使用寿命较长的资产，如使用期限超过 1 年的建筑物、生产经营有关的设备等，不同的企业所需要的固定资产不同。流动资金是项目投产后，为进行正常生产运营用于购买原材料、燃料、支付工资、租金等必不可少的周转资金。一般而言，创业者必须准备足够的流动资金来维持企业的正常运转，不同类型的企业对流动资金规模的要求不同，一些企业需要足够的流动资金来支付 6 个月的全部费用，还有一些企业只需要支付 3 个月的费用。创业者必须预测在获得销售收入之前所需要的资金量。

创业所需资金的测算应当注意如下问题：其一，千万不要低估项目潜伏期。任何创业项目从启动到盈利都有一个潜伏期，时间的长短与行业和企业规模有关。创业者必须做好思想准备，创业开始时有可能几个月都没有收入但开销却很大，有时货款也不能马上回笼，因此必须提前做好预算和储备。其二，设计合理的资金组合。在创业启动资金的组合上，自有资金的比例不应低于 1/3，而外来资金的比例最好不要超过 2/3。创业者应当认真研究企业可能获取融资的途径，不要想当然地认为在最初进行融资时就能获得创业基金或银行贷款。创业基金也是一种贷款，虽然条件很优惠，但终究是要偿还的，应该根据创业的需要研究更实惠的融资方式。其三，要把不确定费用计算进创业资金。在估算创业启动资金时，在固定资产和流动资产之外，应当额外准备一定比例的资金以应对意料之外的支出，一般估算企业的不确定费用为启动资金的 3%~5%，建议创业者按照启动资金的 5%~10% 计算不确定费用。

2. 创业融资的渠道

互联网时代企业的融资方式发生了很大变化，融资渠道也发生了变化，主要有以下几种：

（1）自筹资金。大多数的创业者在创业初期的第一笔资金通常来自创业者自己股东合伙人的自筹资金。自筹资金也是一种自我承诺，极大地坚定与鼓舞了团队士气。很多成功的创业者都是靠自己积累的钱做创业资金，世界上白手起家的企业家比比皆是。

（2）亲情融资。创业者普遍采用亲情融资这一成功率最高的融资方式。如果创业计划需要的资金不多，是传统的小项目融资，创业者往往选择从亲戚朋友处筹资。基于亲友关系，无需额外的信用担保，即使创业失败，也可延期偿还。但是向亲友借钱时，不要超出他们的损失承受限度。

（3）众筹募资。众筹实际上是指用团购和预购的形式向网友募集项目资金的模式，其主要特点是利用互联网和社交网络软件的传播，把自己的创意展示出去，获得公众的关注和支持，甚至是有兴趣的公众进行投资。相对于传统的融资方式，众筹具有更开放的融资模式、更大的融资风险、更大的知名度等特点。我国存在不少出色的众筹平台，如众筹网、天使会、大家投等。

（4）天使投资。天使投资是指自由投资者或非正式风险投资机构，对具有巨大发展潜力的高风险的初创企业进行早期的直接投资。资金一般来自民间资本，而非专业的风险投资商，属于一种自发而又分散的民间投资方式。天使投资的门槛较低、金额较少，而且是一次性投入，比较适合于处于创意阶段的创新创业项目。一般而论，一个公司从初创期到稳定成长期需要三轮投资，第一轮投资大多来自个人的天使投资，作为公司的启动资金。很多天使投资人本身就是企业家，了解创业者的难处，是起步公司的最佳融资对象。第二轮投资往往会有风险投资机构进入，为产品的市场化注入资金。最后一轮投资则基本上是上市前的融资，来自大型风险投资机构或私募基金。[1]在硅谷，相当多的天使投资人是那些成功创业的企业家、创业投资家或者是大公司的高层管理者，他们不仅拥有一定的财富，而且还有经营理财能力或者技术特长，对市场、技术有敏锐的洞察力。[2]故此，天使投资人不但可以带来资金，同时也可能带来关系网络。天使投资往往是一种参与性投资，也称为增值性投资。我国天使投资人目前已成规模，对我国创业起到了很好的促进作用。

（5）政府资金。我国政府在 2005 年成立了政府引导基金，其运作模式为政府出资设立母基金，风险机构出资设立子基金，交由专门的投资机构运作，对企业进行投资，政府负责监督管理。截至 2025 年，国家持续加大新兴产业创业投资引导基金规模，已设立万亿元级别的国家创业投资引导基金，解决科创企业早期融资难题，推动重大科技成果转化，助力高水平科技自立自强。

---

〔1〕 王金禄：《我国天使投资发展研究》，载《现代经济信息》2013 年第 2 期，第 164 页。

〔2〕 杨卫：《我国创业投资现状的分析及建议》，载《商业会计》2014 年第 4 期，第 89~90 页。

每年，众多社会公益机构会举办针对创业者的赛事与论坛，通过评委的严格评审，为优秀创业者提供资金支持。这类扶持资金常伴有免偿或免息的优惠政策，但是需要注意的是，公益机构的评审周期相对较长。此外，众多城市的创业园区和政府机构会出台创业基金政策，提供孵化器服务，包括办公场所和初始资金。一些知名的创业扶持服务机构和基金也定期举办创业大赛，参与此类活动的创业者通常需具备较强的实力和竞争力。

（6）商业银行贷款。目前各类银行都有针对中小企业的贷款政策，可供初创企业短期借贷使用。很多银行都设有小额担保贷款，在必要时可用于满足企业日常生产经营的资金周转。商业银行贷款的类型，包括个人生产经营贷款、个人创业贷款、个人助业贷款、个人小型设备贷款、个人周转性流动资金贷款、下岗失业人员小额担保贷款和个人临时贷款等。

（7）风险投资基金。风险投资基金又叫创业基金，它以一定的方式吸收机构和个人的资金，并将其投向那些不具备上市资格的中小企业和新型企业，特别是高新技术产业。公司的第二轮投资往往会有风险投资机构为产品的市场化注入资金；最后一轮投资则基本上是上市前的融资，来自大型风险投资机构或私募基金。风险投资基金多以股份的形式参与投资，无需风险企业的资产抵押，担保手续相对简单，经营方针是在高风险中追求高收益。风险投资基金的目的就是帮助所投资的企业尽快成熟，一旦公司的股票上市，风险投资基金就可以通过证券市场转让股权而收回资金。[1]风险投资比较青睐那些处于发展期的或者处于快速成长期的，在未来有可能成长为大企业的公司。

（8）担保机构融资。担保机构融资是指专业担保公司为中小企业提供信用增信服务，帮助其从银行等金融机构获得贷款[2]。担保机构通过风险评估、抵押物管理及风险分担机制，降低金融机构的信贷风险，解决中小企业因资质不足导致的融资难题。我国政府通过政策性融资担保体系（如国家融资担保基金），引导市场资源支持小微企业和"三农"等领域产业发展。

目前，国内创业融资渠道日益多元化，政策层面持续释放税收减免、贴

---

〔1〕 隋庶：《以网络平台促进中小企业融资的探讨》，载《电子商务》2013年第11期，第19、27页。

〔2〕 融资性担保是指由担保人（经营融资性担保业务的有限责任公司或者股份有限公司）与银行业金融机构等债权人约定，当被担保人不履行对债权人负有的融资性债务时，由担保人依法承担合同约定的担保责任的行为。

息贷款等红利，社会力量亦通过设立专项基金及公益平台积极践行社会责任，从资金扶持、资源对接、能力培养等维度为创业者提供全方位支持。

3. 创业融资的选择策略

事实证明，创业成功率最高的融资方案，并不是完全依赖外来资金，通常自我融资和外来资金比达到 1∶3 时，融资成功率最高。创业融资解决的是创业者在企业成立前后最迫切需要解决的创业启动资金问题。当产品还处于创意和开发研究阶段，还没有产品成型，无正式产品和销售渠道，企业风险很高，这个阶段的融资渠道主要包括自有资金和天使轮投资。当企业具备较为完善的商业模式以及较规范的商业运作时，这一阶段的资金用途是商业推广，一般要进行第一轮、第二轮融资。通常企业在第二轮和第三轮融资时就开始为上市做准备了。因此，企业在不同发展阶段应设计不同的融资方案。

对企业融资渠道进行比较与选择，可以有效降低中小企业融资的成本，提高中小企业融资的成功率。

■ 【教育案例】

案例 1：刑满释放人员发展产业引领周边群众致富[1]

徐某因非法拘禁和贷款诈骗罪被广元市利州区人民法院判处有期徒刑 3 年 4 个月，刑满释放后回乡后主动到司法所报到，司法所在对其谈话中了解到其想好好改善一下他家的猕猴桃园，但苦于缺乏技术。对此，司法所工作人员帮其联系了苍溪县的技术老师，并组织徐某等十余名刑满释放人员先后 3 次前往苍溪、昭化现场学习猕猴桃种植技术，并建立了与技术老师间的长期技术指导联系。司法所工作人员还积极联系水务、交通等部门，修建防旱蓄水池 3 个 200 余立方米，铺设水管 1000 余米，争取项目资金 20 余万元，接通断道公路，整修了漫水桥。经过近几年的发展，徐某已经建成高规格猕猴桃产业园，种植猕猴桃 20 余亩 1500 余株，年收入 10 余万元。他还发动周边群众，新发展了枇杷、石榴等小水果 150 余亩，带动周边 20 余户群众发家致富，走上了小康之路，徐某也因此被当地党委政府评为脱贫致富能手，受到区委领导的充分肯定和鼓励。

---

[1]　本案例分析来源于四川省广元市司法局。

启示： 即使曾经犯过错误，只要真心悔改，积极上进，就能收获阳光和幸福，徐某不因曾坐过牢而自暴自弃，他积极上进，努力学习，大胆创业，不仅让自己过上了好日子，还带着周边群众一起走上了小康之路，受到党委政府的肯定，也得到人民群众和社会的认可，是每一个社区矫正对象和刑满释放人员学习的榜样。

案例2：创业与融资〔1〕

创办公司： 张三和李四分别出资12万元和8万元，共计20万元，合伙开了一家公司——三四餐饮服务有限公司，按出资来确定股份占比。公司的主营业务是经营面包店，张三、李四从20万元的注册资本里拿出5万元，支付了一年的店面租金，并对店面做了一些装修；又用5万元买了相应的设备、工具、器材等用品，还剩下10万元用来经营面包店。凭借优质的口感和公道的价格，这家面包店很快就吸引了大量的顾客，每天生意兴隆，不久就占领了街区的面包市场。

天使投资： 只开一家店尚不能让张三和李四感到满足，二人认为虽然现在面包店有盈利，但是盈利并不太多，等到攒够了扩张店铺的资金，就错过市场机会了。于是，张三和李四想到了天使投资。他们找到当地有名的土豪——王五，人称"钻石王老五"，希望王五提供20万元资金来使其公司发展壮大。王五评估了三四餐饮服务有限公司的财务账单，发现面包店平均每个月有5万元的营业收入（以下简称营收），除去租金、水电、工资、原料等成本，每个月的净利润大约是1万元。这样下来，每年的净利润大概是12万元。通过简单的市盈率计算，王五觉得三四餐饮服务有限公司的融资前估值大概是40万元，这个估值得到了张三和李四的认可。于是王五注资20万元，作为天使投资人占股33%，张三的股份稀释到40%，李四的股份稀释到27%。天使轮之后，公司估值60万元。没多久，擅长经营的张三和李四就用这笔资金在旁边一个街区开了一家分店，并占领了整个东城区的面包市场。由于经营有方，公司每个月的营收水涨船高。半年后，公司每个月的营收达到了12万元，净利润有4万元。

---

〔1〕 王强、陈姚编著：《创新创业基础：案例教学与情境模拟》，中国人民大学出版社2021年版，第94~95页。

A 轮融资：过了一段时间，张三发现西城区也有一家生意很好的面包店，如果要往西城区扩张，必须遏制住那家店的发展势头。为了占领整个城区的面包市场，必须再次进行融资。王五给张三和李四介绍了赵六控股的六六大顺投资管理有限公司来进行 A 轮投资。赵六同样对三四餐饮服务有限公司的本轮融资前估值做了推算，最后敲定下来的融资前估值为 150 万元，赵六再注资 50 万元，这样 A 轮融资后公司估值为 200 万元。公司的股权结构再一次发生变化，赵六占股 25%，王五占股约 25%，张三占股约 30%，李四占股约 20%。

张三和李四迅速用这 50 万元在西城区开了两家分店，并采用低价策略打败了竞争对手，独占了整个城区的面包市场。半年之后，凭借 4 家分店，三四餐饮服务有限公司的每月营收达到了 20 万元。

又过了一段时间，张三发现，如果向产业链的上游延伸，收购一家面粉生产厂，这样更有利可图。于是，聪明的张三萌生了并购的念头。但同样的问题产生了，钱从哪里来？张三将自己的想法告诉了 A 轮投资者赵六，赵六认可张三的想法，于是引荐了另外一个投资人，同样财大气粗的投资机构久晟创投有限公司。久晟创投有限公司的老板陈九对公司进行研究之后，觉得有一定的投资价值，于是双方坐下来商讨本轮的公司估值。

张三觉得此轮融资前公司的估值应该涨到 400 万元，陈九觉得只值 300 万元。双方你来我往，讨价还价之后，将投资前估值定在 350 万元。陈九答应投 150 万元进来，这样 B 轮融资之后，公司的总估值达到了 500 万元，公司的股份占比为陈九 30%，赵六 17.5%，王五 17.5%，张三 21%，李四 14%。

张三用这 150 万元并购了一家面粉生产商，直接进行面粉供应，降低了面包的成本，提高了企业的利润率。张三确实是做经营的好手，不到一年时间又抢占了周边几个市场。一年之后，三四餐饮服务有限公司在当地已经很有名气了。

■ 思考题：

假如你所在的社区存在以下几个问题，你能否从中发现创业机会？
（1）当地没有令人感到舒服的、可与朋友会面的休闲咖啡店。
（2）当地的餐厅较多，菜品、服务相似，没有特色。

（3）社区服务不健全，离家近的菜店种类少、价格高；离家远的地方虽有较多综合性的蔬菜购买市场且价格低，但坐车需要花费 20 分钟。

（4）在当地的商店里，玩具品种比较少，顾客选择的余地不大。

第三节　创业风险管理

创业风险是指企业在创业过程中存在的各种风险。创业风险种类繁多，贯穿并交织于整个创业过程。巴菲特强调，成功的秘诀是尽量避免风险，保住资本。创业者需要全面考虑各种风险因素，制定相应的策略和计划，以提高创业成功率。

一、财务风险管理

对于新创企业，资金短缺是最为普遍的问题。因资金短缺而导致创业项目中断或者是经营失败的比例较高，成为创业难以逾越的第一道难关。一方面，创业者要进行多渠道融资；另一方面，创业者要加强财务管理，降低创业资金的风险。

（1）创业者要学习财务知识，学会读懂财务报表，增强成本意识。创业初期，需要花钱的地方很多，创业者要尽可能地规避投资风险，尽量把固定资产投资压到最低，尽量减少非生产必需的硬件和固定资产的投入。创业初期资金尽量用在经营上，用在有助于拓展业务的方面。创业之初，创业者最容易犯的错误就是把私人的钱和企业的钱混为一谈，应当严格区分私人账户和企业账户。

（2）创业者要合理使用贷款。创业者要明确外来贷款的本金、利息早晚是要还的。创业者必须留意每笔贷款的还款期限，贷款投资使用的截止日期与贷款归还的日期要一致。短期贷款仅用于经营的短期周转，自有资金和长期贷款购置使用期较长的资产。

（3）创业者要注意尽量缩短投资回收周期，避免资金过度占用的财务风险。创业者必须明白，收不回的资金越拖欠其成为坏账的概率越高，而且资金拖欠的机会成本可能远远大于利润。减少延期支付的应收账款，可用让利的方式，鼓励现金支付。对要求延期支付的客户，可以考虑提高价格，或者要求对方支付利息。企业要制定延期支付客户的销售标准，建立延期付款客户档案，并且要跟他们保持密切联系，经常到对方的公司或经营场所去走访考察，及时掌握他们的经营情况。

（4）创业者在开始创业后必须树立一个观念，即投入生产或经营的钱要经过一个经营周期才可以回收。每个创业者都应该尽快收回初始资金并获得利润，以避免企业出现支付危机。无论是初创企业还是百年企业，都会遇到资金问题，没有现金流的企业是无法生存的。经营中要严格遵循流动资金大于或等于到期应付货款的规则，保证可以及时支付供应商的货款，维持企业的良好信誉。同时还要注意缩短产品的销售期，加快周转、减少存货。

（5）创业者要掌握企业出现生存危机时的自救措施。例如，将企业整体出售给租赁公司后再租回来经营，这样既还清了债务还可以继续生产，且等筹集或积累到足够资金时可将企业再回购回来。在企业遇到危机时，创业者可以用出售其他资产的方式进行规避，包括出售闲置资产，加强促销减少库存等。

二、信息匮乏风险防范

有研究者通过总结导致创业失败的原因，指出不少创业者执着于执行自己的创意，过分乐观估计市场需求，盲目地认为产品一定不愁销路，实际上却是无人问津，有四成的失败创业公司出现过这个问题。还有的创业者存在大意轻敌的情况，因为没有足够的行业经验和准确的市场预期，低估竞争对手的实力，高估自己产品的受欢迎程度，在其产品生产出来以后，才发现原来市场上经营同类产品的人很多，或者竞争对手的产品对客户有非常好的黏性等，而产品销量低、盈利潜伏期长可能直接导致创业失败。

每个行业都有独特的规则和隐形门槛，如果没摸清门道就盲目进入，必将承受高额的试错成本。对于缺乏从业经验的创业者来说，其可以先找对口的企业，短期承包一个同类的项目，积累相关行业经验和职业体验。当创业者拥有技术，但是没有业务来源和运营经验时，其可以从承包别人的单项业务做起积累客户群体和项目经验。

在市场经济下，掌握资源、信息者最可能获得先机。创业者要争取掌握市场动态、顾客需求信息，以帮助自己正确决策。

三、管理风险防范

创业者需要了解企业管理的基本规律，学习相关的知识和技能，培养作为一名创业者必须具备的责任感和事业心，这样才能规避企业因其管理不当而失败的风险。创业者需要从头系统性地对企业管理进行学习，养成一个有计划、有步骤地安排事务的习惯，做好规划、目标明确，不盲目、不浮躁，踏踏实实地去实现创业计划。并通过规范化经营、精细化管理，做好企业的危机处理。

在企业的初创阶段，创业者的个人素质和意志对企业的发展具有重要影响。有个别的创业者，在企业遇到困难时出现退缩或者逃避甚至放弃创业的行为。如果创业者意志薄弱或者不够自信，那么创业绝对不可能成功。创业者如果对可能出现的失败过分忧虑，不敢作出决定，那么企业的经营方针一样得不到贯彻执行。创业者在经营管理中，不要把个人情绪和情感带到管理中，理性创业、理性管理才是正确做法。

创业者要注重诚信，做好企业的合同管理。企业的诚信、创业者个人的信心，直接跟企业的成败密切相关。创业者不要因为遇到了困难就不守合同，在经营企业的过程中，遇到暂时的困难和坎坷是正常的，要保持信心，遇到任何问题都勇敢地面对而不要逃避。如果不能按时偿还贷款或者因故不能按时发货，创业者应该主动向对方说明情况，以求得对方的谅解，而不是任其发展或者不了了之。在合作时及时签订合同，有利于建立企业的诚信度，而且可以作为一种自我保护手段。切忌因为是与熟人合作或者对业务熟悉，就不签订交易合同，创业者要养成严谨的工作作风，按程序做事。

四、依法创办企业

创业者在创业之初就应该考虑各种法律问题，确保企业的合法性和规范性。从组织形式的选择、签订合伙协议、公司章程等制度性文件的制定，到工商变更登记的及时办理，每一个步骤都需要遵守法律规定。选择合适的组织形式，如个体工商户、个人独资企业、合伙企业或者有限责任公司，不仅关系到企业的法律责任承担方式，也影响到企业的运营和管理。合伙协议、公司章程等制度性文件是指导企业运行和解决纠纷的基本指针，它们能够明确出资比例、利益分配、债务承担等关键问题，为未来的法律纠纷提供解决依据。不及时办理工商变更登记，尤其是实缴注册资本、股权变更等重大事项，可能导致变更行为无效，给企业带来不必要的法律风险。

企业经营应当在法律框架内进行，追求利润时要严守合规底线。企业要依法足额申报并缴纳各项税款，切实履行员工社会保险缴纳义务，选择合法途径解决纠纷维护企业利益。此外，创业者应当了解各级政府、相关部门出台的创业优惠政策，并把它们充分运用到自己的创业实践中。确保企业的合法性和规范性，不仅有助于保护创业者的合法权益，也能为企业的长远发展奠定坚实的基础。

五、组织和人力资源风险防范

组织和人力资源风险是指由于企业的团队分歧、组织结构不合理、用人不当所引发的风险。初创企业迅速发展，如果不伴随着组织结构、用人机制的相应调整，往往会成为初创企业潜在危机的根源。团队的力量越强大，随之而来的风险也会增加，特别是与股权、利益相关联时，一旦创业团队的核心成员产生分歧而闹得不欢而散，就可能对企业造成强烈的冲击。事实上做好团队的协作并非易事，特别是在处理与股权、利益相关的事情时，很多初创时关系很好的伙伴都会闹得不欢而散。

创业团队应当拥有共同的理想与强大的凝聚力，能够在技术创新与经济管理的层面形成互补，使得企业在市场竞争中立于不败之地。在最初组建之时，选择拥有共同理想、顾全大局又善于沟通的成员能够很好地避免后期因经营理念不合或利益分割不均等而产生矛盾。

■【教育案例】

案例1：先打工后独立开店

小张在某大学的周边开了一家洗鞋店，一天可以洗七八十双鞋，每双鞋清洗的定价在19.9元到39.9元不等。小张喜欢鞋、爱买鞋，并从网上了解到洗鞋工厂，于是就萌生了自己做洗鞋业务的想法。小张从做打工者开始，首先与洗鞋店老板联系，提出自己帮洗鞋店收鞋，洗鞋店支付提成的工作方式。经过半年的工作，小张发现洗鞋是有比较大的市场需求的，于是就自己租赁店面正式开始创业。创业初期是比较辛苦的，需要花力气开拓大学生用户市场。这个项目投资很小，盈利相对比较可观，目前每年能有20万元至30万元的利润，小张如今已经是全职做洗鞋生意。接下来，小张准备走招商的模式，招收大学生学习洗鞋技术，帮助大学生选址、开店，做加盟连锁业务，并在达到一定规模后，开办专门的洗鞋工厂。

案例2：先承包经营后独立开店

有一对小夫妻李东（化名）和王静（化名），李东之前在一家咖啡馆做过前台，有开一家咖啡馆的愿望。但因为手里没有足够的资金，同时也感觉缺乏咖啡馆的经营经验，二人就与一家咖啡馆签订了承包1年的合同。1年做下来，由于夫妻二人努力开拓客户，加上原来店里的老客户，到了年底竟然小有收获。有了第一年承包经营的经验，第二年二人便筹措了部分资金，大胆地盘下了这家咖啡馆，成了真正的老板。

■ **思考题：**

1. 讨论你当前创业最大的障碍是什么？
2. 估算一下某类项目的开办启动资金。

第四节　创业计划

创业不是一时的冲动，而是需要经过科学合理的规划。创业计划能够帮助创业者厘清创业思路，规划与企业创建有关的各种事项。创业的过程就是实现创业计划并不断改进的过程。虽然有了计划不一定能够保证成功，但是计划可以提高创业的成功率。

一、创业计划的概念及作用

（一）创业计划的概念

创业计划是用来清晰完整地阐述创业的目的、基本设想、发展前景、团队组成、实施路径等方面的总体规划，是创业者关于创业设想的书面概括，包括市场机会、运营战略、资源战略、管理能力等。

（二）创业计划的作用

创业计划是面向投资者、银行、客户、供应商等利益相关者宣传拟建企业和企业产品的一份全方位的项目计划书。在创业准备阶段，制定创业计划的重要功能主要表现在以下两个方面：

第一，为创业行动提供指导规划。创业者通过制作正式的创业计划，阐述创业想法、明晰创业目标，对市场、资源、财务、风险、投资回报等作出分析，论证创业项目可行性，规划创业过程和作出总体安排。创业计划对企业愿景的描绘，有利于创业者吸引所需要的人力资源和凝聚人心。

第二，创业计划是寻求合作及获得投资的重要工具。投资者通过创业计划对企业或者项目是否真正具有投资或者经营价值作出评价，创业计划书能够为客户和供应商提供新产品的信息，建立其对新产品的信任，从而获得重要客户和重要供应商的支持。

二、创业计划书的内容

创业计划书围绕新创企业未来要达成的目标，以及如何达成这些目标展开。创业计划书没有严格一致的格式与体例，但是通常情况下包括如下内容：创业设想、市场分析、经营方案、财务融资、营销规划、经营目标。撰写创业计划书时可以把所有相关的创业项目信息进行整合。

通常创业计划书的基本结构包括创业计划概要、创业企业简介、产品和服务、市场分析、营销计划、运营计划、组织计划、财务计划、投资分析、风险评估等内容。创业计划书不存在统一或者标准结构（格式），在涉及具体创业项目时可以调整结构与内容。

（1）摘要。创业者用简洁语言归纳创业计划书的主要内容，让阅读者快速了解创业项目。创业者可以根据阅读对象（包括投资人、债权人、供应商等）的不同调整创业计划书的侧重点，吸引阅读者关注创业项目。

（2）企业描述。这部分主要是对企业创建的进展、企业提供的产品（服务）、企业运营现状、企业发展愿景（包括长期和短期目标）等方面作出描述。

（3）产品（服务）。创业者要对产品（服务）作出准确、详细的说明，主要包括产品的基本情况和开发过程、发展新产品的计划和成本分析，产品的优势与市场前景预测，产品的品牌和专利等。通常产品介绍要附产品原型图片，介绍产品工作流程、产品（服务）质量管理措施等。

（4）市场与竞争。创业者要描述产品（服务）的目标市场定位并进行可行性论证。具体来说，创业者要用市场研究得到的事实数据来分析目标市场规模和增值趋势、预期销售额（1年至3年）和预期市场份额；对比阐释企业具有的持久性竞争优势和策略，需要注意的是，应该把重点放在对客户的价值需求满足上。若要展示客户对产品（服务）的兴趣，需要提供测试市场的方案并取得评估证明。

（5）营销策略。对新创企业来说，产品和企业的知名度低，营销是企业经营最富有挑战性的环节，有时候不得不暂时采取高成本低效益的营销策略，如上门推销、让利试销等。新创企业要根据产品（服务）的特性、企业自身状况、市场环境等因素制定企业的营销策略，阐述定价决策、促销计划、广告策略、分销渠道与营销团队执行等。

（6）运营策略。这部分主要阐释企业组织结构和股权分配方案，以及公司的总体战略、发展战略。

（7）创业团队。创业团队人员通常包括核心董事会成员、高层管理人员和重要股东。创业计划书应当介绍现有创业团队成员的背景、专长，以及在企业发展中所发挥的作用。此外，创业计划书还应当阐述企业的组织机构、各部门的功能以及公司的报酬体系，并列出公司的股东名单，包括股东的认股权、持股比例和特权，以全面地展示创业团队的整体架构和权益分配。

（8）投资分析与财务规划。创业者需要提供未来3年至5年企业经营的财务预算报表。财务预算报表规划企业未来特定时期的财务状况，为投资者分析现金回报率和回报时间提供预测基础。创业者需要从股本结构与规模、资金来源与运用、投资收益与风险、可引入的其他资本等方面进行投资分析。而财务规划应当全面评估创业项目的资金需求，为项目提供专业的财务指导与风险控制策略，从而有效提高融资成功率，确保创业之路更加稳健和可持续。

（9）机遇与风险。创业者要分析创业的机遇与挑战，针对面临的外部、内部风险提出解决方案和应对措施，并对风险资本的撤出作出规划。

（10）附录。附录中的财务数据、市场研究、产品信息等旨在佐证计划书内容，提升其说服力和可信度。

三、创业计划书撰写的注意事项

创业计划书撰写涉及的内容比较多，应该组建创业计划书撰写工作专门小组，确定创业计划书的总体框架，制定创业计划书撰写的日程安排和人员分工，注意组长的统一协调，保障创业计划书撰写的时效和质量。

撰写创新计划书之前必须进行资料收集与市场调查。广泛地搜索和筛选信息资源，为论证项目提供可靠的、必要的保障。通过实地市场调研获取第一手真实资料，这部分主要围绕市场需求、目标客户、经营环境、竞争对手、行业前景、产品定位、商业模式等内容展开。

创业计划书的撰写要坚持真实性、简洁性、完整性、一致性、保密性原则。所谓真实性原则，强调市场、财务关键数据的准时性；所谓简洁性，强调重点突出、语言精练；所谓完整性，强调对于有创业计划书格式要求的项目，应当保证结构完整、内容全面；所谓一致性，强调创业计划书的假设、预测前后一致、相互呼应，逻辑合理；所谓保密性原则，强调对创业计划书中涉及的核心机密可适当规避，保护创业企业的商业秘密。

■ 【小测试】

在企业中，计划管理能力是指管理者确定未来目标以及为实现目标而采取一定执行方式的能力。请通过下列问题对自己的该项能力进行差距测试。

1. 你通常以怎样的方式做事？

A. 制定计划并按计划行事

B. 依据事情到来的顺序

C. 想起一件就做一件

2. 在制定计划前你通常首先做的工作是什么？

A. 确定目标 B. 认清现在 C. 研究过去

3. 你的计划会详尽到什么程度？

A. 每日 B. 每周 C. 每月

4. 你如何制定计划？

A. 尽量把计划量化

B. 制定出主要计划的辅助计划

C. 只制定主要计划

5. 当计划的任务在执行过程中遇到困难时，你通常会如何做？

A. 想方设法提高执行效率

B. 对计划做一定程度的修改

C. 制定新的计划

6. 面对变化较快的未来环境，你是否会坚持制定的计划？

A. 通常会 B. 有时会 C. 偶尔会

7. 你通常如何确保制定的计划尽善尽美？

A. 遵循科学的计划安排行为步骤

B. 边实施边修改

C. 多征询他人的意见

8. 作为管理者，发现下属偏离了既定计划时，你该如何办？

A. 立即校正，保证计划严格执行

B. 重申并明晰既定计划

C. 视偏差情况而定

9. 计划制定后，你是否能够严格按照计划行事？

A. 通常能 B. 有时能 C. 偶尔能

10. 你制定的计划通常能达到何种效果？

A. 能够有效实现预期目标

B. 行动不再盲目

C. 效果不明显

评分：

选 A 得 3 分，选 B 得 2 分，选 C 得 1 分。

解读：

总分 24 分以上，说明你的计划管理能力很强，请继续保持和提升。

总分 15 分至 24 分，说明你的计划管理能力一般，请努力提升。

总分 15 分以下，说明你的计划管理能力很差，亟须提升。

■ 思考题：

1. 在创业计划书中，创业者最容易忽略的是风险防范，你认为通常的市场风险有哪些?

2. 如果你是一个创业者,你将如何制定团队的管理制度,以保证沟通及时?

第五节　新企业的创办

一、认识市场经营主体

市场经营主体是指以营利为目的,从事商品生产经营和服务活动的经济实体。依据我国现行的《市场主体登记管理条例》《个人独资企业法》《合伙企业法》《公司法》的规定,创业者可以选择的市场经营主体形式包括个体工商户、个人独资企业、合伙企业、有限责任公司、股份有限公司。创业者应当了解不同市场经营主体的设立、活动、解散等规定和税收政策,结合自身条件选择适合的形式。

(一) 个体工商户

个体工商户是指在法律允许的范围内,依法经核准登记,从事工商业经营的自然人或者家庭。个体工商户从事生产经营活动需要遵守的法律、法规主要包括《民法典》《促进个体工商户发展条例》《市场主体登记管理条例》及其实施细则等。

从组织结构形式上看,个体工商户可以个人经营,也可以家庭经营。

从财产和责任形态上看,在实践中,以个人名义申请登记的个体工商户,原则上取得的收益归个人所有,并以个人的全部财产清偿债务。以家庭名义申请登记的个体工商户,参加经营的家庭成员同时备案。由家庭成员共同投资、共同经营的,取得的收益归家庭成员共同所有,其债务亦由家庭财产承担清偿责任。对于无法区分个人或家庭的,根据《民法典》第56条第1款的规定,按照家庭财产来承担无限清偿责任。需要注意的是,清偿债务时应当保留家庭成员的生活必需品。

从税收规则上看,个体工商户发生增值税应税销售行为通常按照小规模纳税人的标准缴纳增值税,小规模纳税人增值税的征收率为3%,国务院另有规定的除外,并且享受小规模纳税人减免增值税的优惠政策。小规模纳税人不抵扣进项税额,实行按照销售额和征收率计算应纳税额的简易办法。

个体工商户的生产经营所得需要缴纳个人所得税，采用查账征收和定额核定征收两种方式。采用查账征收的个体工商户应当设置账簿，根据凭证记账核算纳税所得额，即纳税所得额等于纳税年度的收入总额减去成本、费用及损失的余额，适用5%至35%的超额累进税率计算应缴纳的个人所得税。没有设置账簿的个体工商户适用定额核定征收，按照行业应税所得率计算应纳税所得额和应纳税额。个体工商户开具的发票金额小于定额的，按照定额缴纳税款；开具的发票金额超过定额的，超过部分需要按规定补缴税款。

（二）个人独资企业

根据《个人独资企业法》第2条的规定，个人独资企业是指依照该法在中国境内设立，由1个自然人投资，财产为投资人个人所有，投资人以其个人财产对企业债务承担无限责任的经营实体。

从组织结构形式上看，其投资者为单个自然人。从财产和责任形态上看，个人独资企业的财产为投资人所有；企业的财产不足以清偿企业债务的，以投资者的全部个人财产对企业债务承担无限责任。根据《个人独资企业法》第18条的规定，投资人若以其家庭共有财产作为个人出资并经登记的，应当依法以家庭共有财产对企业债务承担无限责任。

从税收规则上看，个人独资企业投资人按照《个人所得税法实施条例》规定的经营所得缴纳个人所得税。与个体工商户相区别的是，个人独资企业必须开立银行账户，必须依法设置会计账簿，进行会计核算。个人独资企业按照年营业额缴纳增值税，年应税销售额在500万元以上的，可申报一般纳税人，一般纳税人的增值税按照行业类别不同分别适用13%、9%以及6%三种税率；年应税销售额不超过500万元的，按照小规模纳税人缴纳增值税。

（三）合伙企业

合伙企业是指由各合伙人订立合伙协议，共同出资、共同经营、共享收益、共担风险，并对企业债务承担无限连带责任的营利性组织。

从组织结构形式上看，依据《合伙企业法》的规定，自然人、法人和其他组织都可以成为合伙人，但是国有独资公司、国有企业、上市公司以及公益性的事业单位、社会团体不得成为普通合伙人。

从财产和责任形态上看，我国《合伙企业法》规定了普通合伙企业和有限合伙企业两类合伙企业。普通合伙企业由2个以上的普通合伙人（无上限规定）组成，原则上全体普通合伙人对合伙企业债务承担无限连带责任。有限合伙企业由 2 个以上 50 个以下的普通合伙人和有限合伙人共同组成，其中普通合伙人不少于 1 人。普通合伙人对合伙企业债务承担无限连带责任，有限合伙人以其认缴的出资额为限对合伙企业债务承担责任。

从税收规则上看，合伙企业的生产经营所得和其他所得，由合伙人分别缴纳所得税。在个人所得税征收方面，合伙企业投资人与个人独资企业投资人的缴纳方式相同。合伙企业发生增值税应税销售行为的应当依法缴纳增值税。

合伙企业的优势分析：（1）与个人独资企业相比，合伙企业有两个方面的优势：一是合伙企业具有比个人独资企业更强的筹资能力和债务承担能力，能够减少贷款风险；二是合伙企业能够发挥团队成员优势互补的作用，团结协作有利于提升企业综合竞争力。（2）与有限责任公司相比，合伙企业债权人的利益往往能够得到更大的保护，这是因为合伙企业中至少有 1 个合伙人承担无限责任，而有限责任公司的股东不以个人财产承担企业的债务清偿责任。

合伙企业的劣势分析：由于普通合伙人需要承担无限连带责任，缺乏了解和信任的人通常不敢入伙。即使以有限合伙人的身份加入，由于有限合伙人不能参与企业事务管理，其难免会产生对普通合伙人的担心；在分红时，无限合伙人可能觉得委屈，自己对企业出钱又出力，而有限合伙人却可以仅凭资金投入坐收渔利。因此，创业者需要慎重选择合伙人，只有志同道合的合伙经营才能将企业做大做强。

（四）有限责任公司

有限责任公司是指由符合法律规定的股东出资组建，每个股东以其所认缴的出资额对公司承担有限责任，公司以其全部资产对其债务承担责任的经济组织。在公司名称中必须标明有限责任公司或者有限公司字样。

从组织结构形式上看，依据《公司法》的规定，有限责任公司由 1 个以上 50 个以下股东出资设立。自然人、法人和其他组织都可以成为股东。只有 1 个自然人股东或者 1 个法人股东仍可以设立有限责任公司，即一人公司。

从财产和责任形态上看，依据《公司法》的规定，有限责任公司的注册资本是在公司登记机关登记的全体股东认缴的出资额。股东可以分期缴纳公司章程中规定的各自所认缴的出资额，但应当自公司成立之日起 5 年内缴足。现行《公司法》取消了有限公司的最低注册资本限制，理论上说，可以"一元开办公司"；取消了首次出资比例限制，也就是说，可以"零首付"；取消了出资方式和货币出资比例限制，高科技、文化创意、现代服务业等创新型企业可以灵活出资，从而提高知识产权、实物、土地使用权等财产形式的出资比例。有限责任公司具有独立法律地位，法人实体与其股份持有者相分离，股东仅以其出资额承担企业债务，不必担心企业债务危及股东个人财产。

从税收规则上看，有限责任公司作为一般纳税人缴纳增值税，有限责任公司的股东缴纳个人所得税。

二、初创企业的股权结构设计

《公司法》第 66 条第 3 款规定："股东会作出修改公司章程、增加或者减少注册资本的决议，以及公司合并、分立、解散或者变更公司形式的决议，应当经代表三分之二以上表决权的股东通过。"创业初期的公司在股权结构上比较合理的安排是适度集中的股权结构，创始人能够占有 60% 至 70% 的股份，联合创始人能够占到 20% 的股份，员工激励早期的预留不超过 20% 是比较合理的。

比较理想的股权分配方案如下：（1）创始人持有公司 67% 的股权，合伙人 18%（指的是联合创始人），员工期权 15%。在公司章程没有特别约定的情况下，这种股权结构下创始人保持对公司的绝对控制权。（2）创始人持有 51% 的股权，对公司大多数事务拥有决策权，合伙人持有 32% 的股权，员工期权 17%。在这种模式下，由创始人代持期权池。（3）创始人持有 34% 的股权，合伙人持有 51% 的股权，员工期权 15%。这种情况下创始人虽然没有决定权，但是仍有重大事项的一票否决权。这种模型通常适用的情况是，创始人资金不足，而联合创始人或者投资人比较强势，此时创始人只能保留一票否决权。

股权结构设计中不可取的几种设计：（1）6：4 的股权结构。当创始股东仅有 2 位且采用 6：4 的股权结构时，只要有一方行使了否决权，对于需要"代表三分之二以上表决权的股东通过"的重大事项的决策或决议都将无法施行。（2）5：5 的股权结构。创业企业表决权一般是按照出资比例分配的，实行 5：5 股权结构的公司难以形成股东会决议，公司最终会陷入僵局。（3）只有一个股东。一人有限责任公司的股东，务必保持个人财产与公司财产相互独立，否则股东个人将对公司债务承担连带责任。很多企业初创阶段财务不规范，往往经不起审计。（4）均等的股权结构。若参与合伙人较多，且采用均等出资均等分红的方式，很容易因为在企业运营中的实际贡献不同而引发利润分配的争议。

三、新企业的注册流程

（一）"五证合一"的办理流程

随着"五证合一"的推行，新创企业的注册变得简单，可以直接在办证大厅的多证合一窗口办理。当然，"五证合一"同样需要企业首先进行企业名称预先核准，然后填写《新创企业五证合一登记申请表》，提交企业相关材料。

1. 企业名称预先核准

准备好 3 个至 5 个企业名称，企业名称由四个基本要素构成，即行政区划、字号、行业特征、组织形式。在工商部门发的《企业名称预先核准申请书》中填写公司名称、注册资本、公司主体类型、住所地、投资人等信息，由工商部门上网检索是否有重名，如果没有重名，其会核发《企业名称预先核准通知书》。

2. 审核领证

办证人通过工商网报系统填写《新创企业五证合一登记申请表》，然后持审核通过后打印的《新创企业五证合一登记申请表》，前往大厅多证合一受理窗口。窗口核对信息、资料无误后，将信息导入工商准入系统，生成工商注册号，并在"五证合一"打证平台生成各部门号码，补录相关信息。同时，窗口专人将企业材料扫描，与《工商企业注册登记联办流转申请表》传递至质监、国税、地税、社保、统计 5 个部门，由 5 个部门分别完成后台信息录入。最后打印出载有 5 个证号的营业执照。

需要注意的是，个体工商户"两证整合"，指由工商部门向个体工商户核发加载 18 位数字"统一社会信用代码"的营业执照，该营业执照具有工商部门颁发的原营业执照和税务机关税务登记证的功能，税务部门不再发放税务登记证。个体工商户办证的资料包括从业人员证明、经营场地证明、家庭经营的家庭人员的关系证明，食品、餐饮、特种养殖、烟酒等行业还需要提供健康证和许可证。

（二）"五证合一"办证资料归纳

就新创企业而言，要想顺利完成"五证合一"的办证流程，需要准备的资料有以下几种：（1）法定代表人身份证原件，全体股东身份证复印件；（2）各股东间股权分配情况；（3）《企业名称预先核准通知书》原件；（4）工商部门审核通过的公司经营范围资料；（5）企业住所的租赁合同（租期1年以上）一式二份及相关产权证明（非住宅）；（6）如果企业为生产型企业，还要有公安局消防科的消防验收许可证。

■ 【教育案例】

王某等人准备合伙创业，并获得了一笔200万元的风险投资。其团队与投资方达成协议，共同注册成立一家餐饮管理有限责任公司，注册资本为300万元。工商部门发给《企业名称预先核准通知书》后，银行开立验资户准备验资。就在这时候，投资方的财务顾问给出了一个税务方案，建议创业团队可以以个体工商户的形式先开设个体店，等事业做大，再注册成立公司，投资人之间的权利与义务可以通过签订协议来约束，这样可以避免较重的税务及注册资金。最终他们选择了这个方案，并计划在今后进一步发展中，逐步让3个合伙人参与到企业法律登记所有人中，将企业由个体工商户变更为目标公司"某某轩餐饮管理有限责任公司"。

分析： 创业者在初次创业时往往资金有限，其大多数资金是通过家庭借款、贷款和风险投资等筹集来的，且自身没有什么资金积累，可以考虑承担无限责任。上述创业团队申报注册资本300万元，为了节约资金，获得更多优惠，可以按专家建议，先设立个体工商户，承担无限连带责任。等企业逐渐成熟，发展壮大了，再变更企业法律形态，设立为公司，投资人各自承担有限责任。

■ 思考题：

1. 尝试根据创业计划书项目选择企业组织形式，并设计股权结构。

2. 注册创业公司，需要注意哪些问题？

3. 面对不同类型、不同行业的公司，创业者在注册时的关注点有何差别？

第五章

心理健康教育

第一节　心理与心理健康

一、心理因素对人体健康的影响

大量心理学和医学的研究发现，身体健康与心理健康状况密切相关。心理活动会影响大脑神经系统，而神经系统在人体中起着最重要的调节作用。因此，心理健康影响着身体健康。但是，轻度的心理活动不会给人的健康带来明显的影响，只有那些强烈的、快速的或持久的心理活动才会对人的健康产生负面影响。

首先，极端负面情绪对健康的影响。极端的担忧、恐惧和焦虑可使人头发变白。当情绪体验是愉快时，不仅会增加胃黏膜分泌并使血管充盈，还会增强胃壁运动；但当出现负面情绪（如悲伤、自责和沮丧）时，胃黏膜会变得苍白，胃蠕动开始减慢，胃分泌明显减少，从而引起食欲减退。比如，心理压力会引发溃疡病。溃疡病患者有这样的心理特点：尽管工作拼命努力，但总是存在工作不完美和自我能力不足等担忧。此外，突然受惊或发怒时，人体会出现一系列生理反应，如呼吸加快、心跳激烈、血压升高、血糖增加、血液含氧量增多等症状，甚至可能出现暂时性的呼吸中断和心电图波形改变。这些不良情绪也会不可避免地引发心理压力，导致癌症和心脏病的发作。

其次，性格特征对健康的影响。不良性格对健康的危害是多方面的。癌症患者通常具有内向、抑郁、内心隐藏着怒气和失望等特征。针对企业人员的长期观察表明，紧张工作期间约有 75% 的人血中脂质浓度明显升高，这进一步证实了紧张与血胆固醇浓度之间的密切关系。针对年轻冠心病患者的分析表明，大多数患者都表现出一种特殊的行为模式，即"A 型行为模式"，其特点包括极大的竞争性、为取得成功而极度努力、易生不耐烦、时间紧迫感强、言语举止粗鲁、对工作过度承诺、敌意过剩。心理学家对其他疾病患者的研究发现，消化性溃疡患者的性格通常被动、顺从、依赖、缺乏创造性、不善交际、存在某种内心矛盾；支气管哮喘患者则表现出胆怯、内向、依赖、缺乏自信和表达情感的意愿。

总之，心理因素对人的身心健康具有诸多方面的影响，其作用极其复杂。普遍而言，积极的、良好的心理因素有助于促进人的身心健康；而相反地，消极的、不良的心理因素则会对人的身心健康产生有害影响。

二、心理健康的标准

美国心理学家马斯洛和米特尔曼提出了认为是"心理健康标准"的十个要素：

（1）拥有足够感到安全的环境；

（2）了解自己，能够准确评估自己的能力；

（3）设定现实的生活目标；

（4）注重现实生活而不是虚拟世界；

（5）从经验中学习；

（6）拥有良好的人际关系；

（7）适度地表达和控制情绪；

（8）保持人格的完整性和和谐性；

（9）尊重社会规范，同时满足个人的基本需求；

（10）尊重社会规范，但也有机会展示个性。

三、压力与心理健康的关系

在现代社会中，大多数人都会在心理和情绪上产生压力，这是一种非常普遍的体验。生活中充满一些不如意，这是无法避免的经历。人们面临各种挫折、失落时，常常感到焦虑不安，内心体验到巨大的压力。无论是第一次上台演讲，还是第一次求职面试，抑或亲人的健康状况出现问题或去世，工作发生变动或失业等，都会让人感到有一定的压力。尽管压力是不可避免的，但过度的压力会导致紧张、焦虑和挫折，长此以往将破坏身心平衡，给身心健康造成损害。

（一）压力产生的原因：压力源

心理压力的形成原因错综复杂，被认为具有威胁性或伤害性的事件或环境会带来被称为压力源的感受。这些压力源可能来自个人自身，也可能由周围环境带来。

1. 躯体压力源

躯体压力源是指能够影响身体并引起压力的刺激物，包括物理、化学、生物等。例如，极高或极低的温度、变质的食物、酸碱刺激、残障或疾病等。

2. 心理压力源

心理压力源是指在人们的头脑中产生的紧张信息。例如，心理冲突、挫败感、不切实际的期望、不安的预感以及与工作责任有关的压力和紧张等。心理压力源与其他类型压力源的主要区别在于它直接来自人们的头脑。生活中充满压力事件，为什么有些人能够无动于衷，而有些人却会陷入困境，这常常取决于人们对压力的认知。如果过度强调压力的威胁，就会形成一种压力感：我会失败，我无法承受。这种感受长时间存在，便会产生长期的压力。

人们对压力的认知有很大差异，影响因素有以下几点：

(1) 经验。

经验会影响人们对同一事件或情境的压力感受。一项针对两组跳伞者压力状况的研究显示，有 100 次以上跳伞经验的人不仅恐惧感小，而且能够自觉控制情绪；相反，没有跳伞经验的人在整个跳伞过程中都非常害怕，特别是距离起跳越近越怕。同样地，生活一帆风顺的人一旦遇到挫折可能会不知所措，不知如何应对；然而历经波折的人则能更好地承受打击。由此可以看出，经验的增加可以强化抵抗压力的能力。

(2) 准备状态。

对即将面临的压力事件是否有心理准备也会影响压力的感受。有关部门在对两组接受手术的患者进行实验时做了这样一项研究。其中一组在术前被告知手术过程和后果，因而有了心理准备，将手术带来的痛苦视为正常现象并坦然接受；相反，另一组则没有接受特别的介绍，对手术一无所知，特别是对术后痛苦过分忧虑，对手术的成功表示怀疑。结果表明，有准备的组比无准备的组用止痛药更少，并且平均提前 3 天出院。因此，有准备能够有效减轻压力带来的伤害。

(3) 认知。

认知在管理压力感和缓解压力方面扮演着重要角色。同样的压力环境下，有些人难以忍受，而另一些人则能从容面对，这是由于个体的认知因素不同。

面对压力时，一个人会先辨认压力并对压力进行评估，然后才做出实际反应。如果对压力的威胁性和自己应对压力的能力估计过低，那么压力反应就会更加强烈。例如，当你在安静的书房中看书时，忽然听到走廊里传来脚步声，如果认为来的是坏人要抢劫，你就会感到惊慌害怕；如果认为是朋友来拜访，你就会感到轻松自在。正如一位哲学家所说，"人类不是被问题本身所困扰，而是被他们对问题的看法所困扰"。

（4）性格。

每个人的性格特点不同，因此对压力的感受也各有不同。那些具有 A 型性格特点的人，竞争意识强，工作努力，争强好胜，缺乏耐心，成就动机强，讲求效率，在时间上会感到非常紧迫。这些人在面对压力时，性格上的缺点便会浮现出来。相比之下，B 型性格的人更加随和，生活比较悠闲，对工作的要求不是很高，也不会在成败得失上过于计较。因此，B 型性格的人更能够应对压力。

3. 社会性压力源

社会性压力源是指导致个人生活方式改变的情景和事件，包括个人生活变化和社会生活中的重要事件。个人生活变化常常会造成压力。霍曼和瑞希两位心理学家编制了生活改变与压力感量表，其中包括 43 种常见的生活事件和压力源（请参见表 1），针对 400 个不同职业、阶层、身份和年龄的人进行评分，其中 24 个项目与家庭内人际关系变化有直接关联。

表 1　生活事件与压力源

序号	生活事件	压力感	序号	生活事件	压力感
1	丧偶	100	23	儿女长大离家	29
2	离婚	73	24	触犯刑法	29
3	夫妻分居	65	25	取得杰出成就	28
4	坐牢	63	26	妻子开始或停止工作	26
5	直系亲属死亡	53	27	开始或结束学校教育	26
6	受伤或生病	50	28	生活条件的改变	25
7	结婚	47	29	改变个人习惯	24

序号	生活事件	压力感	序号	生活事件	压力感
8	失业	45	30	与上司闹矛盾	23
9	复婚	45	31	工作时间或条件改变	20
10	退休	44	32	迁居	20
11	家庭成员生病	40	33	转学	20
12	怀孕	40	34	娱乐方式的改变	19
13	性生活不协调	39	35	宗教活动的改变	19
14	新家庭成员出生	39	36	社会活动的改变	18
15	调整工作	39	37	少量抵押和贷款	17
16	经济地位变化	38	38	改变睡眠习惯	16
17	其他亲友去世	37	39	家庭成员居住条件改变	15
18	改变工作行业	36	40	饮食习惯的改变	15
19	一般家庭纠纷	35	41	休假	13
20	供贷大笔款项	31	42	过重大节日	12
21	取消抵押或贷款	30	43	轻度违法	11
22	工作责任改变	29			

4. 文化性压力源

文化冲击是压力的主要来源之一。当人们从一个语言环境或文化背景进入另一个语言环境或文化背景时，他们会面临全新的生活环境、陌生的礼仪和不同的生活方式，从而产生文化性压力。如果不改变原先的习惯，适应新的变化，就经常会出现不良的心理反应，甚至导致抑郁等疾病。例如，如果出国留学时缺乏对文化差异所需的心理准备和充足的语言能力，在异国他乡就会很难适应，并产生巨大的压力。

■ 【小视窗】

A 型性格

弗雷德曼和罗森门（1974 年）两位学者在研究心脏病患者时发现了一种名为 A 型行为方式的特征。具备这种行为方式的人有很强的竞争心和冲劲，总是想尽快解决各种问题。然而，这种长期处于高压状态下的生活方式可能导致心脏病。

以下是一份包含 25 个问题的问卷，用于诊断 A 型性格。读者需要在每个问题的"是"或"否"选项中选择答案。如果超过一半的问题都回答"是"，则建议改变生活习惯，放慢生活节奏。

（1）你说话时会刻意加重关键字的语气吗？

（2）你吃饭和走路时都很急促吗？

（3）你认为孩子自幼就该养成与人竞争的习惯吗？

（4）当别人慢条斯理做事时你会感到不耐烦吗？

（5）当别人向你解说事情时你会催他赶快说完吗？

（6）在路上挤车或餐馆排队时你会被激怒吗？

（7）聆听别人谈话时你会一直想你自己的问题吗？

（8）你会一边吃饭一边记笔记或一边开车一边刮胡子吗？

（9）你会在休假之前先赶完预定的一切工作吗？

（10）与别人闲谈时你总是提到自己关心的事吗？

（11）让你停下工作休息一会你会觉得浪费了时间吗？

（12）你是否觉得全心投入工作而无暇欣赏周围的美景？

（13）你是否觉得宁可务实而不愿从事创新或改革的事？

（14）你是否尝试在时间限制内做出更多的事？

（15）与别人有约时你是否绝对遵守时间？

（16）表达意见时你是否握紧拳头以加强语气？

（17）你是否有信心再提升你的工作绩效？

（18）你是否觉得有些事等着你立刻去完成？

（19）你是否觉得对自己的工作效率一直不满意？

（20）你是否觉得与人竞争时非赢不可？

（21）你是否经常打断别人的话？

（22）看见别人迟到时你是否会生气？

（23）用餐时你是否一吃完就立刻离席？

（24）你是否经常有匆匆忙忙的感觉？

（25）你是否对自己近来的表现不满意？

（二）压力下的身心反应

当人们遭受压力时，身体和心理会有许多反应。这些反应是身体为了适应环境变化而做出的积极反应，能够激发和发挥机体的潜力，增强抵抗力和防病能力。然而，如果反应过度或持续时间过长，就会导致身体和心理功能的混乱。在面对压力时，人们通常会在生理、心理和行为方面做出各种不同的反应。这些反应包括但不限于以下几种：

1. 压力下的生理反应

在应激状态下，人体会产生一系列生理反应，如心跳加速、血压升高、呼吸急促、激素分泌增加、消化系统运动减慢及分泌减少、出汗等。加拿大著名心理学家薛利指出，应激状态下人体反应分为三个阶段。第一阶段为警觉反应，由于突如其来的刺激，身体处于高度警觉状态，会产生情绪紧张、体温和血压下降，肾上腺素分泌增加，进入应激状态。当应激持续存在时，身体进入抗拒阶段，试图维护和恢复受损的部分，从而产生大量调节身体的激素。第三阶段是衰竭阶段，长期存在的应激会耗尽能量，导致身体各项功能突然缓慢下降，适应能力丧失。

2. 压力下的心理反应

当遭受压力时，人体会出现某些心理反应，例如警觉、专注、机敏、乐观，这些反应有助于个体适应环境。以学生考试、运动员参赛为例，适当的压力可以刺激竞争力，取得良好的成绩。但若压力过度，则会产生负面情绪，例如忧虑、烦躁、愤怒、垂头丧气、抑郁等，降低个体自我评价和自信心，影响记忆力和注意力，变得消极和被动。过度的压力还会影响智力，压力越大，认知功能越退化。由此可见，个体在压力状态下的心理反应因人而异，取决于个体对压力的知觉和解释以及处理压力的能力。

3. 压力下的行为反应

当一个人面临压力时，会出现各种不同的行为变化，这些变化取决于压力的程度和他们所处的环境。人们的行为反应可以分为直接和间接两种类型。直接反应是指一个人在直接面对引起紧张的刺激时，为了消除紧张源而做出的反应。例如，当遇到歹徒时，一个人可能会选择与之对抗或逃离。间接反应是指一个人通过使用某些物质来暂时减轻与压力有关的烦恼。例如，通过喝酒来缓解压力。一般而言，轻度的压力有助于促进或增强一些积极的行为反应，如寻求他人的支持，并学习处理压力的技巧。但是，当压力过大或过久时，可能会引发不良适应的行为反应，例如结巴、刻板动作、过度进食、攻击行为和失眠等。

四、心理调适的方法

（一）不良的应对方法

（1）依赖药物并非长久之计。虽然服用镇静剂可以暂时缓解压力，但却无法解决产生压力的根源问题。过度依赖药物会使人失去个人尊严，并有可能引发其他疾病，因此需要尽早寻找其他有效的应对办法。

（2）酒烟双瘾的危害不容忽视。饮酒可以刺激神经系统，同时也能起到镇静作用；而烟草则是一种兴奋剂，亦能缓解紧张状态。虽然在短时间内，这种应对方式可以暂时缓解压力，但长期使用容易引发酒精中毒，烟草也会带来数不清的副作用。借助虚假的幻想或攻击自己和他人等不良方式来应对压力同样是不可取的。

（二）正确的应对方法

了解压力对身体和心理的影响，准备应对可能出现的过度压力，以及学习处理压力的方法，都是有效控制压力的重要手段。以下是一些常用的方法：

（1）了解自己的能力，设定可行的目标。

（2）适当安排工作和休息时间，培养爱好和兴趣。

（3）加强体育锻炼，保持规律的生活作息，保证充足的睡眠。

（4）建立稳固的社交网络，拥有亲朋好友的支持。

（5）积极面对生活，信心满满，乐观开朗，知足常乐。

（6）更正不合理的观念，通过改变内心的语言来应对压力。例如表2。

表 2　对失业压力的认知调整

易产生压力的认知	调整后的认知
1. 工作是人生最重要的事情	1. 工作不是人生最重要的事情
2. 失业说明自己无能	2. 失败是成功之母
3. 失业丢面子	3. 失业并不是绝路
4. 觉得对不起家人的期望	4. 找工作要自己定位准确
5. 别人工作好，我受不了	5. 别人工作比我好，我为他们高兴

■ 【小视窗1】

放松训练

放松训练是一种自我调节的技巧，它可以通过使身体和精神由紧张状态逐渐转向松弛状态来实现。放松的主要目的是消除肌肉紧张。我们只能直接控制肌肉系统，当遇到压力时，紧张情绪会不断积累，压力感也会逐渐增加。在这种情况下，只要持续几分钟进行完全放松，比一小时的睡眠效果更好。放松可以通过呼吸、想象、静坐、自我控制等多种方式实现。那么，如何了解何时放松更合适呢？我们可以从身体和精神方面来了解自己的状态。从身体角度来看，我们可以观察自己的饮食和营养是否正常，睡眠是否充足，运动量是否适宜等；从精神方面来说，我们可以观察自己处事的镇静程度，注意力是否集中，是否内心平静。如果回答大部分是"否"，那么就需要通过放松来调整自己的状态。

放松训练有很多种，以下是其中一种具体方法。读者可以在早上醒来或晚上入睡前利用几分钟的时间进行练习。

放松训练一：想象放松法

你可以选择一个安静的房间，躺在床上或者坐在沙发上。

闭上双眼，思考如何让每个部位的肌肉都放松。

然后想象一个你熟悉的、令人愉快并且充满欢乐联想的场景，比如可以是校园或者公园。仔细观察这个场景，找到细节之处。

如果是花园，你可以看看花坛和树林的位置，并注意它们的颜色和形状，尽可能精确地观察。接着，自由想象，仿佛自己来到了一个海滩（或者草原），躺在海岸边，四周环绕着风平浪静的波光。

这种环境会让你感到宁静、祥和，心情愉悦。渐渐地，这个场景会变得更加清晰。此时，你可以自由地幻想自己变得更加柔软，似乎正在慢慢融进这个环境中。

阳光和微风轻轻拂过你的身体，你感觉到自己已经成为这个场景中的一部分，没有任何压力和繁杂的事务，只有平静和放松。在这种状态下逗留一会儿，然后想象自己缓缓地躺回海岸边，景象变得模糊，然后你可以在蓝天白云和碧涛沙滩的环绕下再临时停留一会儿。

然后，准备好，睁开眼睛，回到真实的世界。

此时，你会发现自己的思绪平静，全身轻松，感觉非常舒服。

放松训练二：渐进放松法

在寻找一处安静的房间后，你可以选择躺在床上或坐在沙发上，穿上轻松的衣服，调整好姿势，让自己尽可能地放松。

从右脚和右脚踝开始，你可以感受到肌肉的紧张状态，然后扭动脚趾再感受一下。收紧后再放松，不断重复这个练习，同时也要留意到肌肉在紧张和放松时所带来的不同感觉。

接着，左脚和左脚踝需要进行同样的练习。

在收紧小腿肌肉时，先是右腿，然后再换左腿，不断练习紧张和放松。

接下来，将练习转至大腿肌肉，同样是右腿先开始，然后再换左腿。在练习中，要感受大腿肌肉紧张时对膝盖和膝关节的影响。

再移至臀部和腰部，留意不同状态下的感觉变化。

接下来是腹部、胸部、背部和肩部肌肉的练习。

最后进行前臂和手部的练习，抬起放下手臂，握拳再放松，先是右手，然后再换左手，不断重复训练。

最后进行脖颈、面部、额头和头皮的放松。当然，你也可以自上而下地进行放松训练，每天花些时间坚持练习，相信一定会有所收获。

■【小视窗2】

重复说话是心理强迫症的表现

一句简单的话，被重复好多次，这种形式的心理强迫症患者自己感到痛苦的同时，也为其家人朋友带来了无休止的烦恼。那么遇到这种情况该怎么办呢？刚开始就要区分其来源于强迫症还是精神分裂，因为它也是精神分裂的一种重要预兆。

心理强迫症患者常常在表达一句话后，觉得自己没有表达清楚这句话，或者前后顺序颠倒了，再者还有一些要补充的内容。其实个体可能也觉得没有必要，但就是控制不住自己去重复这些话。正常人觉得还有必要再解释时，就会把没有说的话说一下，但心理强迫症患者往往会从头再来，一遇卡壳再停顿重来。这就导致很简单的一段话，其常常要说上四五遍。更有严重者还会出现这样的情况，一个词要分开组成不同的词，都说出来，否则心中不安。

心理强迫症患者出现上述情况源于其内心的焦虑。其发病机理是这样的：患者出于对某一事物的焦虑而产生了恐惧感，这种感觉体现在害怕失去或造成错误的判断等，于是就想通过自己的言语来避免危险的产生。其完美主义心理在这时又抬头了，患者出于安全考虑说了一番话后，觉得其中有漏洞，觉得如果不去填补就会产生很严重的后果，就会重复说明直到最后自己满意了。可以说，重复说话照此发展下去只会越来越严重，因为完美主义是永无止境并且越来越苛责的。

心理治疗在对待心理强迫症这种病症时会起到很有效的作用。首先要找出自己焦虑的源头，即到底在害怕什么，然后用科学的方法去避免它，不要夸大人的意识作用，让自己客观而不是主观地去思考问题。最后需要一个循序渐进的过程，从一点点克制开始让自己转移注意力，这种积累的过程是非常必要的。如果您关于心理强迫症还有什么问题的话欢迎在线咨询心理医生。

第二节　情绪心理

"人非草木，孰能无情？"因为情绪来自生活中的变化，所以人自然不免常有喜、怒、哀、惧等情绪的产生。无论是何种族或社会阶层的人，生而为人都免不了受到情绪的影响。

一、情绪的本质

很多人在被问到"情绪是什么"时，才会意识到他们以前并不知道它是什么。实际上，了解情绪需要通过亲身感受和体验。例如，我们回想一下第一次说谎、第一次恋爱、第一次上台演讲、第一次出门旅行以及第一次拿到自己的薪水等经历，那种心情和体验是难以忘怀的。通俗地讲，情绪包括成功后的喜悦，失落后的空虚，青春期的冲动，对爱人产生期盼时的焦急，以及各种不同的情感，例如恐惧、自豪、悲伤、愤怒、爱慕和愧疚等。

情绪是每个人的主观体验，喜怒哀乐等情感都是主观的感受。面对不同的人、事、地、时、场合，人们对相同事物的感受各有不同。因此，喜怒哀乐等主观感受被称为情绪体验，任何一种情绪都必须伴随着情绪体验。我们所有的情绪都可以归为两类，一类叫作负面情绪，另一类叫作正面情绪，情绪存在于二元对立的世界中。负面情绪很常见，如害怕、担心、生气、悲伤、困惑、内疚等；正面情绪，如快乐、幸福、乐观、甜蜜、喜悦、自信等。更简单点来说，所有让我们高兴的情绪，都是正面情绪；所有让我们不高兴的情绪，都是负面情绪。

所有的情绪都来自我们需求互动的关系。每个人的身体内都住着各自的灵魂，我们的灵魂掌管我们的身体，掌管我们的思维。在我们的内在，在灵魂和身体之间，还有心智，也就是我们的大脑。

我们的大脑是有需求的，这是人类生存在地球上共同的需求。所有人的语言行为都源于内在的需求。当这些需求被满足时，我们会感到愉悦。但当这些需求没有被满足时，我们会本能地产生负面情绪，所有负面情绪产生的根本原因都是内在的需求没有被满足。这时我们的身体会自然而然地做出一些负面情绪反应。此外，情绪总是或多或少地通过行为表现出来。有些情绪的外部表现明显，而有些情绪则只有内心感受而无明显的外部行为表现。特别是当人们通过学习获得了对情绪表现的自我控制能力后，许多情绪也就不再表现在外部行为上了。情绪表现在行为上被称为情绪行为或表情，它是在情绪状态发生时，身体各部位动作的量化形式，包括面部表情、姿势表情和语调表情。面部表情指所有面部肌肉变化所组成的模式，比如当高兴的时候，额头会平展，面颊会上提，嘴角会上翘。面部表情是最主要标志鉴别不同种类情绪的方式。姿势表情是指面部外的身体其他部分的表情动作，包括手势、身体姿势等，比如人在痛苦时会捶胸顿足，在愤怒时会摩拳擦掌等。语调也是表达情绪的一种重要形式，它是通过言语的声调、节奏和速度等方面的变化来表达的，如高兴时语调高昂，语速快；痛苦时语调低沉，语速慢。

二、情绪对人的影响

（一）情绪影响呼吸

吸气与呼气时间的比例通常约为 1 : 4。但当发作强烈情绪时，可变为 1 : 2；在特殊情形下，甚至变为 1 : 1。因受突然刺激而产生的恐惧，可较大影响这一比例。因此，人在受到突然刺激时，呼吸会变得很急促。应用心理学家利用这种改变侦测受审者是否讲真话。犯罪人如遇到与泄露罪情有关的问话，内心会害怕，便用谎言来搪塞，但在呼吸时间比例上会出现变化。这种变化不能随意控制，但可用呼吸器测验出来。

（二）情绪影响新陈代谢作用

情绪又可以新陈代谢的作用为判断依据，即以身体消耗的精力多寡为标准。当人从事劳心工作时，真正消耗的精力非常有限。只有情绪发作时，代谢速度会加快许多。根据消耗的氧气多寡来衡量这一速度，也就能间接测量情绪。

（三）情绪影响身体循环

实验表明，任何心理活动都足以增加身体循环，情绪的活动更甚。伦巴德则认为情绪的活动还可加增周身温度，比由理智的活动所加增的快且强。墨索用各种方法研究循环的最细小改变。他指出情绪的活动对大脑循环的影响胜过理智的活动。国医以脉跳情状诊断一切病症。其假定自然是：任何身体扰乱都会使循环产生特殊变化。鉴于一切心理活动都是会影响身体循环的学说，这一假定不是毫无理由的。

（四）肌肉与情绪

情绪与肌肉活动有密切的关系。情绪到达到了极致，没有不做激昂身体运动的。激昂力量及由脏腑（尤指肺）、循环、消化诸器官得来。人在产生强烈情绪时，脏腑都会产生变化：（1）消化停顿，移其力于运动。人们平时精力的 2/3 都用在消化上，若用在了运动上，也就无怪乎其激昂了。（2）腹内诸器官延迟活动，移其血于肺、心、中枢神经系，即维持肌肉用力必不可少的三大器官，心的收缩力加强。（3）肌肉疲劳的不良结果立刻消除。（4）调集血液中负责产生力量的糖质。这四类脏腑变化都会直接使人全身充满力量，以便做恐惧、愤怒、疼痛时的各种肌肉活动。

不同的情绪往往有相同的脏腑状态。其不同的感觉来自脏腑以外的器官，尤指附于骨骼的肌肉。惧与喜可产生同样的心跳，但惧发作时，附于骨骼的肌肉紧张；喜发作时，则弛缓。其不同的感觉便是由这里而来的。

三、培养健康的情绪

（一）情绪管理与情绪"压制"

有不少人将情绪管理理解为怎么将自己的情绪"压"住。比如，当他们愤怒时该怎样才能不愤怒，悲伤时怎样才能不悲伤，焦虑时怎样才能不焦虑等。人们常常想要的是一种外在的、可以将他们自身的负面情绪"打败"的力量，或是希望能有一种方法将他们的负面情绪彻底消除掉。

人们往往习惯通过自我说服和开导来应对负面情绪，但这种方式并不总是有效的。虽然它们可以在头脑中缓解情绪，但有时候情绪会被积压在心里更深的层次中。相比之下，我们的身体却是一个更诚实的指示器，它可以直接告诉我们情绪是否缓和。因此，应对情绪的最好方法是保持觉察，直接感受身体的变化，而不是否定或者试图控制情绪。通过这种方式，负面情绪会自然而然地消失。

■ 【教育案例】

某当事人自述：前不久我经历了一件事，体验到两种截然不同的情绪处理方法（冷静思考和放任自然）。事情是这样的：我正在开车，走的是一条我不熟悉的路。本来我只是想直行，但不小心占了右转道等红灯。接着，后面的车辆就一直在超过我，有两辆车的司机甚至摇下车窗大喊大叫："你××真缺德！""你他××不会开车！"尽管只是等了不到一分钟的时间，我也感到非常煎熬，浑身汗津津的。我的情绪发生了很大的变化：一开始，当我发现自己开错道时，有点内疚的感觉浮现在心头。但我的大脑却帮我寻找了借口：毕竟我对这条路不是很熟悉，一般来说，右侧车道通常都是直行加右转，谁会想到这条路的右侧车道只有右转道呢？这不是我的错。然后，被别人大骂，我又觉得非常委屈。我的大脑开始替我抱不平：我又不是故意占道的，没想到会被人骂成这样。真是太倒霉了。

随后，又被连续几次骂了，我就感到非常愤怒。我的头脑中则是这样在想：你们为什么这么着急啊！难道被堵一会儿就必须要大喊大叫吗？这些人真是没素质！之后，我开始意识到自己的情绪有点过度激动了。我的大脑开始安慰我：别和这些人一般见识，他们骂我只是因为跟我生气罢了。我才不在乎他们呢。我并没有故意惹他们生气，但如果他们真的气着了，那也与我无关，我不必为此生气。毕竟，那无济于事。尽管我已经试图压抑负面情绪，但我仍然感到不适。我的内心并没有真正平静下来。那些消极情绪仍然在我的身体里肆虐，不断缠绕着我。然而，我决定不再过多地分析事情或者谁对谁错。相反，我开始专注于我的身体感受。我明显感到我的脸在发烫，我的胸口好像有一块大石头压着，我难以呼吸。我的胃里胀胀的，这让我感到非常不舒服，我有些恶心，甚至手有些微微颤抖。

经审视，我意识到自身发出了许多信号。然而，尽管进行了头脑层面的情绪处理，身体反应却未获舒缓。实际上，我们往往太过信任自己的头脑，而这恰恰是个容易撒谎的家伙。由此可见，《负面情绪有如此多的好处，拥抱它吧!》的论述很值得信赖，因为情绪是你的内心在发信。故我继续观察身体变化，不做任何评判，也不对那种不适、恶心、酸胀的感觉进行排斥，只是安静地感受它们。不久，我感到自己的脸不再发热，胸口也不那么闷了。随后，胃和腹部的不适感也减轻了。一股气流向上涌，我就随意让它涌上来，接着打了一个嗝。这时，我感到非常舒适。不久，之前的自责、委屈和愤怒好像都消失了。整个过程只需要几分钟。

允许情绪的出现

情绪就像一个调色盘，若你试图压抑和控制它，那么它就会越来越难以掌控。但如果你轻轻地放松自己，纯粹地去感受和陪伴这些情绪，它们总会自己平静下来。

当情绪来袭时，我就像一个充满液体的玻璃瓶。如果用头脑去处理，只会让我更加脆弱，玻璃瓶暂时不会破碎，但充满液体的瓶子，无论外表多么坚固，也会有爆裂的一天。而最好的处理方式是去感受身体，像是抽空释放那些走进瓶子的情感和压力，让它们渐渐归零。

与情绪相处：觉察，感受，探索

在处理情绪时，需要执行三个步骤：察觉—体验—探究。

首先，当情绪出现时，我们需要自我察觉并认识到自己的情绪状态。

接下来，让情绪自由流动并在不带有评判的状态下体验身体的感受，以达到平衡情绪和疏导的目的。

最后，我们需要探究自己的内在模式，以便更好地理解这种情绪为何会出现，例如，这件事、这个人或这种情境为何让我难以接受？为何我会感到愤怒或委屈？有了这样的觉察，我们的情绪按钮就不会那么轻易再被触发了，身心也会越来越健康、平静、喜乐。

（二）情绪调节的具体方法

（1）宣泄。这是一种最直接的方法，找最好的朋友或是其他信任的人好好地倾诉一下，或者大哭，唱歌也行，只要是可以宣泄的，任何方法都可以，当然不能伤害自己也不可以伤害别人。

（2）转移。转移自己的不良情绪，可以去看电影，可以去旅行，也可以去公园坐着看风景，还可以在街角的咖啡店找一个靠窗的座位，看窗外人来人往。

（3）静思。坐下来好好思考一下有情绪的自己，把不良的情绪消化掉。静思还可以让我们内心平静，思考自己到底哪里不对，有哪些可以改进的地方。

（4）读书。书中自有黄金屋，书中自有颜如玉。同样地，书中也有智慧和快乐。读书还可以提升人的气质，让我们心怀豁达。

（5）代偿。换一个有成就感的工作和事情，让自己充实起来，代替一下现在的生活环境。换一种环境对于现在糟糕的自己而言，未尝不是一件好事，事情有转机就意味着我们可以换一种心情。

（6）愉悦自己。想一些快乐的人和好玩的事情。人生很短暂，何必纠结于一些不好的事情，多让自己保持乐观、积极，让自己充满正能量。

（7）学会放松。暂时放下压力，做点轻松的事情，缓解紧张的神经。

第三节　交往心理

一、人际交往的基本原则

人际交往的原则是指我们在建立、维持以及发展人际关系过程中所遵循的基本的行为规范。在我们的生活与工作中，人与人之间的关系是错综复杂、微妙多变、难以把控的，有的人处理人际关系如鱼得水，跟谁都能相处愉快；有的人人际能力却一塌糊涂，处处受阻寸步难行。有效地掌握人际交往的基本原则，可以快速帮助我们提升构建人际关系的技能。

（一）平等相待原则是人际交往的前提

1. 人际交往中要懂得自尊与相互尊重

在人际交往中，我们应该遵循自尊与相互尊重的原则。有这样一个故事：英国作家萧伯纳到苏联考察时，遇见了一位可爱的苏联小姑娘。两人玩得很开心，萧伯纳在告别时向小姑娘自称著名作家。小姑娘听了很不高兴，告诉萧伯纳："你回家也告诉你妈妈，今天跟你玩的是苏联小姑娘玛沙。"这让萧伯纳意识到孩子在头脑中没有等级观念，而且他们希望得到平等的对待。在人际交往中，相互尊重与平等相处是非常重要的，这是健康关系的基础。汉代大学者杨雄在《法言·修身》中说："上交不谄，下交不骄，则可以有为矣。"这句话告诉我们遇到显贵的人，无须奉承巴结；遇到寒微的人，不要傲慢自大，拥有这样平等待人的心态，才会更有作为。同时，交往者要尊重对方，把对方摆在与自身同样的位置，建立将心比心的同理心思维，不以金钱地位看待人、不以权势压迫人、不摆架子、不论资格、不伤害对方的利益与尊严等。只有相互尊重才能深化与发展人际关系，如果在人际交往中，总是自我感觉良好、表现优越、高高在上、得意忘形、评头论足、随意贬低他人，一定会失去他人的信任，也会失去发展人际关系的机会。

在人际交往中，我们应尊重他人并维护他人的尊严和面子，这是一个基本的底线。每个人都应珍视自己的尊严和面子，就算是平凡的人也不例外，正如谚语所说，"人活一张脸，树活一张皮"。如果我们给予别人面子，我们就有可能多一位朋友；相反，如果我们伤害别人的面子，就可能多招惹一个敌人，因为"士可杀、不可辱"。海纳百川、有容乃大，别人不是恶意伤了我们的面子的，可以一笑而过冷处理。遇见总爱给自己脸上贴金的人，我们可以保留清醒的见解，不必当众拆穿他，因为在大众面前伤害一个人的面子，他会怨恨你一辈子的。

2. 人际交往中不要展示自己的优越感

人际交往除了讲究平等待人，还要注重一点，就是不要总在他人面前表现自己的优势，流露出自己的优越感。我们经常看见身边很多人，他们不爱言语，并不代表口才不好；他们不爱表现，并不代表没有才华。尺有所短、寸有所长，每个人都有他独特的优势。在交往中，我们要善于发现他人的优势，赞扬他人的优势，而不是拼命展示自己的优势来抢占风头，来获得众人仰慕的眼神。孔子曰"成人达己"，要获得他人的友谊，就应该多支持他人的优势，学习他人的长处来弥补自身的不足。

在人际交往中，每个人都想得到他人的认可与称赞，都想维护自己的形象与尊严，如果我们每次都表现出高人一等的优越感，就是对他人自尊的打击，必将引起他人的排斥，甚至是招来敌意。在这个方面，道家以柔克刚的示弱哲理给了我们智慧启迪。

（二）诚实守信原则是人际交往的基石

诚实指为人处世要实事求是、坦坦荡荡，不弄虚作假；守信指与人交往要言而有信、恪守诺言，不出尔反尔。诚信是人类的高尚美德，也是建设良好人际关系的重要法宝。

1. 诚实守信是安身立命的根本

我们的传统文化十分推崇诚信，认为诚信对民众有巨大的感召力量。孟子说："诚者，天之道也；思诚者，人之道也。至诚而不动者，未之有也；不诚，未有能动者也。"这说的是天道是真实不欺的，做人也必须诚信不欺，至诚能感化人，不诚则不能感化人。孔子说"民无信不立"，荀子也说"不诚则不能化万民"，他们都将诚信看作教育与感化百姓的力量。常言所说的"一言既出，驷马难追""一言九鼎，一诺千金"，就是强调诚信的重大意义。诚信是社会道德的根本，也是处理人际关系的根本。朋友之间的互相帮助，如"有借有还，再借不难；有借无还，再借就难"，讲的就是诚信。孔子所言的"人而无信，不知其可也"就是在告诫我们，一个人不讲诚信，其实就是不懂得安身立命的根本道理。

2. 诚实守信是评价最高的个性品质

人是否遵守诚信原则，对于建设与发展其自身的人际关系影响重大。心理学家诺尔曼·安德森曾研究过诚信对人际关系的影响，他列出 555 个描写人的个性品质的形容词，让大学生们评价哪些是他们最喜爱的品质。结果表明，大学生评价最高的个性品质就是诚信，而评价最低的是说谎和虚伪。待人真诚、言而有信的性格品质促进人际吸引，有助于建设与发展良好人际关系；而虚伪狡诈、言而无信的性格品质阻碍人际吸引，不利于人际关系的建立与成功。

3. 信息社会里没有信用的人无法生存

诚信在德国已经被建设成为一个实实在在的社会公共信用保障体系。德国在 1927 年成立了一个信用保障机构，即信用权益保护联合会（SCHUFA），作为德国全民信用数据存储与公示的民间机构，它保障德国 3/4 以上公民的信用都有据可查。德国公民办银行卡、租房、买车、买房、找工作等都会被查看个人信用分数。在德国，信用卡欠费、电话欠费、坐车逃票等行为，都会成为个人信用污点被记录在案。德国公交车与地铁很少会检票，但是逃票的人极少，因为逃票而损害个人信用造成的后续损失更重大。德国是通过信用体系的构建来提升整体国家公民的信用水平，制度的作用更甚于说教。

随着信息技术的发展，信息化社会的全面建设，我们每个人的信用状况都逃不掉互联网的记录。当今社会，无论是银行贷款、客户合作、企业招聘等都会对个人进行信用查询，对于信用差的人肯定不会合作，因此，没有信用的人真的会越来越难以立足与发展。

（三）宽容谦让原则是人际交往的助力

1. 宽容大度，化解矛盾，化敌为友

东汉刘宽在任南阳太守时，当地小吏、百姓犯了错，他只会让差役用蒲鞭责打以示惩戒，而不是严刑拷打。有一次，有人在路上错认刘宽驾车的牛是他的，刘宽就叫车夫把牛解下给了那人。过些天那人找到自己的牛，赶紧把刘宽的牛还给刘宽，并赔礼道歉，刘宽反而安慰那人。刘宽的仁慈宽厚获得百姓的爱戴，扬名千古。

宽容，指能够适当原谅别人的缺点、错误或对自己的伤害，不去计较个人的付出与得失，"得饶人处且饶人"，可以在心理上容纳各种性格的人。有一副对联这样写道："胸宽能盛三江水，量大能容百万兵；退一步风平浪静，让三分幸福来临。"那么，如何来修炼我们的宽容境界呢？

第一，要放下自我、放下执念、胸怀广阔、大度容人。具体讲，一要"容言"，虚心聆听与吸纳各种不同的建议；二要"容过"，不要为人苛刻，要宽容他人的过失，给他人改正的机会；三要"容才"，不嫉贤妒能，欣赏并接纳比自己更优秀的人才。

第二，要严于律己、宽以待人、将心比心、换位思考，多站在对方的角度考虑问题，"己所不欲，勿施于人"。要有正确的立场，大是大非上清清楚楚，小枝小节上难得糊涂。

第三，要避免敏感、疑神疑鬼、斤斤计较、作茧自缚。有些人非常敏感，老是怀疑他人跟自己的交往都带有非分之想，太善于发挥想象力，把自己弄得神经兮兮的。虽然说"害人之心不可有，防人之心不可无"，但是过分的敏感与防范，其实是认知错误与自我受伤。没有谁在人际中是不可或缺的，有很多时候，我们非常看重的东西，在他人眼里其实无足轻重。所以在交往中，不伤大雅的玩笑话，一些交际的口头禅，比如我们经常听见的"改天请你吃饭""有时间去看看你""有事你说话"等，如果对方无法兑现，也无须郁闷与抱怨，千万不要想象成对方是有意为之。

2. 谦卑礼让，千古佳话

谦卑礼让是化解人际矛盾与冲突的良方。现在，很多城市都在推行车辆礼让行人这一交通规则，其实就是社会文明的一种进步。我们有时会看到在过马路的时候，行人或车辆之间因互不相让而酿成交通事故；以及在排队购物与办事的时候，人们互不相让，从而引发争吵。如果我们每个人都能够在与人交往、与人相处的时候，做到谦卑礼让，肯定可以避免发生无谓的矛盾。正所谓是：逼一寸眼盲路窄，退一步海阔天空；骄横导致四面楚歌，谦让化干戈为玉帛。

清康熙年间，张英担任文华殿大学士兼礼部尚书，为官清正廉洁，甚有威望。他老家桐城的宅院与吴家为邻，两家院落之间有条小巷子供双方出入。后来吴家要建新房想占这一小块地方，张家人不同意。双方争执最后告到县衙，因两家都是高官望族，县令不敢决断。家人写信给张英要他出面干预，张英以诗回复："千里修书只为墙，让他三尺又何妨？长城万里今犹在，不见当年秦始皇。"家人阅后明白了张英的良苦用心，主动让出三尺地界，以示不再相争。邻居感动，也让出三尺，于是形成一条象征睦邻友好的"六尺巷道"，传为佳话。

（四）互利互惠原则是人际交往的动力

1. 人际交往的本质是社会交换

我们通过思想交流、工作关系、业务合作、朋友引荐等的互动往来形成了人际关系。物以类聚、人以群分，人们建立人际关系，就是希望在正常的交往中互通有无与互相促进。人际交往的本质是社会交换，这种社会交换，不是指等价交换或者相互给予物质，而是指在交往中的思想上互相交流、工作中互相提携、生活中互相帮扶等。恰当的人际交往既要有物质上的相互支持，更要有思想感情层面的相互慰藉。所谓"黄金有价情无价""千里送鹅毛，礼轻情义重""烽火连三月，家书抵万金"等，说的就是人际关系的建设重在情义而不是物质。

2. "将欲取之，必先予之"

《道德经》云："将欲取之，必先予之。"如果想得到，一定要先付出，老子的智慧到了今天仍对我们有着深刻的指导意义。深谙人际技能的人，会以主动付出、多付出为与人交往的要旨。看起来你多付出是吃亏了，但是你通过帮助很多人，得到了更多人的信任。俗话说，助人如助己，你帮助的人越多，就是你积德越多。积德行善多了，福报自然就来了。

3. "礼尚往来""来而不往非礼也"

我国是传统的礼仪之邦，互惠互利就是传承千年的古训，要理解"礼尚往来"的重要性，否则"来而不往非礼也"。别人帮助我们一次，我们也要在适当的时候想办法帮助他们，互相帮助是世之常理、人之常情。"受人滴水之恩，当以涌泉相报"，如果有能力，我们回报给帮助过我们的人要超过他的付出，这样也能赢得对方更高的敬意与信任。最忌讳的就是在人际交往中，只算计个人的蝇头小利，处处钻营，就为了满足一己之私，只为索取而来，没有得到就走。其行为必会失去众人的信任，而让自己的人际关系越来越糟糕。

掌握并遵循人际交往的四大基本原则，有助于我们提升人际关系管理的水平，有利于我们打开人际关系的大好局面，促进工作与生活的开展。社会行为学的研究揭示：社会人际关系的最高层次是互相推荐人脉，人们为交往的对方介绍朋友，其实是用自己的人格来背书。在人际交往中，有的人只是想人家给他介绍人脉，他从来不会推荐人脉给朋友，慢慢地也会失去朋友的信任与支持，人际关系网络就会越来越窄，职业发展也会越来越难。相反，精通人际技能的人，会不断地拓展自己在各个层面的人际关系，交不同圈层的朋友，跟朋友的朋友也交朋友，由此他的人际之路就会越走越宽敞，也会推动自身事业的顺利发展。

二、如何与陌生人交往

我们每个人都有舒适区，社交也同样适用，我们喜欢和熟人打交道，因为这是我们的舒适区，但这会限制我们人生的可能性。十几年不变的交际圈，会限制你的上升空间，交往陌生人有助于你拓宽对世界的认知，补全知识结构中的盲点。

（一）见面之前先做调查

利用搜索：对陌生人的背景，如年龄、学历、籍贯、从业经历；你们今天要谈的事情，以及见面目的相关的种种，利用网络搜索，做好资料搜集。

利用中间人：通过你和陌生人之间的中间人，了解对方的信息，除了背景资料，还可以深化、细化。如对方的禁忌，哪些话题是不能谈的；对方有无特殊信仰？是不是少数民族？投其所好的话，他的好是什么？

进行信息分析：将我们搜索来的，通过中间人打探来的信息进行汇总、分析。

记住，重要的谈话，你永远都只有一次机会。其实无论面试、会议发言、相亲等都可以囊括在与陌生人交往这一命题中。十分重要的谈话，甚至一通电话，你都要提前演习一遍。

（二）从交集入手交谈

对于有准备的见面，做完调查，你的心里已经有个大概，了解了你和对方的交集；对于无准备的见面，可以就场景来谈，共同认识的朋友、当下踩的土地、所处的城市，就是你们的交集。

（三）准备几个救场话题

除了天气、交通、城市这些大众话题，你还可以谈热点新闻，谈星座，谈你最容易引起共鸣的一项兴趣。你的固定话题，要针对面前陌生人的不同年龄、性别、社会身份进行调整。你要判断，对面的他/她所处的人生阶段、社会阶层，此刻最容易遇到的问题，想和人分享的事情。

（四）实在不行就提问

许多令人难忘的谈话都是以提问开始的。可以问别人："你的工作情况如何?"对方通常会做出热烈的回应。如果你不知道说什么，你把自己的话重复一遍，用疑问语气，对方就会有解答欲。如果你不知道怎么接住对方的话，你就把对方的最后一句话用疑问语气重复一遍，对方自然会认为你对他所说的话产生兴趣，会再度解释。

（五）临别时，要有依依惜别之意

对于朋友，总要有付出才能得到友情的回报。与陌生人相识之初也是如此，你能珍惜彼此相识的缘分，也才能激起对方与你交往的意愿，彼此也才能搞好关系。所以，在分别时，表达出一份惜别情意，以及再见面的渴望，使对方感到你对他的珍惜和尊重，你们的关系就会在无形之中拉近许多。另外，临别时的留言，往往也是你与陌生人获得再次联系的桥梁。

（六）短期内，要有一份简单的问候

在社交场合，与陌生人初次见面后，即便你们聊得再好，但随着时间的推移，这种关系也会逐渐变淡，朋友长时间不见面，友情都会变淡，何况只有一面之缘的陌生人呢？所以，想要快速与陌生人搞好关系，还有很关键的一步，那就是初次见面后，短期内要不间断地与其联系，以唤起对方对你的好印象，同时，表达你对他的看重和交往的意愿。需要指出的是，联系上以后，不用一下子说得太多，一份简单的问候，效果往往更好。

三、人际交往的技巧

（一）寻找共同点，可以拉近彼此的关系

每一个年轻人，都有独特的个性，现在这个时代，彰显个性也越发明显。当我们进入一个团体、组织、企业时，既能保持自己的个性，又能迅速融入、拉近关系的方法就是找到和其他人的相似之处。比如，"喜欢的娱乐活动""喜欢的美食"等。

（二）让对方主动承诺，可以提升事情最后的实现度

你在生活中，可能遇到过这样的情况：去餐厅吃饭，点完菜，等了很久，菜还没有上来。于是，请服务员过来询问："我点的菜怎么还没有上来呀？"服务员回答："非常抱歉，让您久等了，您的菜马上就来。"可是，过了一会儿，菜依然没有来。你不得不又催促服务员，几番周折之后，菜终于来了。在这样的情况下，如果换一种方法，结果就不太一样了。请服务员过来询问："我点的 XX 菜，什么时候可以上来？"服务员就不会敷衍地回答你"马上

来"，而是会给到一个相对明确的答复："您点的 XX 菜，5 分钟后就给您上来。"而且，菜真的在几分钟后就上来了。因为，服务员主动给你做出了承诺，他就会去积极跟进落实，更快地促成这件事。在平时的工作和生活中，让对方主动承诺，可以使事情更容易地朝着结果发展。

（三）要为互助留出余地

向别人伸出援手，为别人提供帮助，会使我们的人缘更好，身体也会变得更健康。但是，人类的心理没有这么简单。好事情过了头，也有可能变成坏事，就连助人为乐也是这样。所以，当为他人提供了帮助以后，一定要在回应对方时，表明这是一个平等的互惠行为，这样你就为日后的互助留出了机会。这里推荐三种应答方式，来回应对方对你的感谢：（1）"能帮上你的忙我很高兴，因为我知道，当一个人需要帮忙的时候，别人的一次援手是多么有价值。"（2）"不客气。朋友之间理当如此。"（3）"没关系。因为我知道，如果需要帮助的是我，你也会这么做的。"

（四）巧搭服装，在面对不同人和不同事情时将会事半功倍

一个带着听诊器的医生讲健康知识，一个居民委员会工作人员讲健康知识，哪位讲得更让人容易记住？研究表明，带着听诊器的医生讲得更容易让人记住。这其实就是由于他的着装体现了"权威原理"，使他更让人信服。假如，你要去见一个重要的客户，合适的服装可以起到事半功倍的作用。虽然，平时你可能很喜欢穿休闲、时尚的服装，但是这样的服装体现不了权威性和专业性，会使对方从心理上就对你的能力打折扣。这时，穿着正式的西装，会使你更具有说服力。

（五）经常保持中立，保持客观

一个态度中立的人，往往可以结交更多的朋友。与周围的人等半径交往，不容易卷入拉帮结派的争斗中，可以减少不必要的纷争。

（六）不要说得太多，想办法让别人多说

认真倾听，可以给他人留下好印象，给他人一种有涵养的感觉。善于倾听的人，亲和力也更好，更受欢迎，和别人打交道更容易。倾听很重要，听懂更重要。

遵循"3F 倾听原则"，就可以真正听懂对方的话：（1）倾听事实（Fact）：在对方讲述时，不要根据自己的想法或观念去评判对方，只倾听客观事实。（2）倾听感受（Feel）：在对方讲述时，能以同理心感受对方当下的情绪。

（3）倾听意图（Focus）：在对方讲述时，能听到他的画外之音、言外之意，就是他言语背后真实的意图。

（七）上门做客，带点小礼品

去朋友家做客，不要空手去，也不要带很贵重的礼品，可以带酒、果篮、花、巧克力这类的。如果朋友家有孩子，可以带和孩子相关的礼品，比如玩具之类的。孩子是家里的宝，父母都特别爱自己的孩子，也希望别人能喜欢他们的孩子。所以，喜欢他们的孩子，实际上就是对父母的喜爱。

（八）脸上保持微笑

微笑是全世界通用的名片，微笑是最简单、最省钱、最可行、最容易做到的人际交往技巧。在与人打交道、办事时，微笑是最好的铺垫。真诚的微笑有利于营造和谐的氛围，拉近人与人之间的距离。

（九）运用打动人心的赞美

要赞美到具体的和对方相关的点上，这样才能打动人心。比如，女朋友今天穿了一条新裙子。"你的新裙子好漂亮哦！"女朋友听了心里一乐。但是，换一种说法，女朋友会更开心哦！"你穿了这条新裙子，显得皮肤很白，气色好好哦！"

第四节　职场心理

什么样的员工能够受到老板喜欢、同事欢迎？管理者如何调动部属的积极性？职场如何察言观色，看懂同事的真实意图？理解职场心理学可以使人们更好地适应职场，更好地促进职业发展。

一、职场心理效应

（一）飞轮效应：万事开头难，贵在坚持

人们在做事情的起始阶段，总会碰到这样或者那样的困难，如果能够克服这些困难，在以后的阶段，做事情就会更加容易。就像起初转动一个飞轮需要花费很大的力气，但到达一个临界点后，用很小的力气便能轻易地将其转起。

（二）蘑菇原理：如何应对无人问津

刚入职场的早期，每个人都会经历一段"蘑菇"期：被安排无足轻重的工作，接受无端的批评、指责，或是充当"替罪羊"角色，得不到关注、赏识或是提拔。这是每个职场新人都要面对的问题。与其去抱怨，还不如适应环境，尽快从"蘑菇堆"里脱颖而出，让自己的价值被真正认可。

（三）专精定律：破解成为职场专家的密钥

应当专注于某一个领域，并持之以恒地投入精力和时间进行探索和实践，这样才能在该领域获得成功并取得惊人的成果。

（四）卢维斯定律：谦虚地听取周围人的意见

每个人都有展现自我的心理，但在展现自我的同时，仍然要细心地听取他人的意见，保持谦虚的品质。

（五）权威效应：别被"权威"迷惑了双眼

权威人士也有不足之处，也有失误之时，太过追随他们的观点必会阻碍自身的发展。公司需要那些可以独立思考、独立解决问题的员工。不盲从领导的人往往是领导的"左膀右臂"。因为他们习惯于主导职场环境，善于抓住机会向上司推荐自己，争取表现机会。相比之下，盲从的人在公司总是默默耕耘，等待伯乐的赏识。

（六）霍桑效应：适度发泄自己的情绪

将不如意、不顺心的事情通过不同的方式发泄出来，就能够激发自己的激情，帮助自己更好地投入其他工作中。

（七）鲶鱼效应：竞争有利于更好地生存

人们在受到外界的巨大压力时，精神会处于高度紧张、亢奋的状态中，此时能够激发自身内在的无限潜能，迸发出超常的能量。对手是一面镜子，通过对手能看清自己，认识到自己的不足，从而更好地完善自己。

（八）青蛙法则：职场竞争时刻都在发生

天性使得人类更倾向于保持舒适状态，只有迫在眉睫才会考虑改变。尤其是在那些已经获得大量满足的情况下，更是如此。但当管理者、部门或单位缺乏必要的激励并逐渐适应了安逸的工作环境后，将会失去活力，当危机真正来临时就为时已晚。因此，在这个充满竞争的时代，无论是对企业还是个人而言，竞争都是维持生存最有力的武器。

（九）马蝇效应：直面晋升竞争，它将激发你的潜能

"马蝇效应"是指再懒惰的马，只要身上有马蝇叮咬，它也会精神抖擞，飞快奔跑。马蝇效应给我们的启示是，一个卓越的对手，远比一个平庸的朋

友带给你的帮助更大。

（十）竞争优势效应：与对手共赢

如果一个人想要实现自己的价值，那么他就需要与周围的人友好相处，并通过互惠互利的合作来实现优势互补，随着时间的推移在竞争中共同获得进步。这就是当今时代所追求的"双赢"理念，因为只有"双赢"才是真正的胜利。

（十一）共生效应：善待自己的"共生体"

善待同事，就是善待自己，这将非常有利于我们工作的开展。因此，学习一些与同事沟通相处的方法和技巧，可以帮助你树立公司中的好人缘。

（十二）最后通牒效应：设定最后期限

当我们各进行一项工作之初，不妨给自己设定一个最后的期限，成为时间的主人，合理地安排自己的时间，制订合理的目标和计划，有计划、分步骤地完成。当自己按照提前设定的期限完成工作的时候，便能够有效地提高自己的工作效率。

（十三）帕金森定律：管理时间，提高效率

帕金森经过多年调查研究，发现一个人做一件事所耗费的时间的差别是非常大的：他既可以在 10 分钟之内看完一份报纸，也可以看半天，即如果时间充裕，他就会自然放慢工作节奏或是增添其他环节以用掉所有的时间。这就是帕金森定律。帕金森定律告诉我们，要做时间的主人，管理时间，学习科学管理时间的方法和技巧，减少低效率重复劳动，把更多的时间用在更有效益的地方，提高工作的效率，提高生活的质量，让生命的价值在有限的时间里尽情发挥，让自己的生存更有价值、更有意义。

（十四）安泰效应：高效率离不开团队协作

安泰效应是指一旦脱离相应条件就失去某种能力的现象。要想提高自己的工作效率，取得成功，一定要借助团队的力量。

（十五）莱斯托夫效应：在创新中寻找激情

工作中，总是看到一些员工浑浑噩噩，不知道应该做什么，不知道该怎么做。还有一些员工做事古板，不知变通，不懂思考，很难想象他会有好的创意。当你陷入困境时，不妨观察一下身边的人和事，也许就会激发自己的创新意识，想到好点子了。

（十六）杜利奥定律：点燃你的工作热情

杜利奥定律告诉我们，热情是人生中最重要的秉性和财富之一。它是一个人生存和发展的根本，是人自身潜在的财富。它可以使人释放出巨大的潜在能量，并发展成一种坚强的个性。

（十七）雷尼尔效应：工作不仅是为了薪水

工作不单是能领到薪水，还可使我们的心灵得到一定程度的满足。事实上，通过工作，我们可以发现人生新的意义。工作不仅能使我们赚到养家糊口的薪水，还能锻炼我们的意志，拓展我们的才能，完善我们的人格，等等，并最终让我们赢得社会的尊重，实现自己的价值。薪水重要吗？重要。但是比薪水更重要的其实是经验、经历和自我价值的实现。在后者达到一定程度的时候，薪水其实也是风升水涨、水到渠成的事情。

（十八）赫勒法则：寻找工作成就感

要珍惜独当一面的机会。当机会来临时要牢牢地抓住，不要错过任何机会，哪怕只是一个小机会。独当一面的工作，也许会让人感到比较忧虑，但是换个角度想想，就会觉得这是一个锻炼的绝佳机会，更是不应该错过。在独当一面的工作中，所有的事情基本上都得亲力亲为，当成功出现后，当然也会获得更大的成就感。

二、职场中的人际关系

在职业生涯中，人际关系是一个非常关键的问题，特别是对于大公司的员工来说。良好的职场人际关系是工作顺利进行的必要条件，因此必须妥善处理。要想在职场中让复杂的人际关系变得简单，最重要的秘诀是尊重他人，自我管理。我们往往自我宽容，却对他人苛刻，只看自己的不足，挑剔别人的毛病。同样，公司中也会有这样的人。如果我们能够在人际交往中坚持严格要求自己，宽容对待他人，就能够减少人际交往带来的矛盾。具体而言，处理职场人际关系需要注意以下技巧：

（一）不要算计别人

不要算计别人。任何人都会讨厌别人在背后算计，这种行为会招致同事的痛恨，甚至丢掉工作。如果经常把工作上的竞争对手当成"冤家"，把全部心思放在为对方制造困难上，就容易惹人反感。老板不希望手下之间互相倾轧，而对于公司来说，每个员工都能发挥自己的长处是最好的现象。

（二）做事有原则，不轻易妥协

在同事之间存在竞争的情况下，要注意接受和拒绝的方法。只拒绝别人的人会招致排斥，而过于妥协的人则可能被认为能力低下，容易被人利用。在工作中要坚持原则，避免卷入危害公司利益、拉帮结派、损害他人等事件。遇到这种情况，应保持中立，避免被人利用。

（三）学会尊重与赞美

人们最大的欲求之一就是得到他人的认可，赞扬正好满足这种心理。良好的职场人际关系要求学会发现同事的优点和优秀表现，并用真诚的话语坦率地表达出来，而不是虚假奉承。这样可以创造出更加和谐融洽的工作环境。

（四）做到少说多听

注意聆听别人的话是建立良好人际关系的关键之一。人们交谈是按照一定的顺序进行的。在与同事交谈时，不能只说自己的话。如果一味谈论自己，别人就会失去耐心，甚至躲避与你交流。

与同事一起交谈，你不能只是说和自己有关的话题，这样的谈话就成了"我……我……"的类型。这种谈话总是围绕着你自己的生活，开始时同事也许会有兴趣听，时间久了他们便会失去兴趣，并开始畏惧你喋喋不休的"我……"了。同事们甚至会躲着你，而最终你也会被从人际关系圈中排挤出来。

（五）公私分明，不要把坏情绪带到工作上

如果经常因为不愉快的事件情绪失控，并在工作中表现出来，很容易招致同事的反感。每个人的好恶观点不一定相同，对于自己不喜欢的东西或事情明显地表露出来，只会造成同事对你的反感。每个人都有自己的好恶，对于自己不喜欢的人或事，应尽量学会包容或保持沉默。你自己的好恶同样不一定合乎别人的观点，如果你经常轻易地评论别人，同样会招致别人的厌恶。

三、职场欺凌与应对

一则偷录视频在互联网上不胫而走。内容是韩国大韩航空公司会长夫人李明姬打骂随行司机的合辑。整整 2 分钟，句句带脏字，怒骂声简直如山崩海啸声嘶力竭！耐克离职员工爆出耐克公司也存在长期欺凌员工、升职只需靠人脉的现象。在职场中，欺凌并不罕见。

（一）什么是职场欺凌

1. 职场欺凌的含义

在工作环境中，职场欺凌是一种普遍存在的行为，指的是对同事或下属进行不合理的攻击行为，包括言语、非言语、身体和心理上的虐待或羞辱。与学校里的欺凌不同，职场欺凌更多与组织规定和政策的运作有关，而欺凌者既可以是同僚，也可能是下属。这种攻击行为可能公开也可能隐蔽，不仅会对被欺凌者造成负面影响，还可能导致员工士气下降并改变组织文化。

2. 职场欺凌的三种心理问题

职场欺凌是一个心理学问题，分为三种心理：

第一是病态心理。有些人会经常欺负别人，这可能和他们成长过程中或者学习阶段所形成的不健康心态有关。例如，在地痞流氓团伙、偷盗团伙等非正常组织中混过，频繁参与打斗，会觉得欺负别人是一种光荣的事情，坚信强者为王的病态思想。尤其是在充斥着痞气文化和流氓文化的社会中，有更多产生病态心态的人。

第二是补偿心理。在企业内部，如果曾经遭受过欺凌或领导的欺负，或是新人时被老员工欺负，多年后当自己成了老员工时，就可能会对别人进行施压，以此来补偿过去的惨痛经历。

第三是从众心理。如果一个组织中长期存在着欺凌习惯，那么如果不跟着这种风气行事，就会被认为不合群。由此，人们在这种导向和风气下产生从众心理。总之，职场欺凌属于心理学问题，病态心理、补偿心理和从众心理都会导致职场欺凌的发生。

3. 职场欺凌的判断标准

职场欺凌可能会在多种情况下以不同形式产生，也有学者用以下这些因素来判断职场欺凌：重复的事件时常发生；持续的时间很长；恶意攻击的程度不断升级；权力差距大；归因意向不良。

4. 职场欺凌的表现形式

长时间挑剔，对小事情过于苛求，夸大并歪曲微小的错误。

经常批评和否定受害者的贡献和努力，无视其存在和价值。

贬低受害者的人格、职位、地位、价值和潜力。

在职场中被特别挑出来负面地另眼看待，孤立被欺凌者，对其特别苛刻，用各种小动作欺负被欺凌者。

以各种方式鼓动同事孤立被欺凌者、不让被欺凌者参与重要事务或社交活动，把被欺凌者边缘化，忽视、打压排挤及冷冻被欺凌者。

在他人面前轻视或贬抑被欺凌者。

在私下或他人面前对被欺凌者咆哮、羞辱或威胁。

给被欺凌者过重的工作，或要其大材小用去做无聊的琐事，甚至完全不给被欺凌者任何事做。

剽窃被欺凌者的工作成果或损害其声望。

让被欺凌者的责任增加却降低其权力或地位。

不准被欺凌者请假。

不准被欺凌者接受必要的训练，导致其工作绩效不佳。

给予被欺凌者不实际的工作目标，或当其正朝目标努力时，却安排其他任务以阻碍其前进。

突然缩短交件期限，或故意不通知被欺凌者工作时限，害其误了时限而遭到处分。

将被欺凌者所说或所做的都加以扭曲与误解。

用不是理由的理由且不加调查，对被欺凌者犯下的轻微错误给予严重处罚。

在被欺凌者未犯错的情况下要求其离职或退休。

（二）应对职场欺凌的策略

如果你是被欺凌的对象，你应该怎么办？最明智的策略是完全避免欺凌。但如果你并不具备选择权，那么你所面临的挑战，就是如何不参与这场欺凌，不让自己成为"欺凌游戏"中的一员。当被欺凌者所给予的反馈始终是拒绝时，这场欺凌可能就会停止。

如果欺凌者继续这种令人不快的行为，另一种策略则是设置界限。作为被欺凌者，应当向欺凌者明确表示，他们的行为将被记录在案，并且他们可能面临某种形式的惩处。此外，作为被欺凌者，应当请求同事们的支持，请他们充当证人并记录正在发生的事情。但这其中困难的地方在于：欺凌行为通常是由于旁观者不愿提供帮助，或是旁观者持续选择沉默而愈演愈烈的。因此，作为被欺凌者，应当告诉旁观者，"没有一片雪花是无辜的"，沉默也可以被视为另一种欺凌形式。

在与人力资源部门反馈时，至关重要的是要证明欺凌行为如何影响人员的生产力。作为被欺凌者，需要向高级管理层提出一个非常明确且令人信服的证据，即尽管该欺凌者曾经为公司作出了一些贡献，但是从长期而言，雇用一名欺凌者的花费太昂贵了。

作为被欺凌者，明智的做法是建立个人支持网络，以增强信心和抗打击性，因为欺凌者是制造自我怀疑的专家，会降低人们的自信。当然，在某些情况下，高层管理人员总是在鼓励类似欺负的行为中扮演同谋。在这种情况下，最终的策略可能是离开这个有毒的环境，因为留下只会让人生病。

最后，无论欺凌者试图做什么，请牢记安娜·埃莉诺·罗斯福（美国第32任总统富兰克林·德拉诺·罗斯福的妻子）的话："未经你的同意，没有人能够让你自卑。"

（三）具体应对方法

（1）要记录每天发生的欺凌事件，明确谁在什么时间说了什么话，这样可以有效追踪和证明欺凌的频率和形式，即使对方否认也能还击。这样的记录将成为你最强有力的证据。

（2）必须明确什么是欺凌。可以查阅相关资料，了解欺凌者的行为特点及针对它的有效反制方式。同时也要仔细阅读公司的员工守则，看看是否包含了明确的针对欺凌和骚扰行为的条款。只有充分了解相关内容才能武装自己。

（3）将遭遇告诉同事。可以向周围的同事求助，看看他们是否注意到了你被人欺负。如果他们能作证，那么当你对欺凌者进行投诉或提起诉讼时，同事就是你最好的证人。如果其他同事也受到了欺凌者的欺负，你就可以集结同事们的力量，攻击问题的根源。

（4）在家和办公场所建立起能够支持和慰藉你的社交圈。首先你需要寻找一些愿意帮你反抗欺凌的同事，之后你还可以继续联合其他同事，形成一股积极向上的力量。同时，你也可以在办公时间之外与同事们成为朋友，这样可以更好地支持彼此。

（5）收集好证据并冷静下来后，可以和老板协商时间，带上你的记录。这一点十分关键，因为它可以让老板认识到你正在遭遇持续的职场欺凌。如果还有其他同事作证，那就更好了。如果担心自己情绪失控，最好提前列出谈话提纲，并重复演练几遍，以确保涵盖关键内容。可以在和老板的谈话中，强调欺凌行为对工作的影响，尽量突显其严重性。

（6）如果欺凌行为仍在持续，老板不理睬，或者无法有效干预，那么就需要按照公司章程将情况升级为问题投诉。最好是先联系人事部门，询问处理此类情况的相关信息。如果上述方法都没有效果，也可以依靠法律途径向法院提出诉讼，控告相关责任人对你的歧视和骚扰。

第五节　亲子教育

世界上没有天生的坏孩子，孩子一般都是天真无邪的，他们的心灵是纯洁的，他们的语言是美好的，他们的思想是单纯的。孩子在父母跟前学到第一句话，孩子在父母面前迈出人生的第一步，父母是孩子的第一任老师，孩子从父母那里学到人生最初的经验，养成人生最初的情绪。这就要求父母要呵护孩子的成长，关爱孩子的健康，培养孩子的习惯，开发孩子的智力，健全孩子的人格，所有这一切都是从家庭出发的，都是与父母分不开的，在培养孩子的最初阶段，父母是缺少经验的，难免走一些弯路，让孩子养成一些不良习惯，发现问题后要及时反省自己，给孩子树立榜样，言传身教，要求孩子做到的自己首先垂范，协助孩子纠正错误。可以说，孩子的成长，也是做父母的成长，父母与孩子一起成长。

一、亲子教育的原则

（一）用爱的感染，成就一颗感恩的心

对孩子既要有爱，又要严格要求，只爱不要求就成了溺爱，溺爱虽是一种伟大的情感，但却会使孩子遭到毁灭。一位著名的儿童心理学家指出："要做到爱护与严格要求相结合，当然有时我们很难划清爱护与溺爱的界限，因此，家长要做到既爱又有教育。正确的做法是：应该把感情和道理融合起来，做到爱中有教，教中有爱。"曾有报道说：一位下岗女工，知道孩子喜欢吃虾，咬咬牙从菜市场买来虾，做好后端上桌，看着孩子津津有味地吃着，自己舍不得动一下筷子。眼看孩子已吃完饭，妈妈忍不住想去尝一下剩下的虾。"别动！"她13岁的儿子说："那是我的！"盲目溺爱孩子，一切以孩子为中心，忽视子女对父母的尊重，换来的是孩子的无情。"在儿子的日常生活中，姥姥关照他的生活相对多一些，宠爱多一些，有时候就会对姥姥的尊重不够，缺乏一颗感恩的心，这让我看在眼里急在心里，对他说：'这样不尊重姥姥怎

么行呢?'给他摆事实讲道理的同时,我也从自身找原因。因为自己工作忙,对老人的关心与照顾也有做得不周的地方,对此,我们作为父母的也要注意平时对老人的关心照顾再多一些,给孩子作表率,教育他不仅要孝敬爸爸妈妈,也要孝敬姥姥。随着儿子逐渐懂事,也开始学着照顾姥姥了,每当这时我们总会会心拥抱。"这位妈妈这样说道。

(二)用平等与尊重,畅通交流渠道

交流是打开心灵之门最好的钥匙。父母必须学会让孩子的心灵之门永远敞开,做彼此最好的朋友。为此,父母需要以尊重为基础进行教育,因为没有尊重的教育很难成功。对孩子的尊重表现在,父母要言出必行,对孩子提出的合理要求予以回应,赢得孩子的信任。要从小培养孩子诚实守信的好品格,不拖延办事或者用欺骗的言语来忽悠孩子。否则,孩子会失去对父母的信任、办事草率和丧失自信。在家庭教育中,要采用情感式的教育方法,让孩子感受到被尊重和重视。同时作为家长应该尊重孩子的意见,用鼓励和欣赏的态度与孩子交流,让孩子更愿意倾诉心事。对于还是小学生的孩子,需要从小处着手,及时了解他们的心声、朋友、学校生活和课堂表现等。通过观察孩子的思考能力、判断力和价值观等,给予孩子恰当的引导和建议,与孩子建立平等交流的关系。

(三)家长要用"赏识"的眼光看待孩子

根据心理学家的研究,每个孩子在精神生命层面最本质的需求便是希望得到尊重和欣赏。因此,赏识是一种能够让孩子体验到信任、理解和愉悦的情感,它能够充分发掘孩子内在的潜力,促进他们健康地成长。除此之外,赏识还能够提高孩子的自信心,激励他们在学习和成长的道路上努力前行。实际上,赏识教育就是爱的体现,是一种让孩子感受到自己被尊重和欣赏的教育方式。

然而,现在很多家长在教育孩子的过程中存在一些偏差。他们并没有用欣赏的目光看待孩子,而是一味地挑剔和找毛病。更有甚者直接将自己的孩子和别人的孩子进行比较,加重了孩子的焦虑和压力。家长应该认识到每个孩子都是独一无二的,只要他们有进步,就应该给予赞扬和祝贺。所以,家长在教育孩子时,要多赏识他们身上的亮点,尽力挖掘他们的潜力,为他们的成长感到自豪和骄傲。

二、亲子教育的内容

家庭教育在整个教育系统中扮演着不可或缺的角色。它在个人成长和发展过程中占据至关重要的地位和作用。常言道，"家庭是孩子永远眷恋的、永无休息的学校，父母则是孩子第一个、永不卸任的老师"。通过家庭教育，父母能将自己高尚的品德和丰富的经验默默地传递给下一代，并与孩子一起度过人生旅途。家庭教育、学校教育以及社区教育密不可分，它们共同培养孩子以符合国家和社会规定的目标成长。总结而言，家庭教育的四大核心内容如下：

（一）培养孩子良好的品德

孩子的道德品质对于其精神面貌和未来发展都至关重要，尤其是在学龄前期，他们只是初步了解道德判断，主要依赖于身边的人和媒体传播的信息来形成自己的观念。到了高年级，他们才开始有了一些独立思考的能力。但总体来说，中学生的道德表现不太稳定，容易受到外界的影响。因此，家长要有耐心和信心，通过讲道理、举例子、身体力行等方式，反复向孩子传递正确的价值观念，让道德观念在他们的心中扎下根来。在此过程中，家长的身教起着至关重要的作用，需要以身作则，做到言行一致，为孩子树立良好的榜样。对于家长来说，应该加强孩子的文明礼仪和健康思想观念教育，这是培养孩子良好品德的基础。可以采用适宜的方式，帮助孩子树立正确的价值观念，成为道德品质优秀的人。

1. 重视文明礼仪教育

家长需教育孩子穿着得体、整洁、美观大方。男孩子不留长发，女孩子不烫发、化妆、穿高跟鞋或佩戴过于成熟的首饰。孩子应该学习恰当使用礼貌用语，如"您好""请""谢谢"等。家长可以作为活的学习教材，在日常交往过程中示范正确的礼貌用语，并创造机会让孩子随时练习，养成良好的习惯。孩子在公共场合的文明行为不仅展示了个人修养，还反映了家庭教育水平。因此，家长需要特别重视并利用各种机会对孩子进行教育。例如，在电梯门口，可以教孩子先礼让女士；在饭店里，可以向孩子展示服务员优雅、热情招待客人的行为等。

2. 关注网络道德教育

网络文化的发展给青少年的思想品德带来了深刻影响，其特点既包括开拓视野、获取新知识的优势，也包含被错误信息和不健康思潮侵蚀的危险性。因此，家长不能忽视网络道德教育的重要性，需要关注以下四个方面：

（1）增强网络免疫力。指导孩子正确分辨、判断和选择网络色情、暴力、诈骗、犯罪等不良或有害信息，防止受到侵蚀、传染。

（2）强化网络公德与自律教育。教育孩子自觉遵守网络相关法律和规定，不制造、传播非法和有害信息，自我约束和管理网络行为，培养良好的网络道德和成为合格的网络社会公民。

（3）加强网外社会教育。引导孩子积极参加社会实践和社会交往活动，防止沉溺于网络并将网络交流带入现实生活，代替复杂的社交关系。

（4）推广安全上网教育。教育孩子保持礼貌态度，邀请家长共同上网，并告知他们有趣的内容，浏览网站不超过 1 小时，不泄露个人隐私信息，不与陌生人约会，使用密码保护个人信息，注意不良信息和不安全的网站，并在离开后关闭浏览器，以保护个人信息的安全。

（二）培养孩子良好的学习品质

孩子自身的学习动机是最强大的动力之一，如果孩子本身有强烈的学习动机，那么他们会表现出更高的自觉性和努力程度，学业成果也会更加突出。有研究表明，家庭和父母的期望与要求对孩子学习动机的形成起着重要作用，尤其对于小学生这样的年龄段，他们更多地受到外界因素的影响。对于学习动机强的孩子，家长应该继续对他们给予肯定和正面激励，以便他们可以保持良好的学习动机。对于缺乏学习动机的孩子，家长可以采用奖励的策略来激励他们，及时给予肯定和奖励，以增强他们的自信和成功感。但要注意，奖励也要适度，过分的奖励反而会使孩子变得依赖父母的赞美，或者产生骄傲情绪，削弱良好学习动机形成的力度。在培养孩子学习品质上，家长应注意以下几点：

1. 发展孩子的智力优势

担任父母的责任之一就是了解孩子的优点和弱点，这样可以帮助孩子的智力优势得到发展，从而提高孩子的信心和自尊。但是，这并不意味着要忽视他们的弱项，而是要帮助他们将成功的体验和自尊心转移到面对困难时的领域。例如，通过对孩子说："当你像画画一样专注，积极解决问题时，你的唱歌也会达到同样高的水平。为什么不试试呢？"

孩子们都渴望了解世界，活跃的户外活动、参观等有利于促进孩子成长，扩宽视野。玩耍有利于智力和非智力的发展，满足了孩子们的欲望，同时激发了他们的求知欲、好奇心和探求精神。与同龄人一起玩耍也有助于培养孩子的性格和社交能力，善于玩的孩子不仅聪明敏捷，还具有幽默感、快乐和勇敢大胆的特点，心系自我发展。

在和孩子交流时，父母需要注意语言的方式，弯腰或蹲下，眼神交流可以让孩子感受到尊重和平等。他们需要听到直接的肯定句，而不是反复地否定。当需要进行选择时，使用选择句可以避免孩子在某些情况下的困惑。另外，低年级的孩子无法理解复杂的、连续的命令，因此应该避免同时给他们多个指令。

2. 认识和了解孩子的长处

及时发现孩子的天赋，意味着及时发现孩子在某些方面的超常表现。

（1）了解孩子所属的脑功能类型。

根据人类高级神经活动现象的不同特征，科学家将人类分为三类：艺术型、思维型和中间型。艺术型人的脑功能活动具有直观鲜明、形象丰富的知觉和记忆，以及想象力的丰富性；思维型人倾向于分析和系统化思维，偏向于比较抽象的概念。中间型人中有些人两种系统平衡但水平较低，有些人两种系统平衡且水平较高。教育中间型孩子时，父母应根据科学的方法，开发孩子的潜力，打破平衡，激发孩子潜藏的能力。

（2）关心和培养儿童的天赋。

具有天赋的儿童通常有着高需求，普通环境难以满足他们追求的目标。为了引起他人的注意，他们往往通过捣乱的方式来展现自我。如果在家庭或学校中无法得到家长或教师的关注和重视，他们有可能走上破坏、反叛的道路。他们的好奇心强烈，容易将听到的事物付诸实践，因此容易招致毒品和犯罪等恶性厄运。面对这样的儿童，若成年人不知该如何处理，其天赋也可能无法得到发挥，最后消失殆尽。

（三）孩子需要创造教育

1. 珍惜孩子的好奇心

在孩子创造力的培养过程中，家长应该珍惜孩子的好奇心，并鼓励他们勇敢地思考。孩子的创造力潜力需要被发现、培养和挖掘。因此，家长需要为孩子创造宽松和适宜的环境，引导他们树立正确的思路，让他们在创造的过程中享受成功。

通常情况下，当好奇心受到了家长的关注时，孩子会开始更多地思考和提问。这些问题是大胆、自由和无拘束的，因此可能会经常出现错误。在这种情况下，家长需要避免纠正孩子的错误习惯，给孩子自由探索的空间，鼓励他们自己发现问题并加以改正，珍惜并保持孩子的好奇心和创新精神。如果家长过于强调纠正和管理，孩子在思考和探索时就会感到担忧和不自信，进而放弃自己的探索和创新能力。因此，正确的方法是，家长应以积极的肯定态度鼓励孩子大胆思考、提问并探索。即使是一些新奇的问题，即使出错，也给予鼓励，因为最重要的是孩子在思考。

2. 珍惜孩子创造的萌芽

创造力是普遍存在于个体中的一种特质，每个人具备不同程度的创造潜力，孩子也不例外。对于孩子的成长，家长应该珍视孩子的创造潜力，并积极为孩子打下培养和发展创造力的基础。具备创造力的孩子通常表现出以下特点：兴趣广泛，对创造有强烈的好奇心，乐于质疑问题；目标明确，具有顽强的毅力和坚韧性，做事严谨，勤奋不懈，为达成目标不懈努力；具有坚定的自信心，即便面对他人的嘲笑和质疑，也能坚持自己的信念；想象力丰富，喜爱虚构和叙事；思维敏捷、多样化，擅长用多种思维模式探索复杂问题。

（四）多给孩子一些启发式指导

在教育过程中，提出问题比解决问题更具有重要性。解决问题只是一种科学技能，而提出新的问题则需要创造性思维和全新的视角。创造性思维是素质教育的核心，应该被着重培养。这种能力是人类进步的动力，因此在学校和家庭教育中都需要予以重视。21世纪是信息化社会，能力的培养变得非常重要，知识获取的过程也变得至关重要。因此，让孩子积极参与教育，并充分发挥他们的自我训练和自我教育能力，是培养积极性思维的关键。

三、亲子沟通技巧

有效的亲子沟通技巧对于亲子关系的发展至关重要。如果父母和孩子能够良好地沟通，家庭的气氛将更加和睦，子女的教养也变得更加容易。尽管很多家庭认为自己在进行亲子沟通，但实际上，许多父母和孩子发现他们之间的交流变得困难，亲子关系遇到了瓶颈。事实上，孩子和成年人的沟通方式并不相同，父母需要努力学习新的沟通技巧，以便有效建立亲子关系的沟通桥梁。

（1）注意孩子的表情和行为。和孩子说话时，关注他们的表情和行为，随时提供协助和辅导，让孩子感受到被认真听取和关心。

（2）使用简短的语句。为吸引孩子的注意力，说话时应使用简明易懂的句式，并重复所说内容，直到孩子理解。

（3）变化语调以吸引注意力。在不打扰别人的情况下，通过改变语调的高低和抑扬顿挫来吸引孩子的注意力。

（4）描述具体的现状。要确保所说的内容具体、实际，并与现在的环境有关。

（5）以温柔的口吻说话。用建议和关怀的语气与孩子交流，而不是一味责备和批评，例如"你觉得怎样？""你的想法很棒"。

（6）带着微笑倾听。当孩子诉说自己的心事时，请以微笑的面容倾听，展示自己的关心和重视，不要同时做其他事情。

（7）发掘孩子的优点。积极发现孩子的优点，并时刻提供鼓励和积极反馈，这比惩罚更有效，并能增进亲子关系。

（8）换位思考。多站在孩子的立场上考虑问题，并进入他们的内心世界里，让双方更容易沟通和理解。

■ 思考题：

1. 当人们感受到较强的心理压力时，可能会出现哪些生理和心理上的问题？

2. 有哪些有效的情绪调节方法？

3. 在与他人交往时，我们应该遵循哪些人际交往的原则？

4. 人们应该如何应对职场欺凌？

5. 当我们与孩子交流时，应该遵循哪些基本的原则？

后　记

　　本书的写作得到了西南医科大学法学院领导的鼓励和支持，得到了四川省犯罪防控研究中心的立项支持，四川省社区矫正管理局、广西壮族自治区社区矫正管理局在资料收集和基层调研工作中也给予了很大的帮助。在写作中我们吸收了各地方司法行政机关和社区矫正机构提供或发布的真实案例，四川、广西等地基层社区矫正实务工作者也对本书的写作提出了很多中肯的意见和建议，在此一并表示感谢！

　　本书由廖斌任主编策划和拟定写作提纲，张鑫任副主编参与提纲和初稿修改意见讨论，并进行部分章节修改。廖斌、张鑫、张熠枫分别在四川、广西等地社区矫正机构进行调研和资料收集。参与本书撰写的人员有：西南医科大学法学院廖斌教授；西南科技大学马克思主义学院张鑫讲师（博士）；西南医科大学法学院张熠枫讲师；西南科技大学法学院冯春副教授；西南科技大学法学院丁梓讲师。全书由廖斌教授统改定稿。